F
G
H
I
J
1
2
3
4
5
6
7
8
9
10
Dunkerque
GAND
BRUXELLLES
COLOGNE
Saint-Omer
LILLE
Nord-Pas-de-Calais
BELGIQUE
LIÈGE
Béthune
Lens
Valenciennes
COBLENCE
Arras
Douai
FRANCFORT
Abbeville
Cambrai
Avesnes-sur-Helpe
ALLEMAGNE
Péronne
Saint-Quentin
Charleville-Mézières
Vervins
LUXEMBOURG
MANNHEIM
Montdidier
A 26
Sedan
Laon
Clermont
Compiègne
Rethel
Vouziers
Thionville
Soissons
Forbach
Reims
Briey
Senlis
Montagne de Reims
Verdun
A 4
Sarreguemines
Vosges du Nord
Wissembourg
Pontoise
METZ
PARIS
Château-Thierry
Epernay
CHÂLONS-EN-CHAMPAGNE
Saint-Mihiel
Château-Salins
Haguenau
Meaux
Commercy
Lorraine
Versailles
Vitry-le-François
Bar-Le-Duc
Nancy
Sarrebourg
Saverne
Évry
Toul
STRASBOURG
Melun
Provins
Lunéville
Nogent-sur-Seine
Saint-Dié
Sélestat
Ribeauvillé
Troyes
Forêt d'Orient
Neufchâteau
Pithiviers
Sens
Épinal
Ballons
Colmar
Bar-sur-Aube
A 5
Chaumont
A 31
Guebwiller
Montargis
Thann
Langres
des Vosges
Mulhouse
ORLÉANS
Auxerre
Montbard
Vesoul
Lure
Belfort
Montbéliard
Altkirch
BÂLE
Avallon
ZURICH
Cosne-Cours-sur-Loire
Clamecy
A 6
DIJON
A 36
BESANÇON
Vierzon
Morvan
Dole
Bourges
Nevers
Beaune
BERNE
Château-Chinon
Autun
Pontarlier
Châteauroux
Saint-Amand-Mont-Rond
Chalon-sur-Saône
Lons-le-Saunier
SUISSE
Le Châtre
Moulins
Haut-Jura
Montluçon
A 71
Charolles
Saint-Claude
Gex
Thonon-les-Bains
Mâcon
A 40
GENÈVE
Guéret
Vichy
Villefranche-sur-Saône
Nantua
Bourg-en-Bresse
Roanne
Riom
A 72
CLERMONT-FERRAND
Thiers
Livradois-
Ambert
Ussel
Volcans
Issoire
Forez
Saint-Étienne
d'Auvergne
Brioude
Yssingeaux
TURIN
Le Puy-en-Velay
Aurillac
Saint-Flour
A 75
Briançon
Queyras
Privas
Die
ITALIE
Gap
Largentière
Mende
Nyons
Barcelonnette
Rodez
Florac
A 7
Grands
Millau
Le Vigan
Alès
Carpentras
Digne-les-Bains
Avignon
Apt
Forcalquier
Albi
Causses
Castellane
Nîmes
Luberon
A 51
MONACO
Grasse
Arles
Lodève
A 9
Nice
Haut-Languedoc
Draguignan
A 8
Camargue
Istres
Aix-en-Provence
MONTPELLIER
Brignoles
Béziers
MARSEILLE
Carcassonne
Narbonne
Toulon
Bastia
Limoux
Calvi
Corte
Prades
Perpignan
Céret
Corse
MER MÉDITERRANÉE
AJACCIO
Sartène

De nombreuses provinces françaises se sont ouvertes au tourisme au début du siècle, comme ici les monts Dore (Auvergne) sillonnés à dos d'âne par une jeune voyageuse. Faire découvrir les richesses naturelles et culturelles des régions et soutenir un tourisme de qualité restent les enjeux majeurs des Parcs naturels régionaux.

Les paysages sont le fruit du travail millénaire des hommes : entretien des forêts (ici, schlittage dans les Vosges), pacage des landes et défrichements ont profondément modelé notre environnement. Pour le protéger, les parcs s'attachent à promouvoir et moderniser les liens entre l'homme et la nature.

Les contrées hostiles ou rudes (ici, le Jura enneigé) ont souvent eu à souffrir de l'exode rural. Pour lutter contre la désertification des campagnes, les parcs s'appliquent à relancer l'économie de proximité et à maintenir les commerces dans les villages en soutenant des actions innovantes.

## Réalisé en collaboration avec la Fédération des Parcs naturels régionaux

De nombreuses personnalités universitaires ou locales ont collaboré à ce guide. Toutes les informations contenues dans cet ouvrage ont été soumises à leur approbation

**Guides Gallimard**
**Direction :**
Pierre Marchand
*Assisté de :*
Hedwige Pasquet

**Rédaction en chef :**
Nicole Jusserand

**Coordination :**
Graphisme : Élisabeth Cohat
Architecture : Bruno Lenormand
Cartographie : Vincent Brunot
Nature : Philippe J. Dubois, Frédéric Bony
Informations pratiques : Jean-Pierre Girard
Photographie : Éric Guillemot, Patrick Léger

**Fabrication :**
Catherine Bourrabier

**Partenariats** :
Philippe Rossat

**Ventes spéciales** :
Jean-Paul Lacombe

**Presse et promotion :**
Manuèle Destors

**Parcs naturels régionaux**
Édition : Virginie Maubourguet, Anne Cauquetoux
Maquette : François Chentrier, Nathalie Victor-Pujebet (Qu'est-ce qu'un parc ? Les enjeux des parcs)
Iconographie : Brigitte Célérier, Nathalie Beaud

**Des clefs pour comprendre :**
Qu'est-ce qu'un parc ? Les enjeux des parcs : Marie-Christine Febvrel et l'équipe de la Fédération
Des pays de France vus par les peintres : Jean-Louis Poitevin
Des pays de France vus par les écrivains : Nicolas Ragonneau et James Gourrier

**Les trente-deux Parcs naturels régionaux :**
Armorique : Jean-Pierre Gestin
Ballons des Vosges : Pierre Bergmiller, Claude Michel et l'équipe du parc
Brenne : Christian Daumas, Hélène Guillemot
Brière : Patrick Bonnet
Brotonne : le Parc naturel régional
Camargue : le Parc naturel régional
Chartreuse : le Parc naturel régional
Corse : Rosy Judais-Bolelli, José Mortini
Forêt d'Orient : le Parc naturel régional, Bruno Fauvel
Grands Causses : le Parc naturel régional
Haute-Vallée de Chevreuse : Thérèse Monthéard
Haut-Jura : Marc Forestier
Haut-Languedoc : Michel Coroir
Landes de Gascogne : Éric Audinet
Livradois-Forez : Jean-Pierre Fournioux – Parc naturel régional –, Jean-Louis Boithias
Loire-Anjou-Touraine : le Parc naturel régional
Lorraine : François Provins – Parc naturel régional –
Luberon : le Parc naturel régional
Marais du Cotentin et du Bessin : François Lorfeuvre
Marais poitevin : Richard Joseph, Jean-Jacques Blanchon
Martinique : Seymourina Cruse, Philippe J. Dubois
Massif des Bauges : Pierre Préau
Montagne de Reims : Bernard Weber et l'équipe technique du parc
Morvan : Marcel Vigreux, Jean-Paul Guillaumet
Nord-Pas-de-Calais : le Parc naturel régional
Normandie-Maine : Pierre Brunet, Thierry Deborde
Pilat : Jean Andersson, Michelle Zancarini-Fournel
Queyras : Christian Grossan, Alexia Fabre
Vercors : Bruno Veillet – CPIE-parc du Vercors –
Vexin français : l'équipe du parc
Volcans d'Auvergne : Jean-Marie Barnagaud
Vosges du Nord : le Parc naturel régional, René Schellmanns
Conseils et informations pratiques : Daniel Renson

**Lecture-correction**
Éliane Rizo

**Illustrations :**
Frédéric Bony, Jean-Philippe Chabot, Jean Chevallier, Gesmonde Curiace, François Desbordes, Bernard Duhem, Dominique Duplantier, Claire Felloni, Jean-Marie Guillou, Domitille Héron, Jean-Marie Kacédan, Catherine Lachaud, Marc Lagarde, Alban Larousse, Bruno Lenormand, Dominique Mansion, Pascal Robin, John Wilkinson
Infographie : Nicolas Grégoire, Patrick Mérienne
Cartographie : Édigraphie

Nous remercions chaleureusement tous ceux qui ont contribué à l'élaboration de cet ouvrage et tout particulièrement les équipes des Parcs naturels régionaux.
Nous remercions également Elf et GTM Entrepose pour leur concours.


*Dépôt légal : août 1996.*
*Numéro d'édition : 70458 ISBN 2-7424-0271-3*
*Photogravure : France Nova Gravure (Paris) Impression : Hérissey (Évreux)*
*Août 1996.*

# PARCS NATURELS RÉGIONAUX

GUIDES GALLIMARD

# Sommaire

# Sommaire

# Comment utiliser ce guide

En haut de page, les symboles annoncent les différentes parties du guide.

● Qu'est-ce qu'un Parc naturel régional ?
Les enjeux des Parcs naturels régionaux
Des pays de France vus par les peintres
Des pays de France vus par les écrivains

● Les trente-deux Parcs naturels régionaux

◆ Annexes

Le nom du parc est précédé par le logotype du parc.

Parc naturel régional de Brenne

La Brenne, pays des mille étangs, est un paradis pour les espèces rares, animales ou végétales. Cette richesse s'épanouit au cœur d'une diversité de paysages où deux entités dominent de part et d'autre de la Creuse. Au nord, étangs, prairies, landes et bois forment une terre unique sur une large plaine de 30 km sur 15 km : c'est la Brenne des étangs. Le Sud et l'Ouest sont occupés par un ensemble de bocages vallonnés couvert de bois, de forêts, de petits champs sillonnés de chemins encaissés, et où la Creuse et l'Anglin ont dessiné leurs vallées bordées çà et là de falaises.

Fiche d'identité
Créé en 1989 sur le département de l'Indre (Centre). 47 communes 166 000 ha 33 000 hab.

La Brenne des étangs

La Brenne possède plus d'un millier d'étangs dans l'espace compris entre la forêt de Lancosme à l'est, la Claise et la forêt de Preuilly au nord, et la Creuse au sud. Ils permettent le drainage des terres situées sur son pourtour, forment une réserve d'eau, et offrent un rendement conséquent à des terrains pauvres, par la production de poissons ▲ 78. Leur origine n'est pas naturelle, mais ils ont généré des biotopes exceptionnels et complémentaires, qui accueillent une faune et une flore abondantes.
**Faune et flore des étangs.** La végétation flottante s'empare de la surface de l'étang : renouées, myriophylles et potamots voisinent avec les feuilles de nénuphar et les limnanthèmes. Ce biotope regorge de nourriture dont profitent les canards, surtout pendant leur reproduction. Les grèbes huppés, à cou noir (ci-contre), les guiffettes noires et moustacs en font leur site de nidification. Les roselières et saulaies ourlent les étangs d'une ceinture de phragmites, massettes, scirpes, de touradons de laîches et de saules. La sarcelle d'hiver y dissimule son nid, les canards colverts et fuligules milouins aiment y nager ; c'est là que niche le butor, de même que la rousserolle, le busard des roseaux, le héron pourpré, la panure à moustache, le bruant des roseaux, le fuligule morillon, etc. En bordure des roselières, les saulaies constituent un milieu impénétrable où nichent les colonies de hérons. Les vasières, visibles lorsque l'eau s'évapore en été ou quand les étangs sont vidés pour la pêche, nourrissent des milliers de limicoles. Courlis, barges, vanneaux, chevaliers, bécasseaux et bécassines s'offrent alors des festins de vers, mollusques et crustacés. Les prairies et cultures, gorgées d'eau au printemps et en hiver, sèches en été, accueillent des migrateurs aussi prestigieux que les grues et les oies. Au printemps une flore diversifiée comptant une cinquantaine d'espèces, parmi lesquelles le lychnis fleur de coucou, l'hélianthème et de nombreuses orchidées, déploie une jolie palette de couleurs. Enfin les brandes et les friches, les bois, haies et forêts constituent des milieux charnières entre les étangs, sur lesquels semblent veiller des buttons, éminences de grès de 10 m d'altitude.
**La réserve naturelle de Chérine.** Située à 2 km de Saint-Michel-en-Brenne, la réserve naturelle de Chérine reconstitue, sur 144 ha dont 40 ha en eau, la diversité des milieux naturels de la Brenne : étang, prairie, brande, bois, saulaie tourbeuse. Ses étangs abritent plusieurs espèces de hérons menacés, mais aussi canards, busards des roseaux, batraciens, libellules... Ses landes et bois hébergent sangliers et chevreuils, passereaux et rapaces. L'introduction de chevaux camarguais et de vaches auroises, appelées également Casta, permet d'entretenir les terres de la réserve et de les rendre plus favorables à certaines plantes, comme les orchidées. La réserve est également un site d'observation privilégié de la cistude d'Europe ▲ 79.
**Le sentier pédagogique de Beauregard.** Il longe l'étang du même nom. Des bornes d'information guident le promeneur et lui apprennent à distinguer les espèces végétales et animales. Après une marche dans un paysage de bruyère à balai (appelée aussi brande), de bruyère cendrée et de callune, l'étang apparaît, bordé de ses roselières.

Le hameau du Bouchet
Ce bourg est sis sur un des points les plus hauts de la Brenne, à 130 m d'altitude. Les maisons, édifiées en grès rouge extrait des buttons, constituent un ensemble remarquable de l'architecture locale. L'ancienne ferme du château du Bouchet abrite la Maison du parc.

Pèlerinage dans la forêt de Lancosme
Il se déroule chaque année le dernier dimanche d'août autour de la fontaine Saint-Sulpice, près de la chapelle éponyme, reconstruite en 1450.

Un sanctuaire ornithologique
La Brenne est une halte précieuse pour les migrateurs d'Europe. Deux cent soixante-sept espèces d'oiseaux ont été observées, dont cent cinquante espèces nicheuses. Ci-dessous, un fuligule morillon mâle.

Insectes
Il existe en Brenne 60 espèces de libellules sur les 91 recensées en France, notamment des agrions, des caloptéryx, des æschnes ou des anax. Les papillons abondent, en particulier le machaon (ci-dessus), le flambé, le grand cuivré ou le morio.

74

La carte situe le territoire du parc, ses principaux sites et voies d'accès.

La fiche d'identité présente la date de création du parc, les départements et régions sur lesquels il est situé ainsi que le nombre de communes, d'hectares et d'habitants qu'il englobe.

● ▲ ◆
Les symboles, en titre ou à l'intérieur du texte, renvoient à un lieu ou à un thème traité ailleurs dans le guide.

# Qu'est-ce qu'un parc ?

Parcs
naturels
régionaux
de France

1. Lille
2. Rouen
3. Paris
4. Reims
5. Metz
6. Strasbourg
7. Nancy
8. Troyes
9. Orléans
10. Rennes
11. Nantes
12. Brest
13. La Rochelle
14. Clermont-Ferrand

15. Lyon
16. Valence
17. Bordeaux
18. Bayonne
19. Agen
20. Toulouse
21. Montpellier
22. Avignon
23. Marseille
24. Ajaccio
25. Fort-de-France

La France comporte de vastes territoires ruraux au patrimoine naturel et culturel remarquable. Ceux-ci souffrent toutefois de maux – désertification, pression urbaine ou touristique, grands aménagements... – qui peuvent détruire en quelques années des paysages que la nature et les hommes ont patiemment façonnés au fil du temps. Pour arrêter et inverser ce processus, des collectivités locales se sont engagées avec l'État dans une politique contractuelle innovante et dynamique, associant étroitement protection du patrimoine et développement local. De ce mariage d'amour et de raison est né en 1967 le concept de Parc naturel régional.

**UNE MARQUE**
Un territoire est classé Parc naturel régional par décret et se voit attribuer la marque «Parc naturel régional» par le ministère de l'Environnement. Cette marque déposée a pour but de promouvoir une image de qualité, liée aux efforts de protection et de mise en valeur du patrimoine menés sur ce territoire.

**UN PROJET**
Le parc s'organise autour d'un projet qui vise à assurer durablement la protection, la gestion et le développement harmonieux de son territoire. Il est mis en œuvre par un organisme regroupant toutes les collectivités impliquées : régions, départements et communes adhérentes.

**UN TERRITOIRE**
Un Parc naturel régional se crée sur un territoire au patrimoine naturel et culturel riche mais à l'équilibre fragile et menacé. Ses limites sont négociées entre tous les partenaires ; son territoire correspond à celui des communes qui adhèrent volontairement à la charte du parc.

**PROMOUVOIR LES DIFFÉRENCES**
La France est riche de l'extrême diversité de ses terroirs : les eaux limpides du Queyras, les riants bocages normands, les vertes collines des Vosges du Nord, les vastes marais camarguais et la côte découpée du Boulonnais, battue par les vents (à droite, de haut en bas), se doivent de conserver leur identité.

**Le statut des "parcs naturels régionaux" est paru hier au «J.O.»**

● *Ils sont destinés, notamment, à la détente des citadins*

DEPUIS hier, les «parcs naturels régionaux» ont leur statut. C'est un décret du 1er mars paru au «J.O.» du 2 mars. Celui-ci reste encore, sur beaucoup de points, assez vague. Une ...laire aux préfets, qui recevra une large diffusion, donnera ...cisions. ... ou d'ensembles archi... gardant

***L'institution de parcs naturels régionaux est devenue officielle***

Voilà donc paru, au Journal Officiel du 2 mars, le décret du 1er mars 1967 instituant des parcs naturels régionaux. La dénomination elle-même sera réservée au territoire classé comme tel et ainsi défini : « Tout ou partie d'une ou de plusieurs communes et qui présente un intérêt particulier par la qualité de son patrimoine naturel et culturel, pour la détente, le repos

De haut en bas : paysages découpés du Vercors, chapelet de volcans en Auvergne, lumière provençale dans le Luberon, chalands briérons au port et phare du Creac'h à Ouessant (Bretagne).

**UNE CHARTE**
C'est le contrat qui concrétise le projet de protection et de développement élaboré pour le territoire du parc. La charte fixe les objectifs à atteindre, les orientations des actions à mener et les mesures permettant leur mise en œuvre. Elle engage pour dix ans ses signataires – élus locaux, départementaux et régionaux – ainsi que l'État qui l'a approuvée. Passé ce délai de dix ans, une procédure de révision permet, d'après le bilan du parc, de redéfinir un nouveau projet décennal et de reconduire éventuellement son classement.

“Le Parc naturel régional a pour objet :
de protéger [le] patrimoine, notamment par une gestion adaptée des milieux naturels et des paysages ;
de contribuer à l'aménagement du territoire ;
de favoriser le développement économique, social, culturel et à la qualité de la vie ;
d'assurer l'accueil, l'éducation et l'information du public ;
de réaliser des actions expérimentales ou exemplaires dans les domaines cités ci-dessus
et de contribuer à des programmes de recherche.”

Art. R. 244-1 du décret n° 94-765 du 1er septembre 1994 pris pour l'application de l'article L. 244-1 du code rural.

# Des territoires pris en main

Pour élaborer leur charte et la mettre en œuvre, les parcs disposent d'un organisme de gestion. C'est lui qui recrute un directeur et une équipe permanente, afin de mettre au point et réaliser les différents programmes décidés. Les compétences sont multiples et complémentaires.

**Un gestionnaire**
L'organisme de gestion, autonome et souverain, est, en règle générale, un établissement public de collectivités territoriales. De type administratif – syndicat mixte –, il est composé des élus représentant les (ou le) conseils régionaux, les communes du parc et les (ou le) conseils généraux. Il prend l'avis de personnalités scientifiques, de représentants des associations locales et de partenaires socio-économiques, les associant à l'élaboration et à la mise en œuvre de ses programmes d'action.

**Une équipe**
Elle comprend de 15 à 30 personnes, titulaires ou contractuels de la fonction publique territoriale.

Ces techniciens sont extrêmement compétents en matière d'environnement, de gestion de l'espace et de développement local.

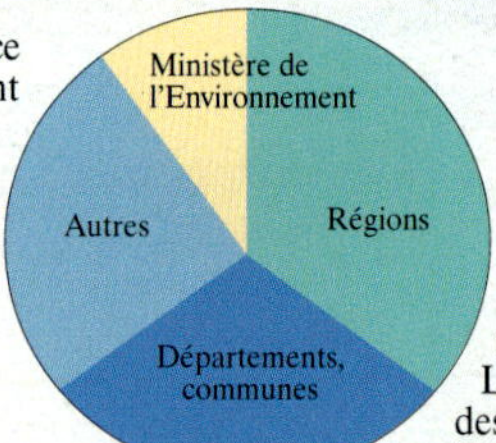

**Budget de fonctionnement**
Il est assuré grâce aux apports des membres de l'organisme de gestion et complété par une contribution du ministère de l'Environnement. Le budget moyen (6 à 8 millions de francs) provient à 35 % des régions, à 30 % d'autres collectivités membres (départements, communes), à 10 % du ministère. Le reste provient d'autres ministères, de crédits européens et de recettes propres.

**Outils d'intervention**
La charte prévoit des contraintes librement acceptées par ses signataires. Ceux-ci s'engagent à les respecter pendant 10 ans. La loi du 8 janvier 1993 précise que les documents d'urbanisme des communes d'un parc doivent être compatibles avec sa charte. Pour la protection de la nature, les parcs utilisent la réglementation classique ● 26, sans oublier la loi sur la publicité ● 22, ou celle sur la circulation des véhicules motorisés.

Des spécialistes pour décrypter le territoire : à gauche, lecture de paysage dans les Ballons des Vosges ; à droite, ornithologie dans la Forêt d'Orient.

**DES MÉTIERS**

Ingénieur écologue, chargé de mission pour les paysages, archéologue, responsable du développement agricole, chargé de mission tourisme, architecte-conseil, énergéticien, chargé de projets pédagogiques, animateur socio-culturel… : quelques métiers exercés sur le terrain.

Chaque Parc naturel régional est indépendant, administrativement et financièrement. Tous se sont cependant regroupés au sein de la Fédération des Parcs naturels régionaux de France pour défendre leurs intérêts communs, mener des programmes, échanger des expériences (au niveau technique et scientifique) et informer le public.

**La Fédération**
Elle est le centre de ressources et de concertation des parcs. C'est elle qui favorise leurs échanges d'expériences, initie des travaux de réflexion communs, et met à la disposition de chaque parc des outils spécifiques pour l'aider à mener ses missions.

**Représenter**
Outil privilégié des actions communes, la Fédération représente les intérêts des parcs auprès des administrations, des assemblées parlementaires et des organismes institutionnels.

**Réunir**
Les parcs peuvent également se réunir localement au sein d'un même programme ● *24* ou d'une même région pour mener des réflexions et des actions communes.

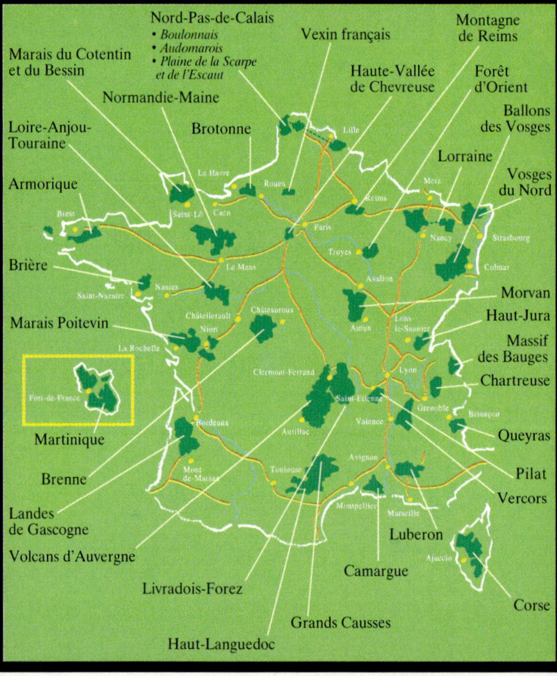


**Informer**
La Fédération renseigne sur les parcs au moyen de l'édition du magazine *Parcs* (10 000 exemplaires) et du service télématique 36 15 Parcs naturels ;

PARCS NATURELS
3615

elle répond quotidiennement aux demandes du grand public, des enseignants et des étudiants, entretient des relations étroites avec la presse nationale et favorise les échanges avec les espaces protégés au niveau international.

# Les enjeux des Parcs naturels régionaux

Les parcs ont pour mission de protéger des milieux naturels afin de permettre aux générations futures de disposer d'espaces authentiques et harmonieux. Ils préservent la diversité des paysages et veillent à ce que l'équilibre entre les espaces agricoles, forestiers, naturels et urbanisés soit maintenu. Pour mesurer l'importance de ce patrimoine et en maîtriser l'évolution, ils utilisent des procédures innovantes et s'associent pour les expérimenter. Pour mener cette mission, ils s'appuient sur les protections réglementaires ou contractuelles existantes.

### PAYSAGE URBAIN

Le parc de la Montagne de Reims a choisi de partir en guerre contre la publicité (régie par la loi de 1979) qui défigure ses villages. Pour différencier son territoire, ensemble périurbain coincé entre Reims et Épernay, il conseille les communes dans leur chasse à la publicité sauvage, sans léser les occupants soucieux de valoriser leurs activités économiques. La contrainte est devenue une fierté : les habitants s'avouent heureux de vivre dans un parc qui, de façon efficace quoique subtile, protège leur cadre de vie quotidien.

### MISES EN CARTES

La connaissance du patrimoine naturel est renforcée par la réalisation d'inventaires des sites majeurs (Vosges du Nord, Montagne de Reims, Nord-Pas-de-Calais), par la cartographie du territoire (Brotonne, Lorraine, Haute-Vallée de Chevreuse). Celle-ci peut aussi se focaliser sur un site présentant un enjeu majeur, tel le Marais Vernier en Brotonne, le delta de la Leyre dans les Landes de Gascogne. Elle peut encore s'attacher à un groupe de communes avec photos et dessins à l'appui, comme l'a fait l'opération «Gerlifo» (Gestion de l'espace rural en Livradois-Forez), conduite par le parc sur trente de ses communes.

**Diversité de l'espace**
Les parcs s'étendent sur des milieux divers – zones humides, espace bocager, forêt…–, soumis à différents climats. Si chacun possède ses caractéristiques propres, certains sont confrontés à des problématiques communes. La préservation de tourbières concerne la Normandie-Maine et le Morvan, tandis que la gestion des étangs préoccupe la Lorraine, la Brenne et les Marais du Cotentin.

**Paysages entretenus**
Début 1996 a démarré un programme inter-parcs consacré à l'entretien des paysages. Six parcs coordonnent cette recherche technique et ethnologique, collectent et évaluent pratiques innovantes et savoir-faire traditionnels. Bocages, terrasses, zones humides, paysages d'altitude et paysages de grandes cultures en sont les grands thèmes.

**Protection**
L'État a pris sous sa responsabilité des sites particulièrement fragiles et offrant un intérêt scientifique. On distingue les RÉSERVES NATURELLES, parfois gérées par les parcs (ci-dessus, celle de Scandola, en Corse), le CONSERVATOIRE DU LITTORAL et les PARCS NATIONAUX. Généralement non habités, ces derniers, au nombre de sept, possèdent des milieux naturels présentant «un intérêt spécial et qu'il importe de préserver contre tout effet de dégradation naturelle […]».

**Natura 2000**
Tous les parcs sont concernés par l'application de deux directives européennes. La première, dite «Directive oiseaux» (1979), fixe la liste des espèces d'oiseaux dont l'habitat, à protéger, fait l'objet d'une Zone de protection spéciale (ZPS). La seconde, dite «Directive habitats» (1992), recense les milieux et espèces (flore et faune) à préserver. Complémentaire de la précédente, elle prévoit la mise en place de Zones spéciales de conservation (ZSC). ZPS et ZSC seront regroupées en un réseau fédérateur, Natura 2000.

Les parcs se doivent de veiller au maintien de la richesse écologique de leurs territoires. Si la faune sauvage atteste l'authenticité des milieux, les races domestiques et les variétés de plantes cultivées témoignent de la créativité des agriculteurs au cours des siècles. Les parcs protègent et gèrent un patrimoine génétique dont la diversité est la plus belle preuve de vie et une garantie pour l'avenir.

**UNE FILIÈRE CHAUME**

Que serait le marais sans roseaux ? Une chaumière sans toit de… chaume ? Un chaumier au chômage ? En 1993, les parcs de Brière, de Brotonne et des Marais du Cotentin et du Bessin se sont associés pour monter un programme d'études sur l'exploitation des roselières, la valorisation économique du matériau, les normes de qualité des récoltes et le développement de techniques de pose adaptées aux exigences des habitants.

**LE CHAÎNON MANQUANT**

Le parc de Brotonne a été le premier à réintroduire de grands herbivores dans son Marais Vernier devenu, faute de gestion, un véritable cul-de-sac biologique. Chevaux de Camargue ou vaches Highland ont, depuis, prouvé la nécessité de l'association de l'homme et de l'animal pour gérer l'espace rural. Aujourd'hui, les parcs des Vosges du Nord, Camargue, Marais Poitevin, Armorique, Marais du Cotentin, Haute-Vallée de Chevreuse et Nord Pas-de-Calais forment, avec des conservatoires de sites et des réserves naturelles, les maillons du réseau ESPACE, dont le sigle résume le programme : Entretien des sites à préserver par les animaux conduits en extensif.

**CHEVAL DE CAMARGUE**

**PIE NOIRE**

**BAUDET POITEVIN**

**MOUTON BOULONNAIS**

### Un chouette programme commun

Dix parcs – Vosges du Nord, Montagne de Reims, Brotonne, Lorraine, Normandie-Maine, Nord-Pas-de-Calais, Livradois-Forez, Haut-Languedoc, Luberon et le parc national des Cévennes – se sont engagés dans un programme commun de protection de la chouette chevêche. Cet oiseau méconnu est un indicateur de la qualité de l'environnement des campagnes. Sa présence et sa sauvegarde dépendent du maintien de la biodiversité.

### Loutre, y es-tu ?

Partenariat encore, cette fois pour les loutres, dont la présence garantit la santé des eaux. Radiopistages, marathons nocturnes et observations ont été menés dans le Marais Poitevin, les Volcans d'Auvergne, l'Armorique et le Haut-Languedoc. Des mesures ont suivi : modification du tracé de routes, création de havres de paix, implantation de «loutroducs», le tout pour permettre à ce mammifère aquatique de circuler sans danger.

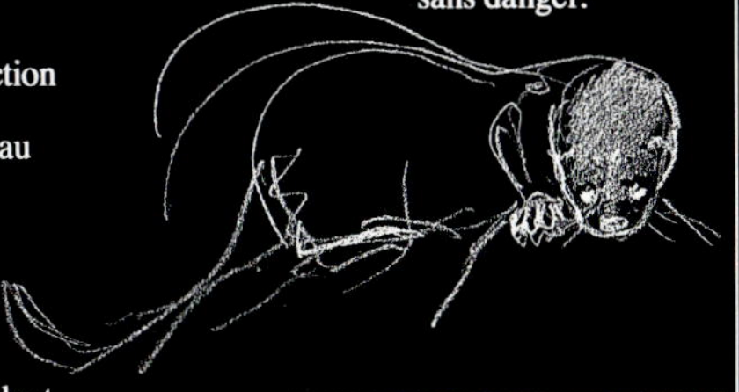

### Vergers-conservatoires

Certains paysages sont liés à des espèces végétales. Le parc Normandie-Maine a ainsi créé des vergers-conservatoires de poiriers à poiré, celui du Morvan des vergers-conservatoires (200 fruits) ; le verger conservatoire de Marquèze du parc des Landes de Gascogne est à l'origine du conservatoire régional d'espèces végétales d'Aquitaine en constitution.

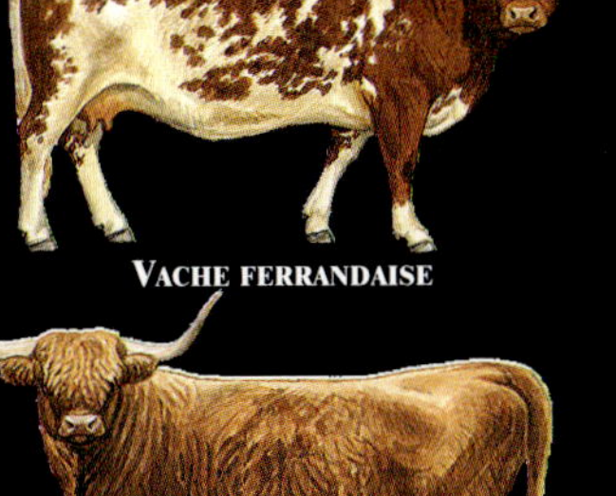

Vache ferrandaise

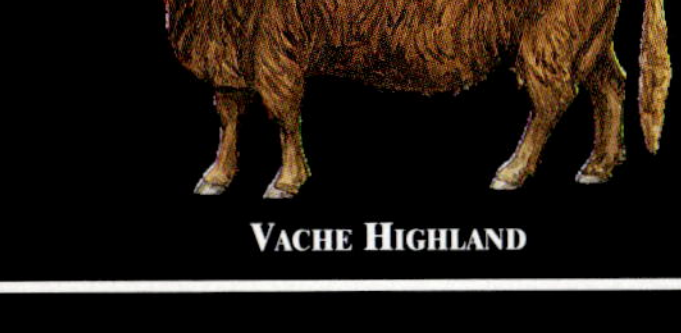

Vache Highland

### Au secours des races

Les races d'hier peuvent sauver celles de demain.
Le parc des Grands Causses a inscrit dans sa charte un projet de constitution d'une banque de semence des races de mouton menacées (Raiolles, Caussenarde des garrigues).
Les Volcans d'Auvergne ont, eux, réhabilité la vache ferrandaise qui était passée de 100 000 têtes en 1914 à 500 en 1977.
Le Nord-Pas-de-Calais a sauvé le mouton boulonnais, condamné par la fin du pastoralisme et dont l'un des mérites est d'entretenir les pelouses sèches.

Les territoires des Parcs naturels régionaux recèlent de précieuses ressources naturelles. Certaines, particulièrement fragiles, comme l'eau ou l'air, font l'objet d'études, de contrôles et d'un suivi. D'autres, comme par exemple les énergies dites «renouvelables», sont au cœur de programmes pionniers de gestion. Quant aux déchets et pollutions, leur élimination est de rigueur afin de ne pas mettre en péril les richesses de la nature.

### ATMOSPHÈRE, ATMOSPHÈRE

Classé réserve de la biosphère en 1989 par l'Unesco, le parc des Vosges du Nord a financé l'installation d'une station de surveillance de la qualité de son air. Située dans la Maison même du parc, elle est couplée à une autre station implantée en forêt (à droite), chargée, elle, de mesurer les dépôts humides acides. Toutes deux prennent en permanence le pouls de l'atmosphère.

### L'AVENIR DES ÉNERGIES RENOUVELABLES

L'utilisation des énergies renouvelables locales peut contribuer à embellir l'avenir de certaines zones rurales et à développer l'économie locale. Le parc du Haut-Jura (à droite) et celui du Nord-Pas-de-Calais ont fait du patrimoine forestier et de l'énergie bois leur cheval de bataille.

Le programme européen «Altener» a, quant à lui, réuni sept parcs – Vercors, Livradois-Forez, Ballons des Vosges, Vosges du Nord, Morvan, Haut-Jura et Massif des Bauges – pour réfléchir sur le thème «bois-énergie», ou l'art et la manière d'utiliser les ressources locales en valorisant l'environnement.

### HISTOIRES D'EAUX

Chaque parc apporte des réponses adaptées à l'enjeu de l'eau. Celui du Haut-Jura a placé sa rivière Bienne sous contrat de solidarité avec toutes les communes du bassin versant afin de mener une action globale, qui concerne tous les usagers – agriculteurs, industriels… –, et d'obtenir une forme de financement originale.

Le parc du Pilat a signé, avec vingt communes du Pays du Gier, un contrat de rivière pour le Gier, l'un des affluents les plus pollués du Rhône. Celui du Vercors, enfin (à droite), a élaboré un schéma directeur d'assainissement afin d'empêcher la contamination de ses eaux souterraines et de surface.

**À l'heure solaire**

Le programme européen «Thermie» a mis dès 1989 un certain nombre de parcs à l'heure solaire. Cette énergie alimente soixante sites : cabanes de bergers, refuges, jasseries et même passes à civelles. Dans le parc du Vercors, des capteurs photovoltaïques fournissent du courant à des fermes, des auberges, des gîtes-refuges, des bergeries et… des relais radio.

**Systèmes D comme déchets**

Le parc de la Montagne de Reims recycle tous les ans 8 t de housses des palettes de bouteilles de champagne. Celui du Pilat organise des journées de nettoyage collectif avec les communes, les écoles et les associations. Le parc de Brotonne propose une collecte sélective des ordures ménagères grâce à un camion-benne compartimenté, unique en France rurale.

Ci-dessous, Pont-en-Royans (Parc naturel régional du Vercors)

Le patrimoine bâti rural, c'est un lavoir, un muret, une fontaine, un toit de lauzes, une ferme en terre crue. Leur sauvegarde n'entre pas dans les critères des Monuments historiques, aussi les parcs ont-ils dû faire preuve d'imagination pour protéger ces éléments architecturaux souvent forts, retrouver les techniques et les savoir-faire traditionnels et restaurer dans le respect de l'art des bâtisseurs.

### Savoir-faire retrouvés

Pour assurer la conservation de ses maisons à colombages, le parc de Brotonne organise des stages d'initiation à cette technique de construction (ci-dessous). Il a également aidé à concevoir une machine nécessaire à la production du torchis, dont les artisans ont besoin pour effectuer les restaurations traditionnelles.
Dans le même esprit, le parc de Lorraine a installé, dans une maison à pans de bois vouée à la disparition, un Centre d'initiation à l'architecture du pays.
Le parc de Brière, lui, a créé un Fonds de sauvegarde du chaume et de la chaumière briéronne : des subventions sont attribuées à ceux qui veulent sauvegarder ce patrimoine riche de 2 000 chaumières.

### Le retour à la terre

Le parc des Marais du Cotentin et du Bessin s'est engagé dans un véritable sauvetage de ses maisons en terre crue, composantes fortes de son identité.
Au programme : recensement, identification du bâti, étude technico-économique de la restauration.
L'opération a débouché sur la mise en place d'un Fonds de sauvegarde, avec attribution d'aides financières et séances de formation d'artisans. Un Fonds habitat locatif rural a ensuite été créé : des prêts à taux bonifié incitent les propriétaires à restaurer pour louer (ci-dessous, une maison en rénovation).
Cent soixante logements en terre, vacants, ont ainsi été remis sur le marché.

### Construire vrai

Les huit professionnels du Conseil architectural du parc du Luberon ont conçu une brochure, *Construire en Luberon*, pour les candidats au bâti ou à la restauration. Insertion dans le site, volumes, couleurs, enduits, végétation… l'ensemble se propose de rappeler les règles qui, de tout temps, ont présidé à un art de construire simple et vrai.

### Sauvés de l'oubli

124 églises, 70 croix, 133 fours à pain, 75 fontaines et lavoirs, 17 ponts, 15 burons ont été réhabilités, entre 1980 et 1994, grâce au soutien financier du parc des Volcans d'Auvergne. Ce sont les premiers résultats d'une liste de 690 dossiers, constitués par les maires ayant inventorié les édifices remarquables de leur commune. Les savoir-faire des artisans locaux ont contribué à sauver un «petit» patrimoine qui disparaissait à raison de 5% par an et qui retrouve ainsi sa place dans les villages (ci-dessous).

De haut en bas et de gauche à droite : ferme dans les Grands Causses et cabane de gardian

(Camargue) ; chaumière en Bretagne et maison de terre crue des Marais du Cotentin et du Bessin ;

ferme dans les marais du Cotentin et four à pain dans le parc des Volcans d'Auvergne ; ferme en

Chartreuse et ferme baujue ; four à pain en Corse et lavogne dans les Grands Causses

Parce qu'ils sont les héritiers des traditions et de l'histoire des hommes, parce qu'ils sont porteurs d'un projet d'avenir, les parcs savent valoriser la mémoire collective et la mettre en scène. Ils font appel aux meilleurs interprètes : les habitants. Ils recueillent les souvenirs, collectent les objets et reconquièrent les savoir-faire. Avec imagination, ils cherchent à inscrire le passé dans le futur. Ils conçoivent des écomusées, des maisons et des circuits pour en faire des lieux vivants de connaissance et de reconnaissance où les sociétés peuvent se retrouver.

**LE PATRIMOINE EN MARCHE**
Dans le parc Livradois-Forez, le patrimoine chemine le long d'un itinéraire fléché unique en son genre : la Route des Métiers, jalonnée de châteaux, abbayes, jasseries, musées. Elle est ponctuée de quarante étapes, choisies pour la qualité de leur accueil, leur production artistique et leur gastronomie (myrtilles, fourme d'Ambert..., ci-dessus).

**TRAVAUX PROTÉGÉS**
Parce qu'ils sont pétris d'humanité, les terrils sont protégés par le parc Nord-Pas-de-Calais. Façonnés par l'exploitation minière dès 1720, ces tas de caillasses ont été accumulés avec la sueur des mineurs. Des circuits y sont discrètement tracés afin que chacun se souvienne du labeur passé des hommes, tout en observant le travail d'une nature qui s'installe sur ces reliefs artificiels.

Savoir-faire d'un verrier des Vosges du Nord et souvenir de la grande époque de la passementerie qui occupa dans le parc du Pilat jusqu'à 2 000 ouvrières.

**Chaîne et réseau**

C'est une chaîne qu'a conçue le parc du Pilat en forgeant les maillons du «patrimoine industriel aux champs» : maisons de la Passementerie, des Tresses et Lacets, de la Soie se visitent comme on visite un pays, au rythme des navettes qui ont repris du service, des fuseaux et des bobines qui ont repris du galon (ci-dessus). Le parc des Vosges du Nord, pour sa part, a mis en place un réseau de dix-huit musées, maisons et sites où il a réussi à faire se tutoyer un moulin, un bout de ligne Maginot, des gazogènes, une cristallerie (en haut)… La somme de leurs différences constitue un tout d'une extrême cohérence.

**Les miroirs de la vie**

Le parc du Morvan a créé un écomusée en six maisons pour dire l'histoire du pays, depuis le seigle jusqu'aux galvachers (conducteurs de bœufs), en passant par Vauban, l'élevage du charolais, l'eau et le bois et l'accueil des «enfants assistés» par les nourrices. L'écomusée des Landes de Gascogne montre le passage du pastoralisme à la sylviculture pour aider à comprendre la métamorphose d'une société. Celui de Brotonne anime, sur 55 000 ha, quinze lieux retraçant le patrimoine des bords de Seine.

**Devoir de mémoire**

Le mémorial de Vassieux, dédié à la Résistance, a été édifié par le parc du Vercors pour que personne n'oublie jamais ces quatre années de malheur. Deux chantiers ont également permis de sauver des ruines le village martyr de Valchevrière.

## «CULTURE AUX CHAMPS»

Pour retenir anciens et jeunes en milieu rural, il faut offrir les mêmes services que dans les villes – école, poste, commerces... – et ne pas oublier les «services culturels». Ceux-ci confortent l'identité d'un territoire et renforcent les solidarités en soutenant la créativité et les initiatives locales. Les parcs travaillent à cette «culture aux champs» et veillent à ce qu'elle fasse partie de leur paysage.

### SEINE SUR SCÈNE

Le parc de Brotonne a mis ses méandres de la Seine… en scène. Une balade-spectacle en autocar emmène, sous la houlette de trois acteurs chevronnés, une troupe – dix-huit comédiens amateurs, habitants du parc – et les spectateurs dans les boucles du fleuve pour revivre dans des lieux magiques les contes et récits des veillées d'antan. L'énorme succès des représentations favorise la prise de conscience par les habitants de la richesse de leur patrimoine et de leur identité.

### TOILES DE CAMPAGNE

140 000 km parcourus en cinq ans pour amener le cinéma là où il avait disparu, 100 000 spectateurs ravis : voilà le bilan de «Ciné-Parc». Ce circuit de cinéma itinérant, imaginé par le parc du Livradois-Forez, est le seul à être géré de façon intercommunale et l'un des rares à bénéficier du classement «Art et essai». Dans le même esprit, le parc a conçu «Ciné-Mômes» pour développer chez les enfants un comportement de spectateur intelligent et non plus de consommateur d'images.

Fête nautique en Martinique

**Les fêtes en partage**
Les Vosges du Nord encouragent avec brio les douze fanfares, les deux cents musiciens et les cent quarante chorales qui enchantent depuis des générations les églises d'Alsace et de Moselle. La randonnée sous toutes ses formes (à pied, à cheval, à vélo, en chaland…) est prétexte à un grand rendez-vous annuel de plus de mille cinq cents personnes dans le parc de Brière (ci-dessous) : c'est la Transbriéronne.

**Cultiver sa différence**
Le parc d'Armorique s'appuie sur les initiatives, la créativité et l'imagination des 600 associations qui émaillent son territoire. Panneaux de signalisation, documents et publications sont bilingues et des primes sont accordées aux techniciens parlant breton ou l'apprenant (ci-dessus, leçon de breton).

Depuis leur origine, les parcs, fidèles à leur mission, tentent de concilier production économique et protection de l'environnement. Avec les outils proposés par la Communauté européenne et l'État, ils œuvrent pour aider les agriculteurs et les forestiers à évoluer dans leur rapport avec l'environnement, afin que ceux-ci deviennent à la fois des producteurs et des gestionnaires de l'espace.

### UNE AGRICULTURE RESPONSABLE

Des mesures «agri-environnementales», visant à protéger les ressources naturelles et à maintenir l'espace et les paysages, ont été proposées par l'Europe. Elles permettent d'adapter des pratiques agricoles aux biotopes rares et sensibles et de gérer des zones fragilisées ou menacées.
Les parcs qui les ont essayées ont trouvé un outil adapté à leurs enjeux pour quarante de leurs sites.
Les contrats passés entre l'État et les agriculteurs concernaient ainsi, en 1995, la quasi-totalité des parcs (420 000 ha).

### VOUS AVEZ DIT «DURABLE» ?

Le Plan de développement durable aide les agriculteurs, pendant 10 ans, à s'engager sur des pratiques respectueuses de l'environnement, à s'orienter vers des productions à forte valeur ajoutée, à s'engager dans une politique de diversification. Les techniciens des parcs, séduits par le projet, participent aux diagnostics du territoire, à l'état des lieux des exploitations concernées et à l'élaboration des scénarios d'évolution. 15 des 59 sites expérimentaux sont situés dans des parcs.

### L'ART DE LA COUPE

Les forêts constituent des milieux où exploitation et protection doivent tout particulièrement trouver leur point d'équilibre.
La futaie jardinée, caractéristique du parc du Haut-Jura, est un mode de traitement original employé par l'ensemble des forestiers.
Sa gestion contrôle l'envahissement des feuillus, permet la sélection des semi-résineux et assure la pérennité des peuplements.
Le couvert et la lumière ainsi surveillés et gérés permettent à la faune et la flore de se développer harmonieusement.
Le parc du Morvan, lui, a choisi de faire du mont Beuvray un terrain d'expérimentation sylvicole (à droite, au centre).
Tous les traitements forestiers y seront testés grandeur nature par l'Office national des forêts, du plus traditionnel – le taillis fureté par exemple – au plus novateur, comme la futaie mixte feuillus-résineux.

De haut en bas : les espaces verdoyants du Pilat, du mont Beuvray et du Massif des Bauges. À droite, la nature bénéficie du savoir-faire humain : vendanges en Montagne de Reims et traite dans les pacages.

**Service nature rémunéré**
Créé par la loi d'aménagement du territoire de

février 1995, le Fonds de gestion de l'espace rural permet de rémunérer le service rendu par l'agriculteur en matière d'aménagement de l'espace, de préservation de l'environnement et de valorisation du territoire. Le parc de Lorraine a ainsi monté avec les agriculteurs et des communes de Meurthe-et-Moselle deux gros dossiers : l'un concerne un bassin versant dont il faut gérer les pelouses calcaires et les haies abandonnées ; l'autre, une vallée où le défrichement des chemins et l'entretien des haies permettront la création de sentiers touristiques. Parce qu'elles ont vertu de formation et qu'elles confèrent à l'agriculteur un savoir-faire, les deux opérations sont approuvées et financées sans réserve.

Les parcs se font également «entreprenants» pour soutenir l'économie et augmenter la plus-value de leurs territoires. Ils donnent un coup de pouce aux entreprises, un coup de main aux artisans et un coup de fouet aux initiatives. Ils aident les producteurs à se regrouper, valorisent certains produits grâce à la marque «Parc naturel régional», encouragent des activités respectueuses de l'environnement et permettent ainsi de maintenir ou de créer des emplois.

### ESPRIT D'ENTREPRISE ET ÉCOTROPHÉES

Près de 250 emplois créés ou maintenus, un contact avec 300 porteurs de projets, un soutien logistique et financier à 60 entreprises... Tel est le bilan, en 1995, du concours «Création-reprise d'entreprises» organisé par le parc du Livradois-Forez auprès de ses communes de moins de 5 000 habitants. Aux cinq prix annuellement décernés s'en ajoute un sixième, «Spécial environnement», qui salue le projet le mieux intégré ou le moins polluant. Le parc du Pilat récompense lui aussi les entreprises qui font un effort en faveur de l'environnement en attribuant deux trophées «Éco-Pilat» – l'un à un établissement industriel, l'autre à une entreprise artisanale (ci-contre, restauration de la chartreuse Sainte-Croix-en-Jarez).

### EMPLOIS VERTS

Pendant six mois, le parc du Vercors a piloté une équipe de 4 RMIstes en contrat emploi-solidarité. Ils ont mené à bien trois importants chantiers : rénovation d'une bergerie (à droite), entretien des berges de la plus belle rivière du parc, restauration d'un sentier, et ont acquis une expérience de «techniciens de la nature». Dans le parc du Luberon, c'est un chantier de 45 chômeurs et RMIstes qui s'est attelé à l'entretien de trois rivières (ci-dessus). Cette opération s'inscrit dans un contrat passé avec l'État et l'Agence nationale des entreprises du paysage, qui se sont engagées à accueillir en priorité les ouvriers des chantiers d'insertion pour parfaire leur qualification, voire les embaucher.

**DES PRODUITS DE MARQUE**
Les parcs reconnaissent la qualité de certains produits en leur attribuant leur marque «Parc naturel régional». Propriété du ministère de l'Environnement, protégé par dépôt à l'Institut national de la propriété industrielle, ce label se mérite.

**UN GAGE DE QUALITÉ**
La marque «Parc naturel régional» distingue ainsi les produits d'une coopérative agricole de viandes dans le parc des Ballons des Vosges : les vaches, qui ne consomment que des fourrages de montagne, acquièrent une chair exquise et maintiennent les espaces ouverts.

**RENFORCER SES ATOUTS**
Le maintien d'un environnement de qualité dans le parc de la Brenne va de pair avec la survie d'un tissu économique. Des ateliers de gestion sont ainsi mis à la disposition des entrepreneurs en quatre points du territoire du parc. Ceux-ci y trouvent les moyens techniques et humains pour les aider dans la gestion de leur entreprise. Le parc a également créé différents fonds financiers destinés à leur apporter le petit «coup de pouce» nécessaire au montage ou au développement de leur projet.

**FAIRE VIVRE SON TERRITOIRE**
Comment faire vivre les hommes de son territoire quand l'exode rural entraîne la fermeture d'écoles et de commerces, quand la population vieillit ? Fin 1995, le parc de la Forêt d'Orient s'est engagé avec l'État dans un plan local d'insertion économique sur quatre ans. Les 50 communes du parc se mobilisent pour détecter les secteurs où pourraient être créés des emplois afin de permettre l'insertion de 100 chômeurs de longue durée sur les 311 recensés sur leur territoire. Un vrai défi !

Un territoire rural d'exception est tenu de proposer une offre touristique à la hauteur de ses ambitions de protection, de valorisation et de développement. Cette exigence de qualité se traduit par la création de produits originaux.

**GÎTES PANDA**
Des hébergements d'un genre nouveau, les gîtes Panda, sont nés d'une union entre les parcs, les Gîtes de France et le WWF (Wild World Fund). Labellisés par ce dernier, et pour la première fois dans la Brenne, ils proposent une immersion confortable dans la verdure. Leurs propriétaires sont des amoureux d'une nature d'exception qu'ils se font un devoir de préserver et faire partager. Ils proposent également une mallette contenant jumelles, cartes et documentation. Le nombre de gîtes Panda est en constante progression : ils étaient 177 en 1996 contre 107 en 1995.

**VOYAGE AU CŒUR DES PARCS**
Les parcs et la Fédération – soutenus par les ministères du Tourisme et de l'Environnement – ont élaboré une offre spécifique de séjours de découverte, les «Voyages au naturel». Le concept se démarque résolument d'un tourisme banal : visites guidées par des spécialistes du parc, moyens de locomotion adaptés (vélo, ski de fond, raquettes, voire mule), gîte et couvert très soignés, transport des bagages assuré par les prestataires. Ces voyages s'appuient sur une charte de qualité signée par tous les intervenants et sont garantis par la marque «Parcs Naturels de France».

**C'EST LA LOI !**
Pour respecter le choix fait par ses élus de développer un tourisme fondé sur la nature, le parc du Pilat a été le premier à faire appliquer la loi du 3 janvier 1991 réglementant la circulation des véhicules à moteur. Le parc du Luberon a embrayé en mettant une pédale douce, mais ferme, à la conduite sur ses zones sensibles. Le parc des Volcans d'Auvergne lui a emboîté le pas en imposant des mesures limitant la circulation sur des lieux fragiles.

**EN BARQUE, À CHEVAL OU À VÉLO**
Les parcs déclinent le tourisme au pluriel :

de haut en bas, de gauche à droite Landes, Forêt d'Orient, Ballons des Vosges, Livradois-Forez, Brotonne, Morvan, Nord-Pas-de-Calais, Brotonne.

**Hôtels nature**
Certains hôteliers situés sur des parcs ont choisi de se reprouper. Leurs établissements, de caractère, qui jouissent d'un environnement privilégié, se conforment à une charte de qualité. Les signataires

s'engagent notamment à gérer leur hébergement dans le respect de la nature, à faire découvrir les richesses du lieu et à organiser des sorties avec les guides du parc.

**Le «plus» parc**
Des entreprises familiales de promenades en barque et des restaurateurs ont passé convention avec le parc de Brière afin de garantir un «plus» parc à leur accueil, leur gastronomie et leur décor.
Quant au parc du Livradois-Forez, il s'est associé aux cinq Chambres de commerce et d'industrie du Massif central pour soutenir les hôteliers dans leurs efforts de modernisation et les aider à améliorer le niveau de leurs prestations. Ceux que la démarche a séduits se sont regroupés en une chaîne de qualité à l'enseigne de «La Gélinotte».

La vraie nature des parcs ne se livre pas spontanément. Pour en faciliter la découverte et pour que les visiteurs portent sur elle un regard différent, des aménagements particuliers sont créés. Des actions de sensibilisation, des programmes à thèmes et des outils pédagogiques sont imaginés et mis en place afin que ces aménagements soient accessibles à tous.

**SUR LA PISTE DU PASSÉ**
C'est sur le Chemin du colporteur, pourvoyeur d'élixirs et d'images pieuses, que le parc du Livradois-Forez entraîne ses visiteurs. Des haltes rappellent le passage du «marchand de bonheur». En Brière, trois circuits thématiques jalonnés de bornes informatives conduisent le public à travers les sites ornithologiques, les chaumières et les mégalithes.

**UNE NATURE À DÉCHIFFRER**
Pour faire comprendre et admirer son insolite lande de bruyère à balai, le parc de la Brenne a créé 2 km de sentier, où se conjuguent enchantement et pédagogie.

De la lorgnette à la borne informative, en passant par le jeu : les parcs multiplient les approches.

**La pédagogie en voyage**

Le parc de Camargue a mis sur pied des malles aux trésors pleines d'objets, photos, jeux et textes expliquant aux enfants le gardian, le mouton, le sel… Douze valises auvergnates voyagent dans les classes du parc des Volcans d'Auvergne. Fiches, diapositives, cartes, matériel de terrain et planches de détermination permettent de comprendre et de protéger haies et forêts. Trente-deux : c'est le nombre de bagages pédagogiques réalisés par le parc du Haut-Languedoc. Le canal du Midi en BD, le châtaignier, la vigne, la langue occitane… font, en fin d'année scolaire, l'objet de diaporamas, expositions et herbiers.

**Les jambes et la tête**

Pour ne pas chevaucher idiot, le parc du Livradois-Forez a monté la «Cavalée bleue» : 500 km de balades équestres avec un livret invitant à mettre pied à terre au musée de la Coutellerie, à goûter à la fourme et à dévorer *Les Copains* de Jules Romains. Quand il aménage 100 km d'itinéraire cyclotouristique, le parc du Luberon veille tout particulièrement à ce que le parcours traverse les plus beaux sites et s'assure que haltes étonnantes et visites insolites y soient bien indiquées. Le parc de la Forêt d'Orient, pour sa part, propose 400 km de sentiers aux randonneurs et aux cyclistes.

**À l'école des parcs**

Le parc des Landes de Gascogne a aménagé des centres pour recevoir ceux qui suivent des stages de formation ou souhaitent découvrir la vraie nature du pays. Sur 206 000 ha d'école sans murs, il a créé une véritable «pédagogie de l'étonnement». Avec

«La nature au futur», le parc de Lorraine a fait venir, en 1994, 540 élèves du primaire sur le bassin versant d'une rivière passée sous contrat et, avec «Une leçon dans le Parc», a permis aux écoliers de s'interroger sur son territoire.

En sensibilisant chacun sur son environnement quotidien, qu'il soit naturel ou culturel, les parcs font en sorte que chacun – résident ou visiteur – se sente davantage responsable du patrimoine. Ils font pleinement partager leurs enjeux aux habitants, en transformant les adultes en ambassadeurs et les enfants en porte-parole, et, par ce biais, inventent une nouvelle citoyenneté, reposant sur la responsabilité et la solidarité.

**Sauver les crapauds**

Dans les parcs de la Haute-Vallée de Chevreuse et de la Forêt d'Orient, des crapauds meurent chaque année par milliers sur la route, entre le bois où ils passent l'hiver et l'étang où ils se reproduisent. Des bénévoles, avec le concours des parcs, leur barrent la route et les font traverser à l'abri dans un seau.

**Les ambassadeurs**
Le parc du Pilat a eu l'idée de faire d'enseignants à la retraite les guides-animateurs de son territoire. Les postulants se voient offrir une formation très complète sur les enjeux des parcs, la politique et les actions du Pilat. Quarante «permanents», tous spécialistes d'un thème, accueillent ainsi chaque année plus de 3 000 personnes, dont deux tiers d'écoliers.

**Croire aux parcs**

Lorsqu'un agriculteur décida, il y a 15 ans, d'ouvrir le premier gîte rural dans le parc de Brotonne, personne n'y croyait. Ce pionnier du tourisme à la ferme a pourtant fait des émules : le parc abrite aujourd'hui 200 gîtes ruraux. Un jeune boulanger a choisi de s'installer dans un hameau du parc du Vexin français. Il cuit des pains à l'ancienne dans le four maçonné – rarissime de nos jours – réhabilité, qu'il doit alimenter en bois toutes les trois heures. Il a ainsi sauvé l'avant-dernier commerce existant dans le village et permis à la commune de créer, avec l'aide du parc, une Maison du pain.

**Retour aux sources**

Pris par le mal du pays, un jeune agriculteur retourne dans son village du parc du Queyras où il ne restait que quatre personnes. Il transforme aujourd'hui 380 000 l de lait par an en fabriquant des fromages sous la marque «Parc naturel régional» et emploie sept personnes. Il a, en plus, mis au point les «Balades pastorales en Queyras», mariant ski de fond, bivouac en alpage, visite de la fromagerie et halte à la ferme-auberge qui a rouvert ses portes.

La pédagogie en action : de gauche à droite, les parcs de la Haute-Vallée de Chevreuse, Brotonne, Corse et Martinique.

**Éducation civique**

Le service «Animation-action éducative» du parc de Corse a demandé aux enfants d'exprimer leur avis sur la protection du patrimoine naturel de leur île. Un cahier de doléances a permis à 2 500 citoyens en herbe de tester leurs connaissances sur la forêt, le maquis et le littoral, et de réfléchir sur la situation de ces trois écosystèmes.

Le collège «Normandie-Maine» a inscrit au programme de 4e et 3e une option Environnement à laquelle les chargés de mission du parc apportent leur savoir. Étude d'un projet de gestion des déchets de la commune, examen du recyclage des papiers du collège… sont quelques-uns des travaux qu'ils mènent depuis 1995.

Parc naturel régional de Corse

Parc naturel régional de la Martinique

Pour être aisément perçus et identifiés par le public, les parcs doivent marquer leur territoire. Ils aménagent et organisent divers équipements pour en faire de véritables services d'accueil, mais surtout ils signent ce qu'ils entreprennent sous une image commune, afin d'informer et de mieux se faire connaître.

### IDENTITÉ VISUELLE

Pour donner une image forte de leur réseau, les Parcs naturels régionaux ont homogénéisé leur identité visuelle. La Fédération s'est attelée à la tâche. Tous les logotypes adoptent la même forme ovale contenant le symbole de l'identité de chaque territoire. Au-dessus, l'étoile signale l'appartenance au réseau. Deux couleurs ont été choisies : le terre de Sienne et le vert.

Parc naturel régional d'Armorique

Parc naturel régional des Ballons des Vosges

Parc naturel régional de la Brenne

Parc naturel régional Parc Brière

Parc naturel régional de Brotonne

Parc naturel régional de Camargue

Parc naturel régional de Chartreuse

Parc naturel régional de la Forêt d'Orient

Parc naturel régional des Grands Causses

Parc naturel régional de la Haute-Vallée de Chevreuse

Parc naturel régional du Haut-Jura

Parc naturel régional du Haut-Languedoc

Parc naturel régional des Landes de Gascogne

Parc naturel régional Livradois-Forez

Parc naturel régional Loire Anjou Touraine

Parc naturel régional de Lorraine

Parc naturel régional du Luberon

Parc naturel régional des Marais du Cotentin et du Bessin

Parc naturel régional du Marais Poitevin

Parc naturel régional du Massif des Bauges

Parc naturel régional de la Montagne de Reims

Parc naturel régional du Morvan

Parc naturel régional Nord-Pas-de-Calais

Parc naturel régional Normandie-Maine

Parc naturel régional du Pilat

Parc naturel régional du Queyras

Parc naturel régional du Vercors

Parc naturel régional du Vexin français

Parc naturel régional des Volcans d'Auvergne

Parc naturel régional des Vosges du Nord

# Des pays de France vus par les peintres

La nature, ses paysages simples ou grandioses, les hommes qui l'habitent, leurs traditions et leurs modes de vie, seule la peinture peut en rendre compte avec simplicité et justesse. Elle restitue avec fidélité et précision la dure vie paysanne. Ainsi JEAN-LOUIS GINTRAC, avec ses *Habitants des Landes* (**1**), révèle-t-il, à la manière d'un ethnologue, comment l'on se déplace avec de grandes échasses, comment l'on est vêtu et comment l'on vit, au début du XIX^e^ siècle, dans les Landes. En Corse, lorsque le paysan rentre chez lui, le soir, comme dans ce *Retour des champs* (**3**), peint par FRANÇOIS CORBELLINI (1863-1943), le poids du labeur lui fait plier l'échine et constitue pourtant le ressort de sa fierté. Mais, face à la nature, l'homme parfois est envahi par un irrépressible sentiment de solitude et d'abandon. Ce face-à-face avec l'univers comme avec la rondeur des pierres d'où aucune voix ne sort pour le réconforter, PAUL SÉRUSIER (1864-1927) a su le traduire. Unique continuateur de la leçon de Gauguin, il fait le lien avec l'école symboliste et annonce le fauvisme et l'expressionnisme. C'est en Bretagne, à Pont-Aven, que Sérusier voit peindre Gauguin en 1888. Cette rencontre est déterminante, car elle lui montre qu'il est possible, par la technique du cloisonnisme, de soumettre la main à l'esprit. La voie est ouverte vers le symbolisme pictural qui permettra d'exprimer des émotions ou des concepts par des correspondances de formes. Ainsi, dans *Solitude* (**2**), la jeune fille et le rocher, la courbure de la pierre et le pli du tablier confirment que la femme et la nature ne font qu'un. Néanmoins, l'expression du visage et la composition tout en diagonales renforcent le sentiment d'abandon qui se dégage de ce tableau.

| 1 | |
|---|---|
| 2 | 3 |

Il n'y a pas paysage plus absolu que la montagne. Œuvre de puissances qui dépassent celle de l'homme, elle se dresse sur l'horizon comme une promesse et un obstacle. Si elle a toujours figuré sur les tableaux, ce n'est qu'au XIXe siècle, lorsque le paysage accède à la dignité de sujet pictural à part entière, qu'elle s'impose comme une des formes les plus majestueuses. Doigt pointé vers le ciel, *Le Mont Aiguille* (**1**), dans le Vercors, est, pour l'homme, une preuve de sa petitesse mais aussi un défi lancé à son courage. La *Vue de la dent du Marais* en Auvergne (**3**) fait de la montagne à la fois une barrière infranchissable et une vue sublime. On peut aussi peindre la montagne de si près que l'on croit s'y promener. *Le Cristallan*, dans le Queyras (**2**), ou *Combe dans le Jura* (**4**) évoquent les recoins, les vallées et les torrents comme autant de lieux de repos et de réconfort.

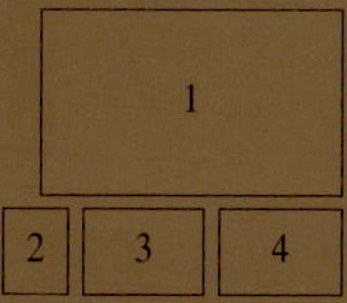


1. *Le Mont Aiguille* de BONNOT, né en 1937
2. *Le Cristallan* de GASTON TANC (1861- après 1935)
3. *Vue de la dent du Marais* de CHARLES JAFFEUX (1902-1941)
4. *Combe dans le Jura* d'EMMANUEL-JEAN TEMPLEUX (1871-?).

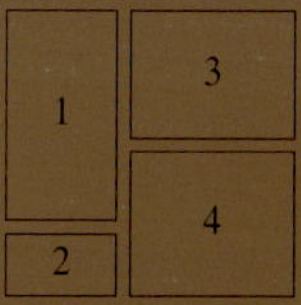

Lorsque le regard balaie l'espace, deux éléments viennent l'accrocher et le retenir : les bâtiments construits par l'homme, et ces êtres singuliers que sont les arbres. Face au paysage, la peinture est confrontée à cette double réalité, naturelle et humaine, et à l'ambivalence qu'elle exprime. La beauté de l'espace tient bien évidemment au point de vue, comme le montre *Sermiers* (**4**), située en Montagne de Reims, de GUILLAUME-ERNEST PELLUS, mais ce que l'on découvre alors est une nature transformée par l'homme. La sauvagerie de la forêt ou des torrents impétueux a cédé la place à la nature soumise au travail de l'homme. Ce sont les formes géométriques des champs qui envahissent le paysage, ou celles des maisons du Morvan (**2**), peintes par ÉDOUARD PAIL (1851-1916), dont les masses s'emboîtent les unes dans les autres. L'arbre s'élance vers le ciel. *L'Automne* (**1**) de CHARLES PECCATE (1870-1962) le montre dans cet assaut, alors que *L'Arbre* (**3**), pour NICOLAS DE STAËL, (1914-1955) est presque semblable à la terre même. Les plans simples qui le composent et le rouge de sa ramure font de lui l'expression visible des forces à l'œuvre dans la nature.

Calmes ou agitées, étangs ou rivières, océan ou fleuves, les eaux occupent dans la peinture une place particulière. Elles expriment la mélancolie devant le temps qui passe mais renvoient aussi au thème du reflet et du double. Eaux dormantes, comme dans *Après-midi d'été au Marais poitevin, la Venise verte* peint par JULIEN-LOUIS MORETEAU en 1933 (**1**), elles sont pour l'homme le lieu de la méditation, du repos et de la paix. Surface mouvante sur laquelle se reflètent le ciel et les nuages, le fleuve est pour les impressionnistes un sujet pictural de première importance. Il leur permet en effet de mettre en œuvre cette approche singulière de la peinture comme réseau de relation des tons entre eux et dans laquelle les motifs sont baignés de lumière. *La Seine à la Bouille* (**2**) d'ALFRED SISLEY (1839-1899) en est une bonne illustration.

1

2

# Des pays de France vus par les écrivains

## ÉTAPES ET RANDONNEURS

### LA VALLÉE DES CHARTREUX

*En 1836, Stendhal (1783-1842) quitte son consulat de Civitavecchia : il entend bien utiliser ce temps libre pour visiter la France et en tirer la matière d'un livre. Le romancier entreprend son voyage en 1837 et publie* Mémoires d'un touriste *un an plus tard. Il y consacre notamment un long chapitre à la Grande-Chartreuse, découverte en compagnie de voyageurs rencontrés au hasard du chemin. Après avoir fait connaissance avec un chartreux, le «touriste» se rapproche du monastère à dos de mulet et donne libre cours à sa curiosité et à son enthousiasme.*

“Enfin, après avoir erré longtemps dans ces magnifiques bois de sapins, nous nous sommes décidés à regret à monter sur nos mulets, qui, depuis deux heures, broutaient en nous attendant auprès de l'allée de grands fayards. Nous avons pris la route de Fourvoirie et de Saint-Laurent-du-Pont. Bientôt nous avons trouvé une petite rivière nommée le Guiers, ses bords sont couverts des arbres les plus majestueux ; ce sont des chênes, des frênes, des fayards, des ormes de quatre-vingts pieds de hauteur ; et les rochers qui dessinent les bords de la vallée dans le ciel ont des formes admirables, tandis que sur les bords du torrent les arbres croissent serrés comme ceux des Tuileries. Les muletiers nous font remarquer deux arbres dont l'un a traversé son voisin dans une chute, et tous deux vivent fort bien. À un certain endroit, on nous a fait arrêter et regarder en arrière. Vers la grande Chartreuse, il y a là une pyramide fort élevée qui semble fermer la route absolument, et au sommet de cette pyramide s'élève un fort beau pin. Il n'y a peut-être pas une vallée autre au monde aussi belle que celle-ci.”

STENDHAL, *MÉMOIRES D'UN TOURISTE*, 1838
LE DIVAN, PARIS, 1929

### NOCTURNE CORSE

*Les parents de Gustave Flaubert (1821-1880) lui avaient promis un voyage dans les Pyrénées et en Corse s'il obtenait son baccalauréat : c'est un jeune bachelier de dix-neuf ans qui prend le chemin de l'île de Beauté en 1840. Flanqué du docteur Cloquet, il parcourt le pays à pied, découvrant les beautés des forêts de Vizzavona et de Marmano, qu'il évoque dans ses* Voyages. *Lors d'une étape à Ghisoni, l'auteur est tiré de son sommeil par les puces : l'occasion pour lui de goûter le paysage de montagnes au clair de lune.*

“Je me levai et je regardai la campagne, je voyais les chèvres marcher dans les sentiers du maquis et sur les collines ; çà et là les feux de bergers, j'entendais leurs chants ; il faisait si beau qu'on eût dit le jour, mais un jour tout étrange, un jour de lune. Étant arrivé de nuit dans le village, je n'avais pu voir le paysage où il se trouve placé, mais il m'était maintenant facile d'en saisir tous les accidents, tout aussi bien qu'en plein soleil. Entre les gorges des montagnes, il y avait des vapeurs bleues et

«ENTRE LES GORGES DES MONTAGNES, IL Y AVAIT DES VAPEURS BLEUES ET DIAPHANES QUI MONTAIENT ET QUI SEMBLAIENT SE BERCER À DROITE ET À GAUCHE»

GUSTAVE FLAUBERT

diaphanes qui montaient et qui semblaient se bercer à droite et à gauche, comme de grandes gazes d'une couleur indéfinissable qu'une brise aurait agitées sur le flanc de toutes ces collines. Leur grande silhouette se projetait en avant, de l'autre côté de la vallée ; la lumière s'étendait, claire et blanche, autour de la lune, et devenait de plus en plus humide et tendre en s'approchant du haut faîte inégal des montagnes. Tous les contours, toutes les lignes saillissaient librement, grâce à leur teinte grise qui surplombait les grandes masses noires du maquis. Le ciel semblait haut, haut, et la lune avait l'air d'être lancée et perdue au milieu ; tout alentour elle éclairait l'azur, le pénétrait de blancheur, laissant tomber sur la vallée en pluie lumineuse ses vapeurs d'argent qui, une fois arrivées à la terre, semblaient remonter vers elle comme de la fumée.»

GUSTAVE FLAUBERT, *VOYAGES*, LES BELLES-LETTRES, PARIS, 1948

**EN PAYS ÉDUEN**

*D'un voyage de mille kilomètres à pied à travers la France, des Vosges jusqu'aux Corbières, Jacques Lacarrière (né en 1925), auteur de* Marie d'Égypte*, a rapporté* Chemin faisant*, qu'il définit comme «le journal d'un errant heureux, d'un libre divagant». Après un passage chez lui, à Sacy dans l'Yonne, le voici dans le Morvan, dont l'identité ne cesse de le questionner malgré les limites du parc régional.*

«Longtemps le Morvan fut pour moi comme une tache d'encre sur un buvard : un pays dont les frontières changeaient sans cesse. Où commence-t-il, où finit-il exactement ? D'après la carte récemment éditée par l'Office du Parc Naturel Régional, je vois avec surprise qu'il commence très au nord, à quinze kilomètres à peine de mon village de Sacy. Sa frontière nord suit en effet grosso modo une ligne qui passe, au-dessus d'Avallon par Savigny-en-Terre-Plaine, Montréal, Lucy-le-Bois, Sermizelles et Châtel-Censoir. Pourtant si on demande à des habitants de Lucy-le-Bois ou de Sermizelles où ils habitent, la plupart répondront en Bourgogne ou dans l'Yonne, jamais : dans le Morvan. À le parcourir d'ailleurs on éprouve immédiatement, instinctivement, le sentiment que le Morvan commence, en fait, là où débute le granite. Ses frontières actuelles sont plus administratives que naturelles. Car le Morvan, c'est avant tout du granite, des fougères, des digitales, des collines plus audacieuses, des éminences plus affirmées et un air différent de celles de la Basse-Bourgogne. Je l'ai senti, dès le premier jour de ma nouvelle marche, en quittant la forêt au Duc pour arriver sur les hauteurs du Vieux Dun : on est déjà entre 500 et 600 mètres. Les reliefs s'accentuent, les forêts s'épaississent, les ruisseaux et les rus pullulent. Certaines hauteurs sont suffisamment escarpées pour avoir longtemps servi d'abri et de refuge aux Éduens qui vivaient ici. Voilà, j'ai trouvé le mot : depuis hier, *je suis en pays éduen*. C'est cela pour moi le Morvan, avec le souvenir des prés mouillés de l'aube, des grandes forêts d'épicéas, de la folie multicolore des fleurs : du granite, un air vif et la terre d'élection de nos ancêtres éduens.»

JACQUES LACARRIÈRE, *CHEMIN FAISANT*, LIBRAIRIE ARTHÈME FAYARD, PARIS, 1977

## PAYSAGISTES

### «UNE SPARTE FORESTIÈRE ET SÉGRÉGATIONNISTE»

*Dans ses romans, comme dans* Lettrines, Lettrines II *ou* Carnets du grand chemin, *Julien Gracq (né en 1910) se révèle un paysagiste extraordinaire, attentif aux moindres détails du tableau naturel qui s'offre à lui. Traversant le pays de Mauriac, il s'attache ici à exprimer le caractère martial que lui inspire la géométrie sylvestre des Landes de Gascogne, et plus particulièrement celle de la Grande-Lande.*

« Mais La Teste déjà a cessé d'être en vue et on pique de nouveau droit vers le sud ; le charme revient, un charme qui s'accroît et s'exalte de la longue monotonie de la route ; le même, et pourtant subtilement changé. Le sentiment dominant du voyageur a été jusqu'ici celui d'un parc sylvestre, lumineux et riant, largement percé. Maintenant se fait entendre dans le paysage une note plus ample et plus grave, que l'oreille surprend déjà dans le nom de *Grandes Landes* par lequel on désigne le massif le plus épais et le plus compact, le recès central du labyrinthe, et vraiment le cœur de la forêt. Non pas tant une forêt que plutôt une province des arbres, ce que les Anglais appelleraient *woodland* ; tout comme on longe, dans une plaine cultivée, des champs d'avoine ou de maïs, de lin ou de betteraves, dont le niveau et la coloration varie avec chaque espèce cultivée, on navigue ici entre des parcelles — mais des parcelles géantes, de l'ordre du kilomètre carré — où le pin s'offre en nappes égalisées à perte de vue selon les différents degrés de sa croissance, depuis le sable fraîchement calciné par le dernier incendie jusqu'à l'ancêtre à bout de sève, sec et tordu comme un sarment, en passant par les semis qui moutonnent d'un vert tendre, les campements de jeunes sujets déjà éclaircis, alignés à l'ordonnance comme les tentes d'un bivouac, et les adultes en pleine force, exhibant partout les stigmates du travail. Non pas le chaos verdoyant de la sylve originelle, mais une sévère et rigide société d'arbres, matriculée et regroupée par classes d'âge, où on circulerait comme dans une Sparte forestière et ségrégationniste, et qui présenterait juxtaposés par grandes masses tous les aspects et tous les âges de la vie de l'espèce élue entre la naissance et la mort. C'est ici la Cité des Pins, marquée par quelque chose de conquérant, de régulier et de militaire — élevée, recensée, régentée, embrigadée pour lancer ses cohortes et ses manipules à la conquête du pays des sables. »

JULIEN GRACQ, *LETTRINES II*,
JOSÉ CORTI, PARIS, 1974

«MAINTENANT SE FAIT ENTENDRE DANS LE PAYSAGE UNE NOTE PLUS AMPLE ET PLUS GRAVE, QUE L'OREILLE SURPREND DÉJÀ DANS LE NOM DE *GRANDES LANDES*»

JULIEN GRACQ

**DÉLIRE VÉGÉTAL**

*Art imitant la nature ou nature imitant l'art ? Quittant l'Europe en guerre pour les États-Unis, le poète André Breton (1896-1966) et le peintre André Masson (1896-1987) font escale à la Martinique au printemps de 1941. La luxuriance de la flore inspire aux deux artistes un dialogue philosophique, le «Dialogue créole», où l'on retrouve les principaux fondements de l'esthétique surréaliste.*

«A. B. : Regarde cette tache blanche là-haut, on dirait une immense fleur mais ce n'est peut-être que l'envers d'une feuille : il y a si peu de vent. La nuit ici doit être pleine de trappes, de bruits inconnus. Mais le plus beau parce que le moins supposable, c'est encore le lever du jour. Tout ce qu'on ne se pardonnera pas d'avoir manqué.

A. M. : La forêt nous enveloppe ; elle et ses sortilèges, nous les connaissions avant d'être venus. Te souviens-tu d'un dessin que j'ai intitulé «Délire végétal» ? Ce délire est là, nous le touchons, nous y participons. Nous sommes un de ces arbres à étages, portant au creux des branches un marais en miniature avec toute sa végétation parasitaire greffée sur le tronc fondamental : ascendante, retombante, active, passive, et gréée du haut en bas de lianes à fleurs étoilées.

A. B. : Tu t'y retrouves en effet comme nul autre. Tout est resté en place depuis si longtemps. On finira par s'apercevoir que les paysages surréalistes sont les moins arbitraires. Il est fatal qu'ils trouvent leur résolution dans ces pays où la nature n'a été en rien maîtrisée. Quel rêve rimbaldien de plans contrariés que cette chute sur la vallée au fond de laquelle gronde l'instrument de tous les tourbillons.

A. M. : Oui, tout est dans le monde et je ne sais rien de dérisoire comme cette crainte de l'imagination qui opprime le peintre. La nature et sa profusion lui fait honte : *Trouve des fleurs qui soient des chaises !* Mais il s'en faut de peu que nous les ayons sous les yeux !

A. B. : On peut se demander dans quelle mesure l'indigence de la végétation européenne est responsable de la fuite de l'esprit vers une flore imaginaire. Ce à quoi l'on veut échapper aujourd'hui, est-ce à la perception en général ou seulement à la perception particulière de ce qui tombe sous nos sens quand nous nous retournons dans des lieux moins favorisés ? Certains, d'une manière délibérée, ont quitté l'Europe pour cette seule raison. Il est frappant de penser que Gauguin, entre autres, est passé par la Martinique et a songé à s'y fixer.»

ANDRÉ BRETON, «DIALOGUE CRÉOLE», *IN MARTINIQUE, CHARMEUSE DE SERPENTS*, ÉDITIONS JEAN-JACQUES PAUVERT, PARIS, 1972

## EN PENTE RAIDE

**HAUTS PÂTURAGES**

*Écrivain et photographe, Jean-Loup Trassard (né en 1933), auteur notamment de* Paroles de laine *et de* Tardifs instantanés, *se fait le chantre d'une vie agricole qu'il connaît bien, étant lui-même éleveur en Mayenne. Dans* Ouailles, *Trassard quitte sa ferme natale pour partir à la rencontre de son homologue, un berger, et ses moutons de transhumance dans le Queyras. Il nous livre ici le cliché bucolique d'une pratique ancestrale.*

«La meilleure herbe est le «pied-de-poule», trois brins qui divergent à plat sur le sol, de la couleur des feuilles d'œillet, elle se trouve tout à fait en haut. Comme c'est une herbe courte, il faut que les brebis broutent longtemps, de sept heures du matin à dix

heures du soir, alors que dans les prés deux ou trois heures par jour suffiraient, mais cette herbe de montagne «c'est une herbe qui les tient» et le but, en transhumance, est de faire de la chair solide, pas de souffler les bêtes. Si elles mangeaient de la luzerne, le soir elles rentreraient énormes et le matin les flancs seraient creux, alors que le matin ici elles ont assez peu diminué.

Nous sommes assis au plat de Chamoussière. Le berger porte toujours un feutre noir mais les bords en sont plus larges qu'il y a trois ans. Il est entouré par 1 570 moutons, 80 brebis et quelques agneaux lui appartiennent, le reste lui a été confié par quatre éleveurs provençaux.

Les brebis de transhumance viennent maintenant par camions, certaines en sont un peu gênées, n'ayant pas eu le temps de s'adapter à l'altitude. Il y a là des mérinos, des préalpes et des croisements. Même un couple de Turcs nés en Turquie, donnés en gage d'amour dans la région et rachetés par le berger (qui a dû faire castrer le mâle). Il y a aussi quatorze marrons : leur laine ne vaut presque rien, mais quand le troupeau s'est égaillé, compter les marrons permet d'avoir très vite une idée de la dispersion. Les moutons blancs s'affolent si l'un de ces marrons fait, à cause d'un oiseau par exemple, un mouvement brusque. Souvenir atavique du loup ? tout ce qui est sombre leur vaut peur, le chien noir bien plus que le fauve.

Quand on est tout près, le troupeau est plein de têtes qui se dressent, appels et réponses entrecroisés, courses en périphérie, sons de cloches que leur déplacement ferait comparer à de l'eau mais les timbres en sont beaucoup plus variés que la chanson de n'importe quelle eau. À peine s'éloigne-t-on un peu, les moutons ne sont plus que taches pâles, difficiles à localiser, troupeau bu par les dimensions. »

JEAN-LOUP TRASSARD, *OUAILLES*, LE TEMPS QU'IL FAIT, COGNAC, 1991

### UN PETIT GOÛT DE SECOUSSE TELLURIQUE

*S'il est né à Magnac-Laval en Haute-Vienne, Alexandre Vialatte (1901-1971) fut profondément attaché à l'Auvergne : collégien à Ambert, c'est dans le cimetière de cette petite ville qu'il repose désormais. Sa brillante vocation de traducteur (Kafka, Nietzsche, Thomas Mann) a quelque peu éclipsé son œuvre personnelle, une des plus singulières du siècle. L'auteur de* Battling le ténébreux *a consacré de nombreuses pages à sa province d'élection : dans cet extrait de* L'Auvergne absolue, *il «croque» les volcans avec une incomparable fantaisie.*

« L'Auvergne produit des ministres, des fromages et des volcans. Il n'y a rien de plus chauve qu'un volcan. C'est un spectacle extraordinaire que d'en voir trente autour du puy de Dôme, avec leur trou en haut de la tête, comme un nid-de-poule, comme une fontanelle mal soudée. On dirait un morceau de la lune. On en revient marqué pour la vie. La chèvre broute sur leur profil une espèce de pierre ponce poreuse, mais de faible valeur nutritive, qui donne à son lait un peu rêche un petit goût de secousse tellurique apprécié par les géologues. La foudre en boule roule

aisément sur ces pentes raides et dénudées, poursuivie par les petits bergers. À Tazenat, à l'Auberge du Gour, qui vit, dit-on, les enfances d'Arletty, le tonnerre a ses habitudes, la foudre tombe sur la radio, passe sous la table entre les pieds de la clientèle, sort dans le jardin et descend jusqu'au lac, chassée par l'hôtelier, qui secoue derrière elle une serviette, en faisant «brrrou-brrrou» comme pour effrayer une mouche bleue. On voit par là que, depuis les Gaulois, les Auvergnats ne craignent plus que le ciel tombe sur leur tête. C'est parce qu'ils ont inventé le parapluie. Ils ne le lâchent plus. Ils ont pour lui une superstition britannique. Surtout dans le train, où ils le serrent entre leurs jambes. Ils le surveillent comme le lait sur le feu. Ils savent qu'il ne faut rien laisser perdre. C'est une de leurs plus sages maximes. Tels sont les progrès de l'industrie.»

ALEXANDRE VIALATTE, *L'AUVERGNE ABSOLUE*, JULLIARD, PARIS, 1983

## HOMMAGES

**«UNE CERTAINE POÉSIE DE DÉSOLATION»**

*Aurore Dupin, baronne Dudevant, dite George Sand (1804-1876), se retira dans le Berry en 1848, à Nohant, après une existence particulièrement riche en épisodes sentimentaux, littéraires et politiques. La vie champêtre ne cessera plus alors d'inspirer ses romans, tels* François le Champi *ou* La Petite Fadette*. C'est cette veine que l'on retrouve dans un article du journal* Le Constitutionnel *publié le 6 juillet 1847, où George Sand décrit la profonde impression romantique suscitée par les paysages de la Brenne.*

«Si vous regardez la Brenne figurée sur les vieilles cartes enluminées de Cassini, la physionomie d'une contrée si sauvage vous serrera le cœur ; pas de chemins, pas de villages, des espaces immenses sans un clocher, sans une ferme, sans un bosquet. Partout des étangs semés à l'infini dans la bruyère. Les nouvelles cartes départementales ne la montrent guère plus florissante.

Cependant la Brenne n'est ni aussi laide, ni aussi morte qu'elle le paraît dans ses portraits. Pour les yeux du peintre ou du romancier, cette rase terre, inondée en mille endroits, cette folle végétation d'herbes inutiles, qui s'engraissent dans le limon, ne manquent pas de caractère. Il y a même une certaine poésie de désolation dans ces plaines de roseaux desséchés par la canicule. On se croirait loin, bien loin de la France, dans quelque désert où l'homme n'aurait point encore pénétré. Si l'on peut trouver un tertre, un donjon, le château du Bouchet, par exemple, et que la vue parvienne à planer sur une grande étendue de terrain, cela est aussi beau, dans son genre, que nos tableaux chéris de l'Indre, de la Creuse ou de la Bouzanne.»

GEORGE SAND, *LE CONSTITUTIONNEL*, «LE CERCLE HIPPIQUE DE MÉZIÈRES-EN-BRENNE PAR UN HABITANT DE LA VALLÉE-NOIRE», 1847

### TRINQUONS À LA PRESQU'ÎLE DE CROZON

*Poète symboliste à ses débuts, Saint-Pol Roux (1861-1940), dit «le Magnifique», trouve rapidement une voix qui en fait l'un des précurseurs de la poésie moderne, admiré des surréalistes. Dès 1900, il se détache des cénacles parisiens pour s'installer en Armorique, à Roscanvel, puis à Camaret où il fait construire un manoir. Les litanies de cet extrait du* Toast à Camaret*, composé le 20 août 1928, sont autant d'appels à lever son verre pour saluer la ville d'adoption de l'auteur.*

« Au pays lapidaire de la préhistoire qu'un doigt de Vauban
inscrivit dans l'histoire ;
Au pays qui dans la brume de juin, par un matin célèbre,
protégea tous les rayons du Roi-Soleil ;
Au pays que garde un Lion de granit où s'évertuent
des ricaracs à bec de perroquet ;
Au pays aux dunes d'immortelles, d'anémones, de chardons,
que blanchit de sa coque l'escargot de miel ;
Au pays des galets légendaires qui sont les mots sans doute
du barbare langage des mers ;
Au pays qui va des Tas de Pois au Bonhomme Penhat,
et de l'osier de Kerloch aux glaïeuls de Quélern ;
Au pays où, sur la lande pauvre, une invisible Fée déverse,
deux fois l'an, sa giboulée de pièces d'or ;
Au pays pour lequel notre Jose, entre ses quatre longues ailes,
moud de quoi faire les tartines de chaque maison ;
Au pays où les marmots s'agitent au berceau
comme s'ils manœuvraient déjà sur un vaisseau ;
Au pays des promenades sur les quais où les promis et les promises
paravirent dans le soir, de la Fontaine-an-Od à la jetée du Corréjou ;
Au pays du Sillon d'où s'en vont parmi d'autres sillons,
mêmement que d'immenses grains qui reviendront épis,
les dundees et les sloops empanachés de voiles ;
Au pays des fiers gâs vêtus de rouge captant le Vent-des-larmes,
le Vent-du-coin et le Vent-des-vallons pour en gonfler
les joues et les poitrines du gréement ;
Au pays du pêcheur en beauté sur sa lame de peine
à la manière du poète sur sa strophe heureuse ;
Au pays de l'Aventure qui commence par l'Iroise
et s'achève en Irlande ou sur le sable éblouissant des Maures [...] »

SAINT-POL ROUX, *L'ANCIENNE À LA COIFFE INNOMBRABLE*,
ÉDITIONS DU FLEUVE, NANTES, 1946

# Les trente-deux Parcs naturels régionaux

# PARC NATUREL RÉGIONAL D'ARMORIQUE

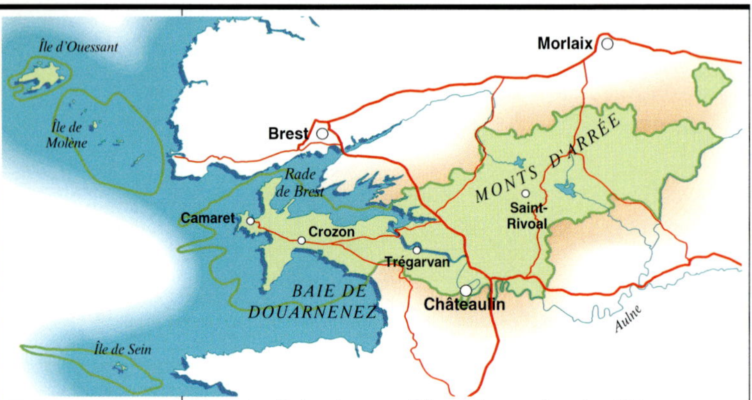


**FICHE D'IDENTITÉ**
Créé en 1969
sur le département
du Finistère
(Bretagne).
39 communes
172 000 ha
56 000 hab.

Le territoire du parc s'étend des confins des Côtes-d'Armor, à l'est, jusqu'à l'archipel de Molène et d'Ouessant, à l'ouest. Il offre deux faciès principaux. L'un à dominante terrienne couvre le massif des monts d'Arrée. L'autre à dominante maritime englobe la ria de l'Aulne et la presqu'île de Crozon qui sépare la rade de Brest de la baie de Douarnenez. Les îles, Sein, au sud, dans l'alignement du cap Sizun, et l'archipel de Molène-Ouessant, au nord, prolongent le parc vers le ponant.

Paysans dans les monts d'Arrée

## LES MONTS D'ARRÉE

Formés il y a environ 600 millions d'années, les monts d'Arrée constituent aujourd'hui un territoire à part ; la «montagne» sépare en une ligne de hauteurs continue culminant à 387 m la pénéplaine de Léon, au nord, de la Cornouaille qui s'étend au sud. Des crêtes acérées de schistes et de quartzites, au nord, et des sommets arrondis, au sud, d'où émergent de place en place des chicots de grès, entourent une vaste dépression, marécageuse, le Yeun Elez. Cette cuvette tourbeuse, située au pied de la montagne Saint-Michel de la motte Cronon (387 m) sur le territoire de Saint-Rivoal, serait le siège légendaire des portes des Enfers Froids… De vastes étendues de lande alternent avec un bocage serré au milieu duquel sont tapis les villages. Une architecture austère de schiste, de grès ou de granit caractérise l'habitat traditionnel.

**UNE PUNITION DIVINE**
La légende veut qu'il y a deux mille ans des forêts couvraient les monts d'Arrée. À la naissance du Christ, Dieu ordonna aux arbres de rejoindre immédiatement Bethléem pour le saluer. Mais la traversée de la mer n'inspirait guère les arbres qui n'avaient pas le pied marin. Tous restèrent sauf le pin, la bruyère et l'ajonc. De colère, le Ciel les condamna à se dessécher sur place, les arbres disparurent à jamais. Voilà d'où vient l'aspect aride de la région !

**La maison Cornec.** L'écomusée des monts d'Arrée mis en place par le parc a assuré dès 1969 la restauration d'une maison représentative d'un type d'architecture rurale caractéristique de cette région (ci-dessous, une maison du XVIIe siècle). Construite en 1702 par un paysan aisé de Saint-Rivoal, Yvon Cornec, cette maison haute présente une aile en avancée, ou *apoteis*, et un large escalier extérieur

sous auvent. Elle est couverte de dalles d'ardoise extraites de la montagne voisine et posées à pureaux décroissants.

**L'abbaye du Relec.** Fondée en 1132 par les moines cisterciens, l'abbaye du Relec, située au piémont nord des monts d'Arrée, a contribué à la mise en valeur des terres de montagne. Elle a favorisé l'installation de colons en les rendant propriétaires d'une masière (maison au toit de chaume), d'un courtil (cour) et d'un journal de terre (superficie cultivable en une journée : environ 0,5 ha) par un contrat, dit de Quevaise, propre à cette abbaye et aux hospitaliers voisins. Le site du Relec conserve de nombreuses traces des aménagements cisterciens, notamment de leurs travaux hydrauliques. L'église abbatiale, en partie romane, est le siège d'un grand pardon tous les 15 août. On y donne des concerts de musique vocale ancienne.

## La ria de l'Aulne

L'Aulne, fleuve côtier, prend sa source dans les monts d'Arrée avant de rencontrer la mer au fond d'un vaste estuaire aux allures de fjord qui débouche sur la rade de Brest. Les 20 km que compte l'Aulne maritime sont bordés de paluds, de roselières et de vasières qui s'étendent à marée basse au débouché des ruisseaux affluents, abritant une faune riche et variée (héron, grand cormoran, loutre…). Le Menez Hom (330 m), point culminant des Montagnes Noires, domine à l'ouest le village de Trégarvan dont les maisons et la petite église s'étendent le long du rivage. Au débouché de l'Aulne sur la rade de Brest, au détour d'un méandre, apparaissent le bourg et l'abbaye de Landévennec, siège d'une communauté monastique depuis le Ve siècle.

**Notre-Dame du Relec**
Des bâtiments abbatiaux ne subsistent que l'église, la sacristie et des vestiges de l'aile orientale. Dans l'abbatiale, on remarquera l'escalier construit en 1691 qui permettait aux moines d'accéder directement du dortoir à l'église pour l'office de nuit et une statue de pierre polychrome de Notre-Dame du Relec datée du XIVe siècle.

**Calvaires**
Construits entre 1450 et 1650, les calvaires sont une création de la basse Bretagne. Si la Passion en est le thème central, de nombreuses scènes de la vie du Christ et des figurations de saints honorés localement viennent s'y ajouter. Ci-dessus, calvaire de Sainte-Marie du Menez Hom.

**LE «PORT DU SILLON COURBE»**
Camaret ou Kameled était le principal port-refuge du Finistère. Son anse protégée accueillait les navires qui ne pouvaient franchir le goulet de Brest par gros temps. Au XVIIIe siècle, la principale activité des Camarétois est la pêche à la sardine. Puis, au début de ce siècle, Camaret devient l'un des plus importants ports langoustiers d'Europe. Ses marins traquaient ce crustacé dans le monde entier, en Méditerranée et jusqu'au Brésil. C'est toutefois la Mauritanie qui a été leur principal territoire de pêche durant près d'un demi-siècle (ci-contre).

**CAMARET, LE «VESTIBULE» DE BREST SELON VAUBAN**
La ville a été en 1694 le théâtre d'une tentative de débarquement de troupes anglo-hollandaises qui voulaient s'emparer de Brest. Mais Vauban avait préparé la défense de la côte en construisant une tour sur le sillon de Camaret. Accueillis, à peine débarqués, par un feu nourri sur la plage de Trez Rouz, les envahisseurs laissèrent sur le terrain un millier d'hommes en moins de deux heures de combat…

**LE MUSÉE DE L'ÉCOLE.** Trégarvan conserve le témoignage du combat que mena la IIIe République pour l'alphabétisation des campagnes. Un musée consacré à ce thème a été installé par le parc dans une école construite au centre du territoire communal en 1906.

**L'ABBAYE DE LANDÉVENNEC.** C'est à la fin du Ve siècle, alors que l'Armorique gallo-romaine se transformait en Bretagne, qu'un moine nommé Winwalloe (Guénolé) est venu fonder, au débouché de l'Aulne, dans un «désert» boisé, son monastère. Après une interruption due à la Révolution, la vie monastique a repris à Landévennec en 1950. Sur le site du monastère primitif, des fouilles archéologiques ont mis au jour des témoins précieux de cette très longue histoire. Les vestiges d'un établissement carolingien en font un site unique en Europe. Un musée a été aménagé en 1990 à proximité du site archéologique.

## LA PRESQU'ÎLE DE CROZON

Le nez de la Bretagne, sur lequel trône fièrement Camaret, pénètre dans l'océan entre la rade de Brest et la baie de Douarnenez. Entre l'Aber et le petit port du Fret sur la rade de Brest, de hautes falaises succèdent à de vastes plages de sable bordées de dunes. Le cap de la Chèvre, les pointes de Pen Hir, de Toulinguet, de Roscanvel sont autant de sites prestigieux. Des pelouses de lande rase alternent avec un paysage de champs ouverts, aujourd'hui souvent abandonnés. Des villages de maisons basses alignées opposent leur pignon aux vents dominants. Dans les falaises se lisent l'histoire de la création de la région aux temps précambriens et celle de l'apparition des premières formes de vie au fond de l'océan grâce aux vers marins fossilisés.

**LA MAISON DES MINÉRAUX.** Sur la route qui mène au cap de la Chèvre, la Maison des minéraux initie le visiteur à la richesse minéralogique et surtout géologique de la presqu'île.

**MORGAT.** Dans les années 1920, Armand Peugeot entreprend de faire du petit village de pêcheurs, installé à l'extrémité d'une longue plage de sable, une station balnéaire. Rapidement, Morgat se couvre de villas construites avec le grès local, selon les canons

Le monument des Sénans libres, inauguré en 1960, porte l'inscription *Kentoc'h mervel* (Plutôt mourir).

d'une architecture régionaliste prônée par le mouvement des Seiz Breur (sept frères, en breton). Ce style breton contemporain, qui marie tradition et modernité, a été initié par René Creston et six disciples. Le courant qui a influencé l'architecture, le mobilier et les arts décoratifs était représenté à l'Exposition universelle de 1937.

## Les îles

Au large des côtes vers le ponant, les îles Sein, Molène et son archipel, Ouessant, balisent l'entrée dans l'océan. Différentes par la taille, la hauteur et les activités qui les font vivre, les îles constituent un monde autre. Depuis 1989, l'archipel Molène-Ouessant a été classé par l'Unesco Réserve mondiale de biosphère et un projet de Parc national maritime est à l'étude. Sein, au large du cap Sizun, est une sorte de radeau de 50 ha dont l'altitude moyenne n'excède pas 1,50 m. Elle compte encore trois cents habitants vivant essentiellement de la pêche. Ouessant (ci-dessus), en revanche, est un vaste plateau culminant à plus de 60 m. Près de trois mille personnes vivaient jadis sur ces 15 km$^2$ où elles ont développé une économie essentiellement agricole jusqu'à la dernière guerre. Ne disposant pas d'un port praticable par tous les temps, les Ouessantins étaient ou paysans ou marins au long cours. Abrité du vent, le bourg de Molène, situé au-dessus d'un petit port de pêche, est sis au centre d'un archipel composé d'îlots habités par des fermiers jusqu'au lendemain de la Seconde Guerre mondiale. Des goémoniers venus du continent exploitent le vaste champ de laminaires qui colonisent les fonds marins autour des îles.

**Sein et la Résistance**
Lorsque le général de Gaulle lance l'appel du 18 juin 1940, tous les Sénans valides, près de 150 hommes, le rejoignent à Londres. Ils représentent le quart des premiers volontaires de la Résistance !

**Culture des laminaires**
La coupe des goémons de rive, effectuée à la faucille, et celle des goémons de fond, réalisée à partir d'embarcations, à l'aide de guillotines (ou parfois ramassés après une tempête), ont toujours été règlementées. Ces algues brunes sont, depuis une vingtaine d'années, récoltées par des bateaux équipés d'un crochet d'une longueur maximale de 3,50 m. Ces algues se retrouvent dans de nombreux produits alimentaires, des cosmétiques et même dans le papier.

# Les phares du parc d'Armorique

Malgré les périls liés aux atterrages, il faut attendre le XVII^e siècle pour que le littoral breton commence à se doter d'une signalisation maritime. Il s'agissait alors d'annoncer l'entrée des ports aux navigateurs venant du large. Au début du XIX^e siècle, un plan rationnel d'éclairage des côtes est enfin mis en place par Augustin Fresnel. Ce programme achevé, la Commission des phares entreprend de marquer les dangers liés aux saillants littoraux. Des tours sont alors construites sur des roches considérées comme inaccessibles. Aujourd'hui le tiers des quelque neuf cents phares qui éclairent les côtes françaises est situé en Bretagne, dont une dizaine sur le territoire du parc.

**Les chantiers de l'impossible**
Rendue possible par le legs de Charles-Eugène Potron, en 1804, la construction du phare de la Jument fut des plus périlleuses. Exposé à une forte houle, le rocher sur lequel il s'appuie ne se découvre, en effet, que quelques heures par jour. Sept ans furent ainsi nécessaires pour édifier la Jument, haute de 42 m et maintenue au rocher par quatre câbles de tension. D'autres chantiers sont restés célèbres : Armen achevé en 1881, Kéréon en 1916, Nividic en 1936…

**Augustin Fresnel (1788-1827)**
Entré en 1819 à la Commission des phares, Fresnel, après avoir mis au point un système de phares dioptriques toujours en usage aujourd'hui, s'attache à hiérarchiser les phares et à en définir les caractéristiques. Il lance un programme de construction de tours et dote d'appareils optiques des édifices plus anciens. Jusque vers 1850, le littoral se couvre de phares selon le plan établi.

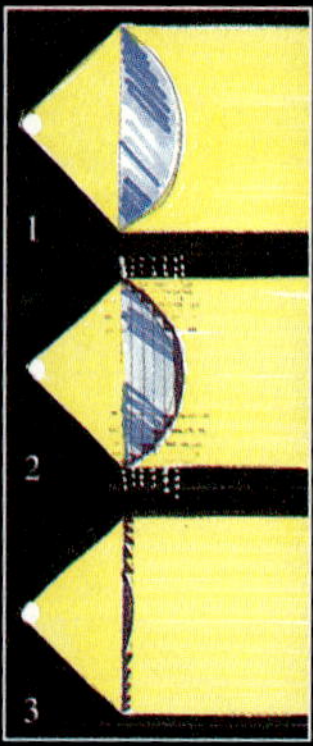


**La lentille de Fresnel**
Depuis l'Antiquité et jusqu'au XVIII^e siècle, le phare se résumait à un simple feu brûlant au sommet d'une tour. En mettant au point une lampe à mèche cylindrique qu'il place au foyer d'un réflecteur parabolique (1), Argand contribue à en améliorer la luminosité. Plus tard, Fresnel eut l'idée de remplacer les réflecteurs par des lentilles plan convexe à échelons (3). Une seule lampe pouvait ainsi être placée au foyer d'un nombre important de lentilles – huit à Cordouan où fut appliqué pour la première fois le système en 1823.

De haut en bas : l'entrée du port de Camaret, la Jument à Ouessant, Le Créac'h, à Ouessant. Au centre, Armen, face à l'île de Sein.

**Le musée des Phares et Balises**

Ouessant était le lieu idéal pour implanter un musée consacré à l'histoire de la signalisation maritime. Les collections occupent l'ancienne centrale électrique du Créac'h. La visite est complétée par un itinéraire de découvertes : cloche sous-marine, trompe de brume, amers, phares de Nividic, de la Jument et du Stiff…

**Périlleuse relève**

La relève et le ravitaillement des gardiens des phares isolés en mer s'effectuaient à l'aide d'un filin et d'un treuil (en bas, relève à Armen). Aujourd'hui, la plupart des phares sont télécommandés.

# Parc naturel régional des Ballons des Vosges

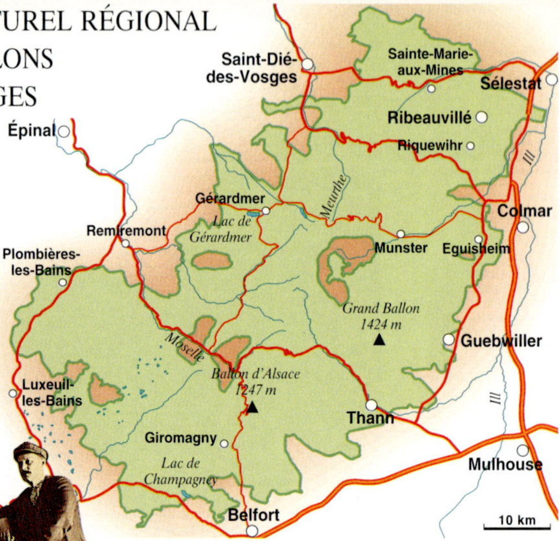


**Fiche d'identité**
Créé en 1989 sur les départements du Haut-Rhin (Alsace), des Vosges (Lorraine), de la Haute-Saône et du Territoire de Belfort (Franche-Comté).
197 communes
300 000 ha
240 000 hab.

Le parc englobe le sud du massif vosgien, depuis la vallée de Sainte-Marie-aux-Mines jusqu'aux portes de Belfort et de Luxeuil-les-Bains et s'organise autour des hautes Vosges, la partie la plus élevée du massif.

## Les hautes Vosges

Le parc est dominé par une crête sommitale orientée nord-sud et ponctuée de sommets arrondis, les «ballons». Les hautes chaumes, landes d'altitude, éclairent le paysage ▲ *72.*

**Les marcaires.** Le terme «marcaire», de l'alsacien *Malker*, «celui qui trait», désigne les agriculteurs de montagne qui pratiquent l'estive sur les chaumes. Au mois de mai, ils rejoignent leurs marcairies, pour faire paître le bétail sur les hauteurs. Devenues fermes-auberges il y a une vingtaine d'années, les marcairies accueillent en été randonneurs et touristes. Vers la Saint-Michel, lorsque l'herbe s'appauvrit et que soufflent les premiers vents froids, bêtes et gens redescendent dans les vallées.

**Le munster.** Ce fromage goûteux doit sa saveur au lait riche et odorant que la vache vosgienne, rude espèce montagnarde aux flancs noirs et à l'échine blanche, produit à partir des herbes parfumées des chaumes. Affiné pendant trois semaines, le munster ou munster-gérômé puise ses racines dans la tradition monastique et son appellation est rigoureusement contrôlée (en haut, une fromagerie vers 1910).

**Le ballon d'Alsace ▲ *72.*** Il se dresse majestueusement à la croisée de trois régions : Alsace, Lorraine et Franche-Comté. Il a été tour à tour observatoire solaire celtique, pâturage conquis par les paysans, lieu de passage et de contrebande sur l'ancienne frontière, havre pour pèlerins et botanistes, but d'excursion pour touristes et skieurs.

**Les premiers touristes**
En 1875, deux ans après le Club vosgien, est fondé le Comité des promenades de Gérardmer, considéré comme le premier office de tourisme français. Pourtant, un autre événement est à l'origine de l'essor du tourisme accentué par le développement des transports. En effet, après la défaite française de 1871 et l'annexion de l'Alsace par l'Allemagne, la crête des Vosges devient frontière entre les deux États. Patriotes et célébrités vont alors se presser sur les sommets pour contempler avec nostalgie la province perdue.

# Les Vosges
## alsaciennes

Le versant alsacien du parc est marqué par son caractère abrupt. S'ouvrant sur des cirques glaciaires au fond desquels reposent des lacs, ses vallées assez profondes s'étendent vers l'est. Ici l'agriculture côtoie l'industrie, l'habitat est généralement concentré le long des axes de circulation et les versants boisés sont consacrés à l'exploitation forestière.

**Les mines d'argent.** La richesse du sous-sol vosgien a engendré une activité considérable qui atteint son apogée au XVIe siècle. Les mineurs, souvent venus d'Allemagne et d'Europe centrale, rivalisent d'ingéniosité pour extraire le minerai – argent, cuivre, plomb, cobalt… – en domptant la force de l'eau et en construisant d'impressionnantes machines (ci-contre).

**Le textile.** Dès la fin du XVIIIe siècle, des filatures utilisant l'énergie hydraulique, des teintureries attirées par la qualité de l'eau et des usines textiles s'installent sur le massif. La main-d'œuvre rurale est abondante et beaucoup de paysans deviennent ouvriers-paysans. Aujourd'hui, un effort d'innovation a permis à de nombreuses entreprises de maintenir leur activité en développant notamment un prestigieux savoir-faire dans l'impression des étoffes.

## Les vallées vosgiennes

Du côté vosgien, les vallées s'étirent plus doucement vers l'ouest, drainées par des rivières ponctuées de lacs et de tourbières, témoins de la forte érosion glaciaire. L'habitat, plus dispersé, est caractérisé par d'imposantes fermes carrées.

**La forêt.** La filière bois, dont 80% de la production est destinée au bâtiment, représente une activité essentielle dans ce massif qui accueille la plus grande forêt naturelle de France. Du bûcheron à l'artisan, en passant par les scieries, les Vosgiens ont perfectionné chaque métier au fil des années. Restent les images pittoresques du film de Robert Enrico *Les Grandes Gueules* (1965), dans lequel Bourvil et Lino Ventura s'essaient au schlittage – la descente du bois sur un traîneau – le long de voies pentues constituées de troncs fendus.

**La force de l'eau.** L'eau représente une énergie que les montagnards s'emploient à canaliser pour broyer, moudre, tisser ou actionner des pompes. Les *sagards* consacrent leur

Le schlittage (ci-contre) permettait de descendre le bois de chauffage et les petites grumes.

**Les «caisses de mineurs»**
Une organisation sociale rigoureuse se met en place dans les mines à partir du XVIe siècle : les «caisses de mineurs» préfigurent la Sécurité sociale.

**La Grande Guerre**
Lors de la Première Guerre mondiale, l'Alsace, sous domination allemande depuis 1871, a connu des combats meurtriers. C'est à des fins militaires qu'a été construite la désormais touristique route des crêtes qui surplombe le massif. Au col du Linge, le face-à-face franco-allemand fera 10 000 morts en juillet et août 1915. D'autres sites, comme la Tête des Faux et le Hartmannswillerkopf, ont gardé eux aussi des traces indélébiles de cette guerre (ci-dessous, le monument des Diables Bleus au sommet du Grand Ballon, 1 424 m).

**LE THÉÂTRE DU PEUPLE DE BUSSANG** Construit en bois en 1895, il se distingue par le fond de sa vaste scène qui s'ouvre sur la montagne, faisant du même coup entrer la nature dans le spectacle. Maurice Pottecher (1867-1960), poète et dramaturge vosgien, est à l'origine de ce «monument». Il a voulu décentraliser le théâtre et «éveiller les consciences». Sa première pièce, *Le Diable marchand de goutte*, remporta un franc succès. Depuis, chaque été, des milliers de passionnés «montent» à Bussang pour assister aux représentations.

savoir-faire au sciage du bois à l'aide d'une longue lame verticale dont les allers retours sont transmis par le mouvement d'une immense roue à eau. Parfois même l'eau est amenée jusqu'au «haut-fer» par une conduite forcée.

**LA FERME VOSGIENNE.** En partie enterrée, elle regroupe sous un même toit hommes, animaux et récoltes. Elle est construite à partir de boules de granit trouvées dans les champs et surmontées d'une charpente en bois. Sa façade la plus exposée est protégée d'un bardage réalisé en planchettes de bois posées en écailles de poisson, les *essis*, tandis que le foin remisé au grenier préserve du froid. Sur ces fermes isolées et établies à proximité des sources, on aperçoit souvent un curieux ventre rond sortant d'une façade : le four à pain.

## LES VOSGES SAÔNOISES ET LE VAL DE COMBEAUTÉ

Au sud-ouest du massif s'étend le plateau des Mille-Étangs (en bas, à droite), un ensemble sauvage d'étangs, de forêts et de landes où se dissimulent des hameaux isolés. Ce plateau vallonné prolonge la montagne vosgienne jusqu'au val de Combeauté qui relie Vosges et Haute-Saône. Dans cette petite vallée aux confins de la Lorraine et de la Franche-Comté, on ne compte plus les fontaines, lavoirs et calvaires. Mais on y voit aussi une construction curieuse : le *chalot*, ou *chélo*, un grenier séparé de la maison dans lequel une partie de la production agricole était mise à l'abri des rongeurs.

**FOUGEROLLES.** Au XVIIIe siècle, on y prend l'habitude de distiller guignes et merises pour produire le *quervaser* et, dès le milieu du XIXe siècle, Fougerolles devient le premier centre producteur de kirsch de France.

**PLOMBIÈRES-LES-BAINS.** Dès le IIe siècle, les Romains canalisent les sources chaudes de cette ville située à l'ouest du parc. Montaigne, Lamartine, Musset et Berlioz ont apprécié le charme romantique de ses thermes, célèbres pour le traitement des affections intestinales et rhumatologiques. Lieu de villégiature sous le Second Empire, Plombières prend sa place dans l'histoire en juillet 1858 lors de l'entrevue de Napoléon III avec le comte de Cavour, président du Conseil du Piémont. L'alliance décidée à cette occasion entraînera en 1860 l'unité de l'Italie libérée de l'Autriche, ainsi que le rattachement de la Savoie et de Nice à la France.

**LA CHAPELLE DE RONCHAMP** Posée en 1955 sur les premiers contreforts du massif vosgien, elle occupe un lieu de pèlerinage dédié à la Vierge Marie dès le Moyen Âge. Construite par Le Corbusier, elle apparaît comme un lieu de silence, de paix et de joie intérieure : «On ne voit bien ici qu'avec son cœur».

**La maison alsacienne** Dans les maisons à pans de bois, chaque étage est autonome, l'habitation étant constituée de parallélépipèdes empilés, sur lesquels le toit repose latéralement à la manière d'une voûte. La couverture est souvent réalisée en tuiles plates en écaille tandis que la finition de la façade est assurée par un enduit de chaux laissée blanche ou colorée.

## Le piémont alsacien

Longeant la plaine du Rhin, le piémont est du massif est constitué de collines calcaires où la vigne a trouvé un terrain favorable. La vitiviniculture est à l'origine de la richesse architecturale des villages qui s'égrènent le long de la «route du vin». Non loin du célèbre Riquewihr, Turckheim (ci-contre), Eguisheim, Ribeauvillé et d'autres encore peuvent s'enorgueillir de maisons à colombages richement décorées et de bâtiments qui ont traversé les siècles comme l'église fortifiée de Hunawihr. Il est fréquent d'entendre des cigognes claqueter du haut d'une tour ou d'un clocher depuis qu'elles ont fait l'objet d'un important programme de sauvegarde.

**Collines calcaires.** Elles sont parsemées de prairies, de vergers et de pelouses. Au printemps, de nombreux papillons semblent se réjouir de la couleur et de la forme de plantes comme l'anémone pulsatille et l'ophrys bourdon.

## Le pays sous-vosgien

Au sud du ballon d'Alsace, dans le prolongement du piémont alsacien, s'étend le Territoire de Belfort, le plus petit département français né du regroupement de cinq cantons alsaciens qui échappèrent à l'annexion par l'empire allemand en 1871. S'y succèdent vergers, prairies et étangs.

**Giromagny.** Grâce à ses riches filons de plomb et de cuivre argentifère, cette possession des Habsbourg depuis 1348 reçoit en 1561 le siège de la justice des mines d'Alsace et du Sundgau. S'ouvre alors une intense période d'exploitation et à la fin du XVI$^{e}$ siècle Giromagny compte plus de quinze cents habitants contre cinq cents à Belfort. Après son déclin, l'activité minière a été remplacée par de petites industries, notamment de transformation des métaux.

**L'étang de Malsaucy.** Il fournissait autrefois une réserve d'énergie permettant aux martinets des forges de Belfort de fonctionner en période de basses eaux. Aujourd'hui, pêcheurs, baigneurs et oiseaux se partagent ce vaste plan d'eau. On y trouve une importante zone de nidification d'oiseaux aquatiques.

**Le vin alsacien** Dans le piémont alsacien, contrairement aux autres régions françaises, l'appellation d'origine contrôlée «Alsace» désigne le vin par son cépage et non par son territoire. L'Alsace compte onze cépages dont sept sont d'origine contrôlée : gewurztraminer, muscat, pinot blanc (ou klevner), pinot noir, riesling, sylvaner et tokay (ou pinot gris). Les nombreuses fêtes du vin et des vendages sont autant d'occasions de les déguster dans les villages.

# Les Hautes-Vosges

Les glaciers ont affiné les formes arrondies des sommets vosgiens appelés aujourd'hui «ballons».

Les gneiss au nord, les granits au centre, les roches volcaniques au sud forment l'assise des Hautes-Vosges, une montagne née lors de la formation du massif hercynien, il y a quelque 350 millions d'années. Au cours des deux derniers millions d'années, les glaces ont modelé les vallées et les versants, puis le jeu des climats depuis la disparition des glaciers, il y a 12 000 ans, a déterminé la présence d'une végétation originale.

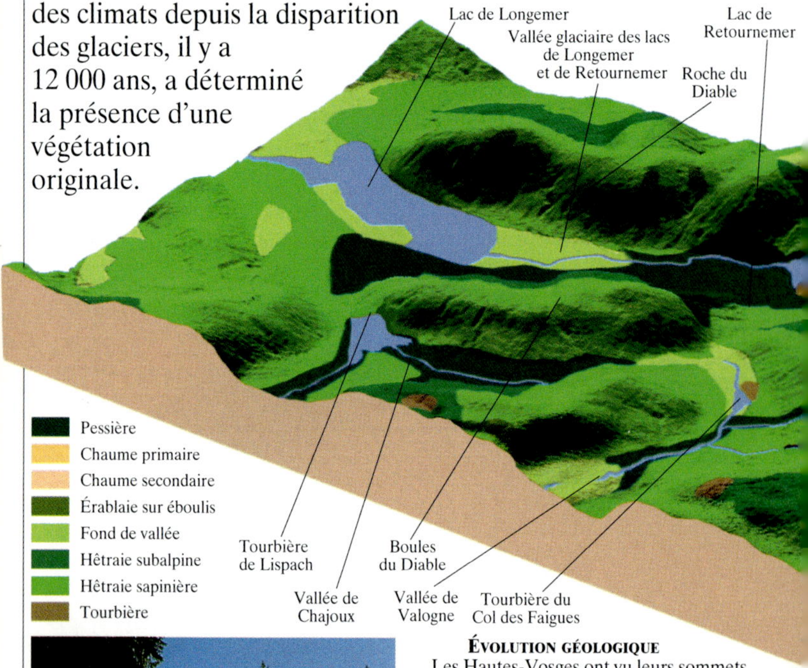


**Évolution géologique**
Les Hautes-Vosges ont vu leurs sommets s'arrondir sous l'effet de l'érosion. Puis les mouvements du globe terrestre les élevèrent à nouveau, il y a environ 23 millions d'années, avant qu'elles ne s'effondrent en leur centre au cours de l'ère tertiaire, laissant place à une vaste plaine, l'Alsace, sise entre deux montagnes jumelles : les Vosges et la Forêt-Noire.

**Les forêts d'épicéas, ou pessières**
L'épicéa, arrivé il y a 2 500 ans, n'a trouvé que de rares secteurs où s'implanter : les éboulis des versants nord, les vallées froides ou les tourbières. Au cours des deux derniers siècles, les forestiers l'ont largement favorisé.

**Les forêts sur éboulis**
Sur les pentes des vallées glaciaires, des forêts originales (érables, ormes, tilleuls) ponctuent la hêtraie-sapinière dominante. Un climat humide et froid les a fait reculer, aussi n'occupent-elles plus que les versants sud et des éboulis rocheux.

**Les lacs glaciaires**
Ils ont vu le jour derrière un verrou ou une moraine. Après le chaos glaciaire, ils furent les rares foyers de vie. Nombre d'entre d'eux furent colonisés par la végétation pour devenir des tourbières. Mais quelques-uns marquent encore les vallées glaciaires où se développent des espèces boréales : lotte d'eau douce, isoètes (petites plantes aquatiques)…

**Les tourbières**
Elles résistent sur les versants et le fond des vallées les plus arrosées, en dépit des variations climatiques. Les tourbières sont les reliques d'un paysage qui recouvrait la quasi-totalité du massif vosgien après la fonte des glaciers. Véritables monuments naturels, elles accueillent de nombreuses espèces rares – droséra ou nacré de la canneberge.

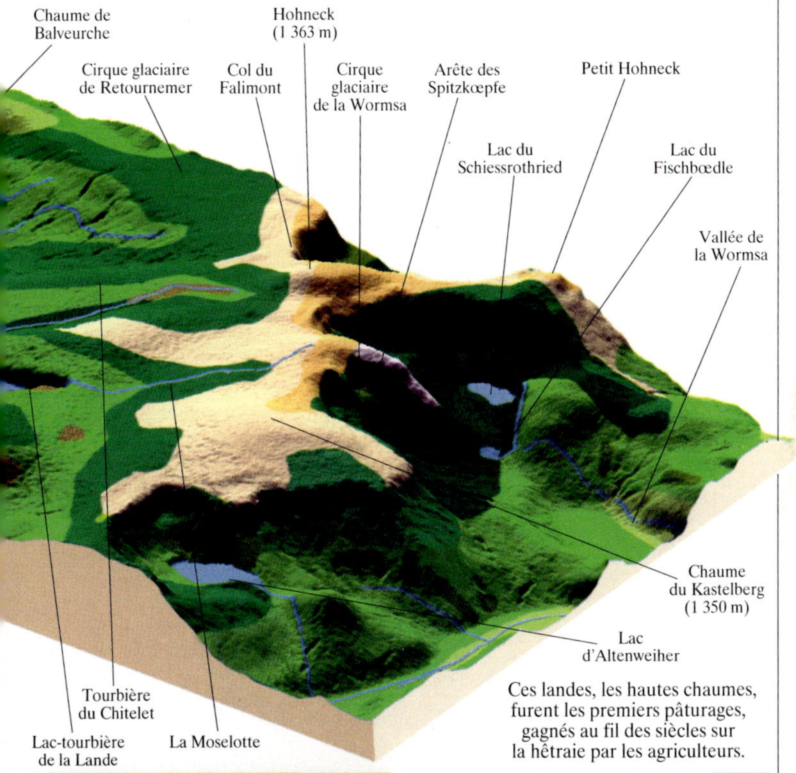


Ces landes, les hautes chaumes, furent les premiers pâturages, gagnés au fil des siècles sur la hêtraie par les agriculteurs.

**Les forêts culminales**
Au delà de 1 000 m, les rigueurs de l'altitude éliminent progressivement le sapin. Seuls le hêtre, le sorbier et l'alisier résistent mais leur croissance devient difficile et ils prennent des formes tortueuses et rabougries.

**Les hautes chaumes**
Au-dessus de 1 250 m règnent les chaumes primaires. Leur origine remonte à 6 000 ans et, malgré l'évolution des climats, elles accueillent encore des espèces reliques comme l'anémone pulsatille ou les lycopodes.

# PARC NATUREL RÉGIONAL DE BRENNE

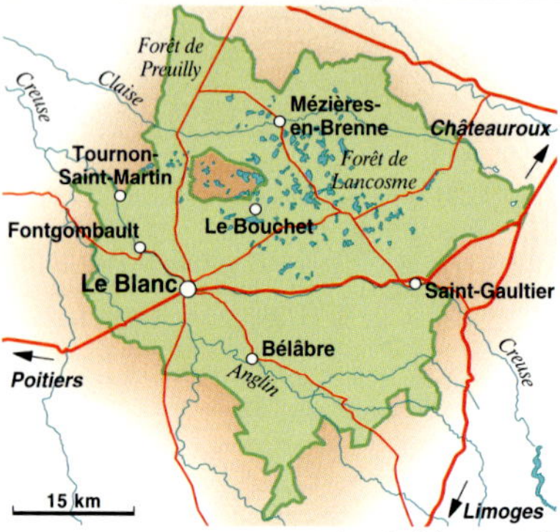


La Brenne, pays des mille étangs, est un paradis pour les espèces rares, animales ou végétales. Cette richesse s'épanouit au cœur d'une diversité de paysages où deux entités dominent de part et d'autre de la Creuse. Au nord, étangs, prairies, landes et bois forment une terre unique sur une large plaine de 30 km sur 15 km : c'est la Brenne des étangs. Le Sud et l'Ouest sont occupés par un ensemble de bocages vallonnés couvert de bois, de forêts, de petits champs sillonnés de chemins encaissés, et où la Creuse et l'Anglin ont dessiné leurs vallées bordées çà et là de falaises.

**FICHE D'IDENTITÉ**
Créé en 1989
sur le département de l'Indre (Centre).
47 communes
166 000 ha
33 000 hab.

## LA BRENNE DES ÉTANGS

La Brenne possède plus d'un millier d'étangs dans l'espace compris entre la forêt de Lancosme à l'est, la Claise et la forêt de Preuilly au nord, et la Creuse au sud. Ils permettent le drainage des terres situées sur son pourtour, forment une réserve d'eau, et offrent un rendement conséquent à des terrains pauvres, par la production de poissons ▲ *78*. Leur origine n'est pas naturelle, mais ils ont généré des biotopes exceptionnels et complémentaires, qui accueillent une faune et une flore abondantes.

**FAUNE ET FLORE DES ÉTANGS.** La végétation flottante s'empare de la surface de l'étang : renouées, myriophylles et potamots voisinent avec les feuilles de nénuphar et les limnanthèmes. Ce biotope regorge de nourriture dont profitent les canards, surtout pendant leur reproduction. Les grèbes huppés, à cou noir (ci-contre), les guiffettes noires et moustacs en font leur site de nidification. Les roselières et saulaies ourlent les étangs d'une ceinture de phragmites, massettes, scirpes, de touradons de laîches et de saules. La sarcelle d'hiver y dissimule son nid, les canards colverts et fuligules milouins aiment y nager ; c'est là que niche le butor, de même que la rousserolle, le busard des roseaux,

**UN SANCTUAIRE ORNITHOLOGIQUE**
La Brenne est une halte précieuse pour les migrateurs d'Europe. Deux cent soixante-sept espèces d'oiseaux ont été observées, dont cent cinquante espèces nicheuses.
Ci-dessous, un fuligule morillon mâle.

**Le hameau du Bouchet**
Ce bourg est sis sur un des points les plus hauts de la Brenne, à 130 m d'altitude. Les maisons, édifiées en grès rouge extrait des buttons, constituent un ensemble remarquable de l'architectiure locale. L'ancienne ferme du château du Bouchet abrite la Maison du parc.

le héron pourpré, la panure à moustache, le bruant des roseaux, le fuligule morillon, etc. En bordure des roselières, les saulaies constituent un milieu impénétrable où nichent les colonies de hérons. Les vasières, visibles lorsque l'eau s'évapore en été ou quand les étangs sont vidés pour la pêche, nourrissent des milliers de limicoles. Courlis, barges, vanneaux, chevaliers, bécasseaux et bécassines s'offrent alors des festins de vers, mollusques et crustacés. Les prairies et cultures, gorgées d'eau au printemps et en hiver, sèches en été, accueillent des migrateurs aussi prestigieux que les grues et les oies. Au printemps une flore diversifiée comptant une cinquantaine d'espèces, parmi lesquelles le lychnis fleur de coucou, l'hélianthème et de nombreuses orchidées, déploie une jolie palette de couleurs. Enfin les brandes et les friches, les bois, haies et forêts constituent des milieux charnières entre les étangs, sur lesquels semblent veiller des buttons, éminences de grès de 10 m d'altitude.

**La réserve naturelle de Chérine.** Située à 2 km de Saint-Michel-en-Brenne, la réserve naturelle de Chérine reconstitue, sur 144 ha dont 40 ha en eau, la diversité des milieux naturels de la Brenne : étang, prairie, brande, bois, saulaie tourbeuse. Ses étangs abritent plusieurs espèces de hérons menacés, mais aussi canards, busards des roseaux, batraciens, libellules... Ses landes et bois hébergent sangliers et chevreuils, passereaux et rapaces. L'introduction de chevaux camarguais et de vaches auroises, appelées également Casta, permet d'entretenir les terres de la réserve et de les rendre plus favorables à certaines plantes, comme les orchidées. La réserve est également un site d'observation privilégié de la cistude d'Europe ▲ *79*.

**Le sentier pédagogique de Beauregard.** Il longe l'étang du même nom. Des bornes d'information guident le promeneur et lui apprennent à distinguer les espèces végétales et animales. Après une marche dans un paysage de bruyère à balai (appelée aussi brande), de bruyère cendrée et de callune, l'étang apparaît, bordé de ses roselières.

**Pèlerinage dans la forêt de Lancosme**
Il se déroule chaque année le dernier dimanche d'août autour de la fontaine Saint-Sulpice, près de la chapelle éponyme, reconstruite en 1450.

**Insectes**
Il existe en Brenne 60 espèces de libellules sur les 91 recensées en France, notamment des agrions, des caloptéryx, des æschnes ou des anax. Les papillons abondent, en particulier le machaon (ci-dessus), le flambé, le grand cuivré ou le morio.

**FONTGOMBAULT**
L'abbaye Notre-Dame a été fondée en 1091 sur la rive droite de la Creuse par l'ermite Pierre de l'Étoile et ses disciples. L'église abbatiale (ci-dessus), longue de 82 m, est la plus importante en Indre après celle de Déols. Aux XIIe et XIIIe siècles, l'abbaye est en plein essor. Au XVe siècle, ses abbés contribuent, avec les moines de Saint-Cyran et de Méobecq, au développement de la pisciculture en créant de nombreux étangs. Au fil des siècles, l'abbaye a subi moult vicissitudes : pillée, vendue, passant entre les mains des trappistes, des lazaristes, vendue pendant la Révolution, puis devenant hôpital militaire. En 1948, vingt-cinq bénédictins de Solesmes s'y installent. Une soixantaine de moines y vit actuellement.

Il est alors facile de distinguer le roseau à massette, reconnaissable à son «épi» brun en quenouille, du roseau phragmite, qui se dresse sur une tige ronde et droite pouvant atteindre 2,50 m, et d'apercevoir des mouettes rieuses, des busards des roseaux, des canards, des hérons...
**MÉZIÈRES-EN-BRENNE.** La capitale historique de la Brenne des étangs est bâtie sur les bords de la Claise. La tour ronde, où se sont installés la Maison de la pisciculture et le musée d'Histoire locale, est la dernière trace du château féodal mentionné dans une charte du Xe siècle. L'église Sainte-Marie-Madeleine des XIVe et XVIe siècles possède des vitraux du XIVe siècle. Non loin, il est possible de pratiquer des loisirs aquatiques sur l'ÉTANG DE BELLEBOUCHE (125 ha).
**LE PARC ANIMALIER DE LA HAUTE-TOUCHE.** Propriété du Muséum national d'histoire naturelle, le parc est investi d'une mission scientifique et mène des expériences de haut niveau afin de sauvegarder des espèces en voie de disparition. Le public peut observer en toute quiétude plus de mille animaux en semi-liberté : wallabys, lémuriens, zèbres, antilopes, loups du Canada et un groupe de cervidés unique au monde.

## LA VALLÉE DE LA CREUSE

Sur une distance de 56 km, la Creuse offre une ligne de rupture paysagère au sud et à l'ouest de la Brenne centrale. De Saint-Gaultier à Néons, elle serpente dans un lit bordé de bois et de coteaux calcaires ensoleillés ponctués de falaises. Plusieurs châteaux du Moyen Âge, des abbayes et surtout de nombreux moulins jalonnent son parcours (ci-dessous, le château de Romefort). Mais dans la vallée de la Creuse, comme en Brenne centrale, c'est la richesse de la nature qui prédomine. Au printemps, la surface de l'eau se pare de blanches et vertes renoncules flottantes. Immobile, le bihoreau gris, trapu, gris et noir, guette l'imprudent poisson. Le caloptéryx, ravissante libellule, dessine des arabesques élégantes, tandis

La forteresse de Château-Guillaume a été fondée par Guillaume X, comte de Poitou, duc d'Aquitaine et père d'Aliénor, démantelée par Richelieu, puis restaurée en 1878 par la comtesse de Beauchamp.

**Château-Guillaume**
Surplombant les maisons en grès ocre, typiques de l'habitat traditionnel du sud de la Brenne, la forteresse médiévale impose sa vaste enceinte flanquée de quatre tours d'angle et d'un donjon carré.

que le martin-pêcheur brise le miroir de l'eau. Dans les sous-bois la scille à deux feuilles bleuit les tapis de mousse. Plus rare, le lis martagon a élu domicile au cœur des forêts, dans le coteau calcaire. Les terres à céréales, qui côtoient les élevages de chèvres, du côté de Pouligny-Saint-Pierre, sont la patrie du petit duc, de l'œdicnème criard et du busard cendré.

**Le Blanc.** La Creuse sépare la ville en deux : la ville basse s'est formée autour de l'église Saint-Génitour, tandis que la ville haute s'est contruite sur les coteaux calcaires, autour de deux forteresses : le château Naillac et le château des Hautes-Tours, aujourd'hui disparu. Le château Naillac, composé de deux donjons féodaux réunis par un corps de bâtiment du XVIII^e siècle, abrite désormais l'exposition permanente de l'écomusée de la Brenne.

**Saint-Gaultier.** La cité est dominée par des coteaux boisés où affleure le calcaire. La présence de cette roche a permis l'implantation de nombreux fours à chaux à partir de 1850. Après la Seconde Guerre mondiale, ils s'éteindront un à un, la chaux étant délaissée par l'agriculture et par l'industrie du bâtiment. Depuis quelques années, les agriculteurs l'utilisent à nouveau pour amender les terres acides. La production s'est industrialisée ; l'usine de Saint-Gaultier, la plus moderne d'Europe, traite 75 000 t par an.

## Au fil de l'Anglin

Au sud de la Brenne et à la hauteur du château de la Roche-Chevreux, sur la commune de Prissac, l'Anglin reçoit les ruisseaux de l'Abloux et de la Sonne. La rivière s'insinue alors dans les bocages vallonnés de Bélâbre, Mauvières, Concremiers, Ingrandes, avant de se frayer un passage dans les falaises de Mérigny, et de rejoindre la Gartempe, dans le département de la Vienne, à Angles-sur-l'Anglin. Alimenté par de nombreux ruisseaux, l'Anglin est un cours d'eau capricieux dont les crues peuvent être redoutables. Il ondoie à travers un paysage coloré des teintes chatoyantes des maisons en grès blond ou en calcaire blanc des villages qu'il traverse.

**Le Pouligny-Saint-Pierre**

C'est un des rares fromages de chèvre à bénéficier d'une AOC. De forme pyramidale, il présente sous une croûte fine et bleutée une pâte souple de couleur ivoire. Il est particulièrement savoureux d'avril à octobre lorsque les chèvres paissent en liberté.

# Les étangs de Brenne

Traditionnellement la création des étangs est attribuée aux moines des abbayes de Saint-Cyran et de Méobecq au VIIe siècle. En réalité les travaux ne durent commencer qu'à partir du XIIe siècle, grande période de défrichage. Destinés au drainage des terres, à l'abreuvement du bétail et à la production du poisson, les étangs constituaient la seule mise en valeur possible de ces sols pauvres et imperméables. Édifiés par les hommes, mais accueillant une faune et une flore abondantes, ils donnent à la Brenne cet aspect sauvage et mystérieux qui la fait paraître si peu domestiquée.

### Construire un étang

La Brenne est un pays plat, aux sols imperméables. Il suffit d'élever une digue au point le plus bas d'une dépression pour y concentrer les eaux de pluie et y former un étang. Le barrage ou chaussée est en terre argileuse recouverte d'un pierris, sorte de pavage grossier, côté eau. Au centre, le système de vidange, la bonde (ci-contre), autrefois entièrement en bois, est à présent réalisé en maçonnerie. Devant la bonde se trouve la pêcherie ; ce léger creux, appelé aussi poêle ou chaudière, permet, lors de la vidange de l'étang, de conserver assez d'eau pour y rassembler le poisson.

### La Brenne, «pays des mille étangs»

Plus de 1 200 étangs représentant environ 9 000 ha d'eau sont disséminés sur ce territoire. La plupart font moins de 10 ha, mais une vingtaine dépassent les 100 ha.

### Des chaînes d'étangs

Avant la pêche, il faut vider l'étang en ouvrant la bonde afin que seule la pêcherie soit en eau. Le temps de vidange varie, en fonction de la taille de l'étang et de la pluviosité, de quelques jours à plusieurs semaines. Les étangs sont reliés les uns aux autres : ils se vident donc l'un dans l'autre, d'amont en aval, jusqu'à un ruisseau qui entraînera leurs eaux dans la Claise ou la Creuse. Le premier étang mis en tire est le plus en aval, permettant ainsi le remplissage de chacun après la pêche puisqu'il reçoit l'eau de vidange de l'étang supérieur. Seul le dernier ne peut compter pour se remplir que sur l'eau de pluie.

**La cistude**
La Brenne abrite la plus importante population de cistudes de France. Cette tortue d'eau douce, carnivore, se nourrit d'invertébrés, de poissons morts ou malades et de toutes sortes de charognes. Après leur temps d'hibernation dans la vase des étangs, les femelles sortent, en juin, pour creuser leur nid dans un terrain sableux. La mortalité est forte les premières années. Mais ces pertes sont compensées par une longévité exceptionnelle : les cistudes peuvent atteindre 100 ans.

**L'élevage de la carpe**
C'est la base de la pisciculture brennouse. Il s'effectue sur trois années et dans trois étangs différents. Les petits étangs sont destinés à la reproduction. Les alevins, au bout d'une année, sont transférés dans un étang plus important où ils grossissent pendant un an. Ils sont alors transvasés dans un grand étang où ils deviendront des poissons prêts à être commercialisés. Cet élevage, dans lequel aux trois années de développement du poisson correspondent trois types d'étang, est de conception ancienne : il respecte à la fois la biologie du poisson, l'écologie de l'étang et le climat de la Brenne.

**Période de pêche**
Les étangs sont pêchés tous les ans d'octobre à mars : pendant cette période, les poissons ne se développent plus, la pluie permet le remplissage des étangs et la température limite les problèmes de conservation du poisson.

**Production**
La Brenne produit 1 200 t de poissons par an (65 % de carpes, 31 % de gardons et de tanches, 4 % de brochets et de sandres).

**La pêche**
La pêche se fait à l'aide du tramail, long filet de 15 à 20 m, et de la filanche, sorte d'épuisette sans manche. Les poissons sont triés en fonction de leur espèce, de leur taille et parfois de leur sexe.

# Parc naturel régional de Brière

**Fiche d'identité**
Créé en 1970
sur le département
de Loire-Atlantique
(Pays-de-Loire).
40 000 ha
18 communes
150 000 hab.

**La tourbe**
Son extraction s'effectuait dès la fin du mois de juillet, au moment des basses eaux. La tourbe, combustible essentiel des marais, était modelée sous forme de briquettes, les *mottes*, qui étaient mises à sécher sur les buttes du marais jusqu'en hiver. À la fin du XIXe siècle, la production annuelle moyenne de tourbe en Brière atteignit jusqu'à 47 000 t, ce qui explique la vaste étendue des *piardes*, anciennes zones d'extraction.

Océan de roseaux où l'eau et le ciel souvent se rejoignent, la Brière abrite, derrière son apparente monotonie, un remarquable réservoir de vie sauvage. Situés sur la façade atlantique, les marais briérons s'insèrent dans un vaste ensemble de zones humides comprenant au nord le golfe du Morbihan et l'estuaire de la Vilaine, à l'ouest, les marais salants de Guérande et, au sud, l'estuaire de la Loire et le lac de Grand-Lieu.

## Historique

Installée dans un effondrement du socle granitique armoricain, la Brière est une immense dépression lagunaire où, depuis 10 000 ans, les transgressions marines successives ont permis la sédimentation des argiles bleues. Au néolithique, elle passe des paysages forestiers primitifs aux faciès lacustres, puis marécageux. De nombreux menhirs et dolmens témoignent de l'occupation humaine dès cette époque ; certains mégalithes, mis en place avant la formation du marais, sont désormais enfouis dans la tourbe tout comme ces arbres «fossiles» appelés *mortas* par les Briérons (chênes et bouleaux). Au cours des siècles, les paysages sont modifiés par le tourbage, le pacage, la coupe du chaume, la pêche et la chasse. Avec le déclin progressif de ces usages, le comblement naturel s'accélère : les essences pionnières (saules, bouleaux, chênes) évoquent déjà un retour progressif aux panoramas originels.

**Autour de l'eau.** Le littoral, très découpé, abrite un ensemble de cuvettes marécageuses séparées par des seuils granitiques : le Sillon de Bretagne, les îles de Brière, les coteaux guérandais et la presqu'île du Croisic. Du «Pays noir» de Brière, où abonde la tourbe, jusqu'à l'océan, le voyageur découvre une infinie variété de paysages, centrée toutefois autour d'un élément commun : l'eau, dont la maîtrise reste un souci constant des gestionnaires. Jusqu'à une époque récente (1935), le jeu des marées se manifestait naturellement. Aujourd'hui, un système de vannes et d'écluses, construites pour la plupart au XIXe siècle, isolent les marais de l'estuaire de la Loire. Ainsi, on distingue à l'est la Brière des îles où dominent les marais et à l'ouest la Brière des terres, le bocage.

«Un grand marais sauvage, tout plein du silence des hommes et du chant des roseaux.»
Alphonse de Chateaubriant

## La Brière des îles et la Grande Brière

Parsemé d'îlots habités, le marais de Grande Brière regroupe à lui seul 7 000 ha de prairies, de roselières et de plans d'eau. Situé dans la partie la plus basse de cet ensemble palustre, ce marais est le plus beau et le plus sauvage. Son originalité tient également dans son statut juridique : cet espace est en effet la propriété indivise des habitants des vingt et une communes riveraines. Il ne s'agit pas là d'un privilège récent, car c'est en 1461 que, pour la première fois, fut proclamée la reconnaissance officielle de cette propriété par les lettres patentes de François II, duc de Bretagne. Aujourd'hui encore, les Briérons continuent à jouir de ce privilège et à gérer leur marais.

**Une organisation originale de l'habitat.** Dans cette partie de la Brière, l'espace disponible, fréquemment envahi par les eaux, s'est retrouvé rapidement limité. Le centre des îles, à l'abri des inondations, était donc réservé aux cultures vivrières : c'est la gagnerie, divisée en longues parcelles étroites. Inexploitables isolément, ces terrains ne sont cultivables que simultanément, dans le cadre d'une organisation sociale réglée selon un rythme d'assolements bi- ou tri-annuels. Les constructions ne sont implantées qu'à l'extrême pourtour, le long d'une route de ceinture. Les chaumières ▲ *84*, accolées les unes aux autres par les pignons, forment des alignements orientés généralement vers le midi. Côté marais, l'île est bordée par un canal, la curée.

**Les prairies naturelles, ou «platières».** Elles s'étendent à perte de vue. Ces herbages sont périodiquement inondés, au gré des variations annuelles du niveau de l'eau. De Trignac à Saint-Malo-de-Guersac, l'exploitation agricole traditionnelle (pâturage, fauche des foins) occupe des surfaces importantes. Leur intérêt floristique exceptionnel les place au tout premier rang français pour la préservation des espèces de milieux humides : l'agrostis et la glycérie flottante y sont largement représentées. À proximité de l'estuaire, la présence du tamaris, de la guimauve et du trèfle maritime témoigne des remontées anciennes d'eau saumâtre lors des grandes marées.

**Le colvert**
Appelé «gros» en Brière, il demeure ici le canard le plus commun.

“C'était bien elle [la Grande Brière] : dix mille hectares de silence et de nudité, un immense lotus bleu épanoui au milieu du cirque de l'atmosphère.”
Alphonse de Chateaubriant

# Parc naturel régional de Brière

**La Maison de l'éclusier**
Située sur les vannages de Rozé, elle abrite le musée du parc (géologie et richesses naturelles des marais briérons). Rozé, située sur le Brivet, aux portes du marais, a connu son heure de gloire dans la première moitié du XIX$^{e}$ siècle : trois chantiers de construction navale animaient ce lieu d'échanges et de circulation des marchandises (tourbe noire). À deux pas, un chemin pédestre conduit au parc animalier, sentier de découverte et d'interprétation du marais aménagé par le parc.

Dès le mois de mars, barges à queue noire et chevaliers combattants, déjà en livrée nuptiale, mettent à profit l'abondance de la nourriture pour reconstituer leurs réserves en vue de la migration.

**Les roselières.** Depuis le début du XX$^{e}$ siècle, l'abandon progressif des marais a favorisé l'extension de ces formations, au détriment des prairies naturelles et des plans d'eau. Très étendues sur la moitié nord, elles représentent aujourd'hui l'élément dominant du paysage briéron : cette végétation envahissante est constituée pour l'essentiel de roseaux et de carex. Sur les rives des canaux, d'autres plantes aux floraisons spectaculaires, comme l'iris faux-acore et le butome en ombelle, accompagnent ces grands hélophytes. Chaque hiver, l'accumulation progressive de matière organique (les feuilles) dans les roselières permet le développement spontané de formations boisées (saule cendré), préfigurant l'installation de la forêt humide. En période de reproduction, les roselières secrètes abritent une grande variété d'oiseaux qui bénéficient de leur extension : de mœurs discrètes, le râle d'eau, la marouette ponctuée ou le butor étoilé échapperont sans doute au regard des promeneurs.

**Canaux et plans d'eau.** Un réseau hydrographique important sillonne le marécage, traversé du nord au sud par le Brivet. À proximité des rives ou des îles habitées, les canaux s'ouvrent sur de nombreux plans d'eau, les *piardes* et les *copis*, anciens sites d'exploitation de la tourbe ▲ *80*. Ces zones basses de faible profondeur sont peuplées par des associations végétales palustres où dominent, au début du printemps, les renoncules aquatiques et, plus tard en saison, le nénuphar blanc. Support et garde-manger des communautés animales, ces vastes surfaces d'inondation jouent un rôle fondamental dans le fonctionnement de l'écosystème : au printemps, l'éclairement et le réchauffement plus rapide des eaux favorisent la production planctonique et la montée des poissons sur les prairies. Au mois d'avril, les canards migrateurs (souchets, sarcelles d'été) occupent en grand nombre ces lieux de choix. Des rassemblements parfois spectaculaires préfigurent l'arrivée des beaux jours et le début de la reproduction.

**Sous cloche**
La fabrication de couronnes de mariées en fleurs d'oranger fut une spécialité artisanale briéronne. Un petit musée en rappelle le souvenir, sur l'île de Fedrun.

## La Brière des terres

**Un archipel de hameaux.** À l'ouest de la Grande Brière (Saint-Lyphard, Saint-André-des-Eaux), les contraintes liées au marais sont moins importantes, les activités agricoles plus marquées. Le voyageur sera surpris par le caractère insolite

de ces campagnes bocagées où de nombreuses chaumières ▲ *84* se regroupent le long des chemins et des routes. Les noms de ces hameaux attestent sans équivoque leur appartenance à la Bretagne : Kercradet, Kerveloche, Kerbriand, Kerdanaître, Kerouguet, Kerlo, Kerbourg, etc. Au XVII^e^ siècle, chacun d'eux constitue un noyau social où la vie s'organise autour de quelques puits, d'une mare pour les troupeaux, et d'un ou plusieurs fours, fréquemment collectifs. À l'extérieur sont associées les parcelles, cultivables selon leurs possibilités d'utilisation. Chaque famille s'efforce alors de posséder des champs dans différents secteurs pour bénéficier de chaque récolte. Le dernier conflit mondial a cependant déclenché une rapide évolution : le Briéron des terres, quand il reste agriculteur, est devenu un entrepreneur agricole. Sa productivité est liée à la mécanisation rendue possible par les remembrements fonciers.

**KERHINET.** Le parc a restauré cet ensemble de chaumières traditionnelles, entre Brière et marais salants. Outre le témoignage qu'il nous apporte, ce hameau piétonnier a conservé l'atmosphère des villages d'autrefois. Le MUSÉE DU CHAUME présente les particularités de l'habitat briéron des terres et la MAISON DES ARTISANS expose une grande variété d'œuvres d'inspiration locale. Ce lieu pittoresque constitue également un outil pédagogique remarquable au service des passionnés de la nature et des enseignants : hébergements confortables, laboratoire équipé, bibliothèque et salle de conférences y ont été aménagés. En toute saison, le CENTRE D'ÉDUCATION À L'ENVIRONNEMENT organise des stages naturalistes et des classes de découverte.

**LE CHALAND**
C'est le seul moyen de locomotion pour se déplacer, l'hiver, sur le marais. Il tient depuis toujours une place capitale dans la vie quotidienne des gens, qui l'utilisent encore pour pêcher l'anguille, grande spécialité briéronne.

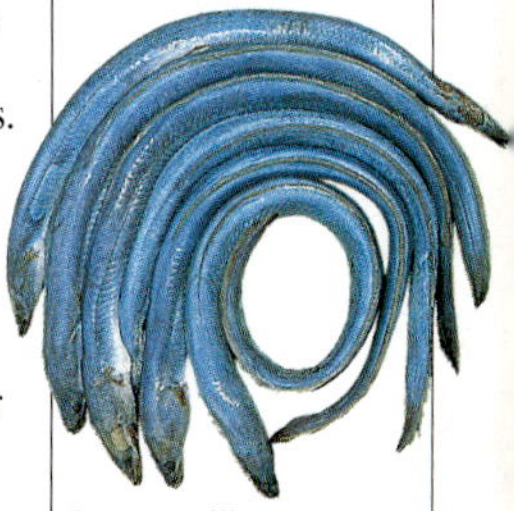

Les anguilles (ci-dessus) étaient attrapées à la fouine. Cette sorte de fourche dentée permet de les capturer en été, lorsqu'elles sont abondantes dans les vases du marais.

**LA CHAPELLE-DES-MARAIS**
Située au nord de la Brière, cette commune fut longtemps réputée pour ses vanniers (les vanniers de Mayun).

# Les chaumières de Brière

Dès le XVII$^{e}$ siècle s'est développée en Brière une forme spécifique d'habitat, qui a pu être préservée grâce au relatif isolement de la région : la chaumière briéronne. Ces modestes constructions couvertes en chaume, leurs dépendances et leur implantation sont autant de témoignages du mode de vie d'une civilisation aujourd'hui bousculée. La maison et son organisation interne étaient pourtant parfaitement adaptées au climat tempéré de régime océanique.

**La chaumière briéronne**
La Brière est la région de France où la densité de chaumières est la plus importante. Par ses volumes, la chaumière briéronne diffère de la bourrine vendéenne à la pente de toit plus faible (absence de pignons) et de la chaumière bretonne, aux maçonneries plus complexes.

**Le toit**
De forte pente pour permettre l'écoulement des eaux, il était traditionnellement recouvert en paille de seigle. Aujourd'hui, on utilise le roseau, récolté dans le marais de l'automne à la fin de l'hiver ou, le plus souvent, importé de Camargue.

**Le roseau**
Cette graminée qui affectionne les milieux humides est utilisée pour la confection des toits de chaume.

**Les murs**
Ils sont en pierre, épais et blanchis à la chaux. Les ouvertures sont peu nombreuses, exposées au sud et inexistantes sur les pignons. On accède au grenier par une lucarne, le plus souvent placée au-dessus de la porte ou de la fenêtre.

**L'aménagement intérieur**
Il est succinct : sol de terre battue, murs blanchis à la chaux, cheminée ouverte et surélevée. Dans la pièce, souvent unique, hommes et bêtes voisinent.

**Organisation spatiale dans la Brière des îles**
Les cultures se rassemblent au centre de l'île (1), entourée par les constructions, le long d'une route (2). L'île est cernée par un canal, la curée (3). Chaque famille s'efforce de détenir une «levée», qui comprend les jardins potagers avec les passages pour accéder au marais et en revenir (4). C'est là que sont stockés les mottes de tourbe (combustible) et le roseau coupé.

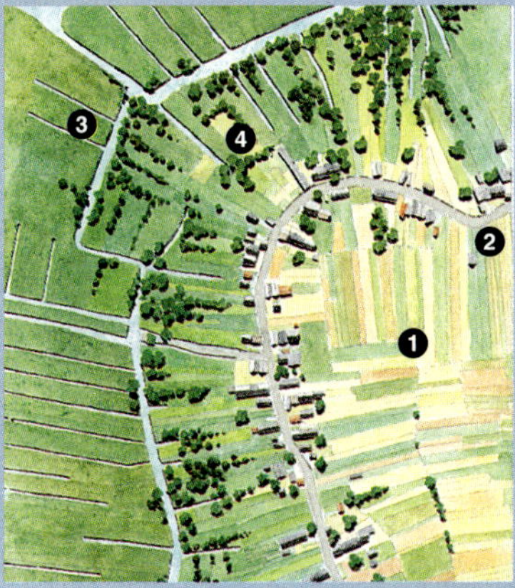

# Parc naturel régional de Brotonne

**Fiche d'identité**
Créé en 1974 sur les départements de l'Eure et de la Seine-Maritime (Haute-Normandie).
63 communes
60 000 ha
65 000 hab.

**La route des abbayes**
La vallée de la Seine, axe séculaire de communication, abrite les vestiges de nombreuses abbayes médiévales.

Saint-Georges de Boscherville, édifiée au IXe siècle sur un sanctuaire païen, fut reconstruite au XIIe siècle par les bénédictins et illustre parfaitement le style roman normand (porche massif doté de tours précédant une nef non voûtée). L'abbaye de Jumièges (à droite), fondée au VIIe siècle, fut relevée aux Xe et XIe siècles ; l'église Notre-Dame, terminée en 1067, s'inspire sans doute d'une structure carolingienne (tribune dans le mur de façade). L'abbaye de Saint-Wandrille, enfin, puissante à l'époque carolingienne, fut abandonnée à la fin du IXe siècle et réoccupée en 960. Elle fut réorganisée au XVIIe siècle mais profondément endommagée au siècle dernier (ci-dessus).

Longeant les boucles de la Seine, le parc, où s'alignent forêts, vergers et pâturages, s'étale en une véritable oasis verte entre les pôles industriels de Rouen et du Havre. Dans ce pays, soumis à l'influence océanique, règne une atmosphère nébuleuse, célébrée par les impressionnistes.

## Historique

La région s'intègre dans le site géologique du Bassin parisien. La mer, qui la recouvrait au jurassique et au crétacé, a laissé une épaisse couche de sédiments : le plateau calcaire et crayeux normand. Au quaternaire, la région se soulève ; la Seine s'enfonce dans le plateau en creusant des méandres. Au bas des falaises s'accumulent des éboulis, dépôts meubles entraînés par les eaux d'infiltration.

**Des Vikings aux Normands.** La vallée de la Seine est une voie de commerce utilisée depuis le néolithique ▲ *90*. Au VIIe siècle, de nombreuses abbayes égrènent le cours du fleuve. Elles auront à souffrir des invasions scandinaves au IXe siècle, mais s'épanouissent à nouveau au Xe siècle. Liée au monde viking au haut Moyen Âge, la région est englobée dans le royaume anglo-normand, puis dans le royaume de France (XIIIe siècle). Rouen et la vallée de la Seine, marqués par la guerre de Cent Ans, doivent attendre le XVIe siècle pour retrouver leur vocation maritime et

marchande. La Normandie, alors à son apogée économique, est et sera longtemps considérée comme la région la plus riche de France. Au XX^e^ siècle, la basse Seine joue la carte de l'industrie (métallurgie, pétrochimie, automobile...), équilibrée par le maintien de l'agriculture traditionnelle (vergers, élevage) le long du parc de Brotonne.

**CAUDEBEC-EN CAUX**
La ville, vue par Eugène Boudin, s'étale paresseusement le long du fleuve. La cité, grâce à son port de pêche et de commerce, fut particulièrement active au Moyen Âge. Le spectacle du mascaret ▲ *90* y attira longtemps artistes et touristes.

## LE VAL DE SEINE

La Seine coupe en deux le plateau crayeux normand. Ses méandres, par leurs divagations, ont donné lieu à de larges dépôts alluvionnaires qui forment, sur le territoire du parc, cinq larges boucles et presqu'îles (Roumare, Anneville, Jumièges, Brotonne et Norville). Le contraste est fort entre les deux rives.

**RIVES CONCAVES.** Creusées en pente abrupte dans la falaise crayeuse, elles se couvrent de pelouses sèches, où s'introduisent orchidées et insectes, parfois d'origine méditerranéenne. L'habitat est souvent regroupé en haut de falaise.

**LOBES CONVEXES.** Sur leurs pentes douces, tapissées d'alluvions, se succèdent prairies humides, bocages, vergers et forêts. Les granulats – sables et graviers –, abandonnés par la Seine durant les périodes froides, sont intensivement exploités pour le béton et les chantiers routiers, souvent aux dépens des prairies humides, jadis réservées au pacage estival des bêtes. Dans la boucle de Jumièges, favorisée par un microclimat dû à la présence du fleuve, s'épanouit une arboriculture diversifiée (cerises, poires, prunes, pommes).

**LA FORÊT DE BROTONNE.** Ce massif, le plus important du parc (6 750 ha), déborde en partie sur le Roumois. Les futaies sont dominées par le hêtre : le chêne fut surexploité pour les besoins de la navigation et de la construction urbaine au XIX^e^ siècle, et remplacé sur un quart de la surface par le pin sylvestre. Le gibier abonde (cerf, chevreuil, sanglier, lièvre, lapin) et les sols, aux humus doux, sont revêtus au printemps d'un tapis caractéristique de jacinthes des bois.

**VILLES ET MUSÉES.** L'ÉGLISE NOTRE-DAME (XV^e^ siècle) de CAUDEBEC-EN-CAUX fut qualifiée par Henri IV de «plus belle chapelle du royaume». Dans la ville, le MUSÉE DE LA MARINE DE SEINE évoque l'importance de l'activité fluviale ▲ *90* et la MAISON DES TEMPLIERS est consacrée à l'histoire locale. À VILLEQUIER, une demeure du XIX^e^ siècle abrite

**LE CLOS-MASURE CAUCHOIS**
Dans ce plan-modèle de ferme, peut-être établi au XVIII^e^ siècle, les bâtiments en pan de bois, torchis et couverture de chaume sont dispersés sur une parcelle enclose et plantée de 1 à 5 ha de pommiers, représentant idéalement un dixième de l'exploitation. Dépendances destinées aux animaux et granges s'y côtoient ; l'ensemble est clos de talus surmontés d'une double rangée de hêtres.

le MUSÉE VICTOR-HUGO (c'est ici que Léopoldine se noya dans la Seine). Un sentier historique permet de découvrir les richesses du village de VATTEVILLE, habité depuis l'époque gallo-romaine. Le château d'ÉTELAN offre un bel exemple de manoir du XV^e^ siècle normand.

**FEU DE JOIE À LA HAYE-DE-ROUTOT**
Tous les ans, le 16 juillet, la petite ville roumoise s'éclaire à la lueur de son traditionnel feu de Saint-Clair. La Haye-de-Routot est également connue pour les deux ifs millénaires de son cimetière. Dans leurs troncs, des chapelles ont été aménagées au siècle dernier. En face, un MUSÉE DU SABOTIER est installé dans une maison du Roumois du XVII^e^ siècle ; un four à pain, remis en fonctionnement, y cuit du pain à l'ancienne.

## LE PAYS DE CAUX

Plateau crayeux recouvert de riche limon et surplombant la Seine d'une centaine de mètres au nord, le pays de Caux est marqué par un paysage de champs ouverts parsemé de clos-masures. L'agriculture y est dominée par les cultures (céréales et lin) et l'élevage pour la viande. Us et coutumes traditionnels cauchois sont présentés au MUSÉE DU PAYS DE CAUX d'Yvetot. **ALLOUVILLE-BELLEFOSSE.** La cité est surtout réputée pour son chêne millénaire, abritant depuis le XVII^e^ siècle deux chapelles superposées. Un MUSÉE DE LA NATURE sensibilise les visiteurs aux problèmes de pollution du littoral.

## LE ROUMOIS

Blottie entre la Seine et la Risle, la partie sud du plateau crayeux est essentiellement consacrée à l'agriculture (céréales, colza, betterave à sucre, lin et élevage pour le lait). Jadis bocagé, le paysage, remembré, a évolué vers de grands champs ouverts : du passé subsistent encore quelques alignements de frênes sur la plaine et des haies bocagères le long de la forêt de Brotonne. **BOURNEVILLE.** Le bourg abrite la MAISON DES MÉTIERS DU PARC, conservatoire des métiers traditionnels, et un MUSÉE DU PATCHWORK qui constituent, avec les autres musées du parc, l'Écomusée de la Basse-Seine. **ROUTOT.** Ce chef-lieu de canton possédait, du XVI^e^ au XIX^e^ siècle, un des plus gros marchés aux bestiaux du Roumois ; tous les mercredis y étaient mis en vente les bovins destinés aux abattoirs de Rouen ou de Poissy. Au centre d'une zone de production linière, le village se signale également par sa MAISON DU LIN EN NORMANDIE. À quelques kilomètres, se dresse le MOULIN DE HAUVILLE, l'un des premiers moulins à vent de France (XIII^e^ siècle).

## LE MARAIS VERNIER

Dans cette cuvette de 4 500 ha, ancien méandre de la Seine, s'enchevêtrent roselières, prairies humides et tourbières. Là où les terrains s'affaissent le plus, la stagnation des eaux a entraîné la création d'un réseau d'étangs, les seuls étangs naturels de Haute-Normandie : Grand-Mare, Crevasse, Ruel et Petite-Mare. Les premiers travaux d'assèchement furent commandés par Henri IV et se poursuivirent au XIX^e^ siècle. Le caractère aquatique du marais a ainsi

**La pomme**
Comme dans toute la Normandie, la pomme est ici l'arbre dominant dans les vergers. Certaines variétés, dites pommes à couteau, sont réservées à la table, d'autres, les pommes à cidre, à la fabrication du cidre (ci-dessous), du calvados et du pommeau. Un marché aux pommes se tient à Sainte-Opportune-la-Mare tous les premiers dimanches, de novembre à avril.

pratiquement disparu. L'agriculture traditionnelle (vergers, élevage, exploitation des roseaux…) est elle aussi en recul.

**Réserve des Mannevilles.** Pour maintenir la richesse des milieux humides et lutter contre l'envahissement des joncs, des vaches écossaises (Highland Cattle) ont été introduites dans cette partie du marais. Depuis 1992, la cigogne blanche y a été également introduite, et le râle des genêts, oiseau inféodé aux prairies humides en régression en Europe à cause des fauches mécanisées trop précoces, y trouve un de ses derniers refuges.

**La Grand-Mare.** Point le plus bas du système hydraulique du Marais Vernier, la Grand-Mare était jadis exploitée pour ses roseaux et sa tourbe. Menacée par l'extension des roselières, elle est aujourd'hui classée réserve de chasse et de faune sauvage. Un observatoire permet d'admirer sarcelles d'hiver, colverts, busards des roseaux ou hérons cendrés.

**Maison de la pomme.** Elle occupe une ancienne école du XVIIIe siècle de Sainte-Opportune-la-Mare ; sur la commune, une forge traditionnelle est toujours en activité.

**Quillebeuf-sur-Seine.** Un sentier historique sillonne ce port qui joua un grand rôle dans la navigation séquanaise.

## La vallée de la Basse-Risle

**La Risle.** Elle serpentait jadis en une multitude de courbes et la navigation y était particulièrement difficile. En 1834, des travaux d'aménagement y furent entrepris mais il fallut attendre 1856 pour qu'une ligne régulière assure la liaison Pont-Audemer - Le Havre. Jusque dans les années 1970, les bateaux remontèrent ainsi la rivière, au rythme des marées, jusqu'à Pont-Audemer. Un sentier historique permet de visiter la ville, parcourue par les canaux et les bras de la Risle.

**Prairies et pelouses.** La rivière est bordée sur sa rive droite par des paysages de prairies humides et inondables, quadrillées par des alignements de frênes et de saules taillés en têtard. Ces prairies, d'un intérêt écologique de tout premier ordre, sont peu à peu envahies par les peupleraies. Rive droite, les coteaux calcaires, exposés au sud, se couvrent de plantes aux affinités méditerranéennes (orchidées, astragale de Montpellier, thym…). Ces pelouses sèches risquent elles aussi l'enfrichement à cause de l'abandon de toute pratique agricole : une graminée envahissante, le brachypode penné, colonise le milieu au détriment des espèces plus rares.

**Le phare de la Roque.** Ce promontoire dominant la confluence Seine-Risle fut le siège d'un camp retranché protohistorique, réutilisé pendant la guerre de Cent Ans. Un chemin, aménagé à proximité, domine l'estuaire et offre une vue dégagée jusqu'à Honfleur.

**Le lin**
Le lin, qui réclame des terres très fertiles et qu'on ne peut semer qu'une fois tous les sept ans à la même place, a trouvé en Haute-Normandie une terre de prédilection grâce à l'humidité du climat : la région fournit ainsi la moitié des surfaces européennes plantées en lin. Pendant trois à huit semaines, en juillet-août, les campagnes se couvrent de nappes de lin arraché, mis à sécher sur le sol avant de subir le rouissage qui consiste à séparer la partie ligneuse de la tige (destinée aux aliments pour le bétail, à l'huile…) de la fibre textile.

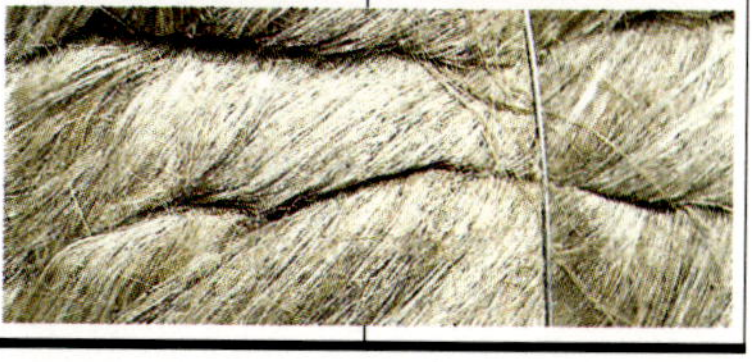

# La marine de Seine

L'un des méandres de la Seine, la boucle de Brotonne ▲ 86

Voie d'échanges commerciaux utilisée depuis des millénaires, la Seine est un fleuve à la navigation dangereuse, particulièrement dans sa traversée du parc de Brotonne, où elle est en régime maritime. Les bancs de sable, charriés d'une marée à l'autre, et le mascaret, aujourd'hui maîtrisé, furent en effet longtemps des obstacles que seuls les pêcheurs locaux étaient capables de surmonter. Le fleuve a toujours joué un rôle primordial dans la vie locale : il fut un temps où chaque village vivait au rythme des flots et possédait son appontement.

### Un axe majeur de circulation

La Seine possède le seul bassin fluvial français tourné vers le nord : il fut utilisé dès le néolithique comme voie naturelle pour les échanges entre la Manche et la Méditerranée. Facteur économique vital, il permit également de relier Rouen, longtemps deuxième ville du royaume, à Paris.

### Rouen, un port de mer

L'endiguement de la Seine, réalisé dès 1848, et poursuivi jusque dans les années 1960, eut toujours pour principal objectif de faire de Rouen un port de mer accessible aux navires de plus en plus volumineux : en 1994, le port de Rouen pouvait garantir presque toute l'année la remontée aux bateaux de 11 m de tirant d'eau.

### Le mascaret

La rencontre des eaux du fleuve et du flot marin, à marée montante, renverse brusquement le courant. Avant l'approfondissement du fleuve, en 1964, une forte vague balayait alors l'estuaire, remontant la vallée à 25 km/h : on appelle ce phénomène de barre, fort redouté des marins, le mascaret(à gauche).

«La Seine extravagante
Donc la Seine en ses grands accès
Est fâcheuse et hors d'elle-mesme»
M. A. Girard de Saint-Amant

**Construction d'une gribane**
C'est grâce à ce bateau à voiles de faible tirant d'eau qu'ont été réalisés au XIX^e siècle les grands travaux d'endiguement de la Seine : il pouvait s'approcher très près du bord pour apporter les matériaux nécessaires à l'édification des digues. Les marchandises étaient entreposées sur le pont (à gauche).

**Chantiers navals**
En marge des grands chantiers, une multitude de petites entreprises étaient implantées sur les rives de la Seine au siècle dernier, utilisant le bois des forêts alentour (Brotonne ▲ *87*, Le Trait, Gravenchon, Roumare).

**Les problèmes de passage**
Les gués étant rares sur la Seine, des bacs furent établis le long du fleuve. C'était à l'origine une simple barque pour les hommes et une plate-forme pour les chevaux. Les bacs jouèrent un rôle important dans la vie locale, attirant des commerces qui profitaient de l'attente des foules. De nos jours, neuf bacs sont en service entre Rouen et la mer.

**Les ponts**
Jusqu'en 1959, il fallait, depuis Le Havre, remonter la Seine jusqu'à Rouen pour rencontrer un pont. Avec l'essor de l'automobile, l'attente devint de plus en plus longue aux bacs. Aussi la basse Seine a-t-elle été dotée de trois magnifiques ouvrages d'art, modèles de réussite technique : le pont suspendu de Tancarville (1959) ; le pont de Brotonne, élégant pont à haubans, inauguré en 1977 ; le pont de Normandie (1988-1994, ci-dessus), le plus long pont à haubans du monde (2 141 m).

**Le pilotage**
La navigation en basse Seine étant difficile, les navires firent appel dès le Moyen Âge à des pilotes locaux, les lamans (ci-dessous). L'accompagnement des bateaux de la mer à Rouen est toujours assuré par le syndicat des pilotes de Seine.

# Parc naturel régional de Camargue

**Fiche d'identité**
Créé en 1970
sur le département
des Bouches-du-Rhône (Provence-Alpes-Côte d'Azur).
2 communes
85 000 ha
7436 hab.

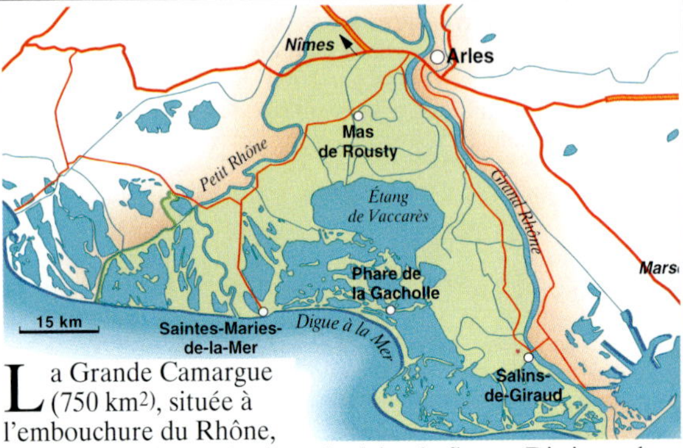


La Grande Camargue (750 km²), située à l'embouchure du Rhône, s'étend sur l'aire géologique du delta du fleuve. Distincte de la Petite Camargue, ou Camargue gardoise, située à l'ouest du Petit Rhône, elle est souvent considérée comme une «île», enserrée entre la mer Méditerranée et les deux bras du Rhône, dont le delta demeura mouvant jusqu'à la fin du XIX^e^ siècle. De cette situation géologique et géographique résultent toutes les caractéristiques écologiques de ce vaste territoire, issu des sédimentations successives apportées par les flux et reflux du fleuve et de la mer.

1. Digue à la mer
2. Dunes fixées
3. Dunes mobiles
4. Lagune
5. Sansouires
6. Pâtures
7. Forêt riveraine
8. Étang de Vaccarès
9. Roselières
10. Marais de chasse
11. Rizières
12. Rhône

## L'homme et l'eau

La Camargue n'a pas toujours eu sa physionomie actuelle, et résulte d'un combat incessant entre le fleuve, la mer et l'homme. Pendant des siècles, les éléments disputent aux hommes des terrains qu'ils essaient péniblement de protéger pour empêcher les inondations et les remontées d'eaux salées.

**Les réalisations.** Il faut attendre la fin du XIX^e^ siècle pour que la mer et le fleuve soient enfin contrôlés et que l'on puisse poser les bases d'une extension agricole indispensable à l'économie : tout d'abord, la construction de la digue à la mer ▲ *93*, en 1859, permet de moindres remontées d'eaux

**Le théâtre antique d'Arles**
Arles, où César avait fondé en 46 av. J.-C. une colonie de droit romain, a conservé de nombreux monuments antiques parmi lesquels le théâtre, le cryptoportique, l'amphithéâtre. Un musée de l'Arles antique est aménagé près des vestiges du cirque. Située aux portes du parc, la ville mérite une visite pour ce patrimoine exceptionnel.

salées au sud du territoire ; dix ans plus tard, le Rhône est endigué pour limiter ses crues qui inondent jusqu'alors régulièrement les terres arables. Les Camarguais pratiquent désormais la viticulture irriguée puis, après la Seconde Guerre mondiale, la culture intensive du riz. Ces deux orientations agricoles poussent à augmenter le réseau de canaux d'irrigation, ce qui permet la dessalinisation de certaines terres et nécessite de nombreux investissements hydrauliques. Ces réseaux artificiels, améliorés au XXe siècle, permettent en outre de canaliser et de gérer les eaux en fonction des variations climatiques et des cycles agricoles, pour les 20 500 ha cultivés.

**Les problèmes.** Si la construction de digues a permis le maintien des terres, nécessaire au développement agricole, elle a cependant entraîné

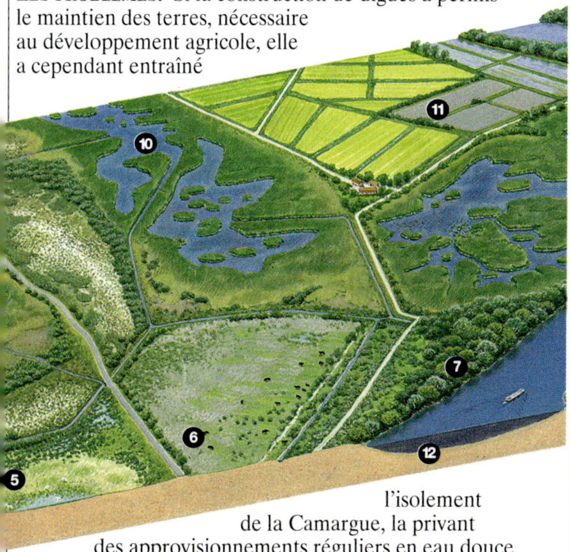


l'isolement de la Camargue, la privant des approvisionnements réguliers en eau douce et limons fournis par le fleuve. Face à ce nouvel état, et pour maintenir un milieu naturel exceptionnellement riche, la gestion hydraulique est sévèrement contrôlée : stations de pompage, irrigations ou vidanges, réseaux denses de canaux à travers le delta, etc. Le mythe d'une Camargue sauvage et indomptable, illustré par une abondante littérature, se trouve ainsi quelque peu mis à mal.

## Une diversité de milieux

La Camargue est une zone humide majeure du patrimoine mondial, où s'interpénètrent de nombreux écosystèmes fragiles. Cette richesse biologique exceptionnelle est produite par des apports d'eau et de sel sur une terre «amphibie», peuplée de nombreuses espèces.

**Étangs et marais.** Ils s'étendent sur une vaste proportion du delta. En partie asséchés en été, les marais, de faible profondeur (de 20 à 80 cm), sont soumis aux aléas des variations saisonnières caractéristiques du climat méditerranéen.

**Pédagogie**
Le parc ornithologique du Pont-de-Gau permet, grâce à ses volières, ses marais et ses étangs aménagés, une approche facile et agréable de l'ensemble des espèces d'oiseaux vivant en Camargue ou transitant par elle. À côté, le centre d'information du parc, à Ginès, présente expositions et montages audiovisuels sur le parc.

**Le mas du Pont-de-Rousty**
Comme tous les mas camarguais, il est construit en maçonnerie épaisse pour lui garantir un peu de fraîcheur en été. Adossé aux coups violents du mistral, il possède des murs presque aveugles au nord et au nord-ouest. Sa bergerie abrite le Musée camarguais, où sont présentés milieux et activités humaines du delta. Un sentier de découverte des paysages d'un mas de Camargue (cultures, herbages, marais) est également proposé.

**LE FLAMANT ROSE**
Espèce emblématique de la Camargue – le seul lieu en France et l'un des très rares en Méditerranée où il niche –, le flamant peut atteindre ici une population de 20 000 couples, regroupés en colonies et surveillés par le parc. Son bec puissant lui permet d'aspirer l'eau puis de l'évacuer par un système filtrant de lamelles pour ne conserver que le plancton dont il se nourrit. Il se construit un nid de boue surélevé.

Ils constituent cependant, avec les étangs, les aires privilégiées des oiseaux, migrateurs ou sédentaires : aigrette garzette, bihoreau gris, butor étoilé, panure à moustache, canard colvert, bergeronnette printanière sont les hôtes courants de ces lieux très sensibles et fragiles. Ces aires, rares en Europe, font l'objet d'une attention particulière de la part de tous les organismes partenaires de la protection de la Camargue.

**LES SANSOUIRES.** Ces terres basses et salées, dont la croûte craquelle en été, sont recouvertes de salicornes que paissent taureaux et chevaux ▲ *96*. Inondées l'hiver, elles procurent, durant le printemps, aux oiseaux limicoles (barges, chevaliers, échasses blanches, etc.) des milieux humides favorables. Par l'incinération de différentes variétés de soude poussant sur ces terres, on obtenait des cristaux utilisés autrefois dans la savonnerie et la fabrication du verre. À partir de la fin du XIXe siècle, la soude végétale sera remplacée par la soude chimique obtenue à partir du sel.

**LES ESPACES BOISÉS.** Ils représentent une très infime partie du territoire, mais leur rôle dans l'équilibre global est important. Tantôt le long du Rhône, tantôt sur d'anciennes dunes au sud du Vaccarès (comme le bois des Rièges, sur le territoire de la Réserve nationale), la forêt est le lieu de vie de nombreux mammifères (rongeurs, renards, sangliers) et d'insectes servant de nourriture aux oiseaux nicheurs (aigrette garzette ou bihoreau gris).

## AUTOUR DU VACCARÈS

**«MAS À SAINTES-MARIES»**
Dans le pays arlésien, où le soleil et la transparence de l'air l'exaltent, Vincent Van Gogh (1853-1890) atteint la plénitude de son art. Baigné par la lumière provençale, excessive et sereine, il apprend à harmoniser les «tons dorés de toutes les nuances» et libère son geste dans une explosion de couleurs.

**LA RÉSERVE NATIONALE.** Créée en 1927, elle couvre sur 13 117 ha un territoire allant du nord de l'étang de Vaccarès jusqu'à la mer. C'est une véritable mosaïque de zones humides douces ou saumâtres. Son accès public est cependant limité à l'aire de la digue à la mer et au domaine de la CAPELIÈRE, centre d'information de la Société nationale de protection de la nature, gestionnaire de la réserve.

**LE VACCARÈS.** Entre roseaux et sansouires, le Vaccarès, vaste étendue d'eau de 6 000 ha, est la pièce maîtresse de tout le système hydraulique du delta. Sa faible profondeur (moins de 2 m), les vents fréquents qui brassent ses eaux et son fort ensoleillement lui confèrent une forte capacité d'épuration : il reçoit plus de 50 000 000 m$^3$ d'eau de drainage agricole provenant des rizières. Une partie du volume compense le déficit hydrique lié à l'endiguement du Rhône qui l'a privé des crues régulières du fleuve. C'est le lieu d'élection des foulques, des canards plongeurs, d'une multitude d'oiseaux pêcheurs (grèbes, sternes, mouettes) ainsi que des fameux flamants roses.

**LA DIGUE À LA MER.** Longue d'une vingtaine de kilomètres, elle est strictement interdite à tout véhicule à moteur sur le territoire de la Réserve. Toute la zone, très favorable aux oiseaux (sternes, avocettes, mouettes et goélands, gravelots à collier interrompu), d'une étonnante beauté, est à découvrir tôt

**Marais salants au Salin-de-Giraud**
La saliculture couvre aujourd'hui 14 000 ha.

le matin. Elle longe à l'est une partie des exploitations salinières de Salin-de-Giraud ; plus à l'ouest, après le PHARE DE LA GACHOLLE, le chemin des douanes permet de rejoindre la mer à travers les dunes. Ces dernières, très fragiles, sont souvent protégées par des ganivelles (palissades en bois de châtaignier qui fixent le sable). S'y épanouit une flore particulière (oyat, chiendent, euphorbe, lis des sables, etc.).

**Les lagunes.** Ces eaux salées, entourées par des cordons dunaires et façonnées par les variations climatiques, sont aujourd'hui artificialisées aux alentours de Salin-de-Giraud pour la production du sel. La saliculture est devenue l'une des plus grandes activités de la Camargue, depuis l'essor de l'industrie chimique : le chlore et la soude extraits du sel entrent dans la composition de nombreux produits chimiques et pharmaceutiques. Les bassins d'évaporation de Salin-de-Giraud s'étendent sur 11 000 ha. En moyenne, 1 000 000 t de sel par an sort de cette saline, la plus grande d'Europe, avec un cycle d'extraction en quatre phases (mise en eau des bassins ; circulation des eaux visant la concentration ; dépôt du sel et assèchement ; récolte).

**Pèlerinages à Saintes-Maries-de-la-Mer**
Le culte rendu à sainte Sara puis aux deux Maries – respectivement les 24 et 25 mai – donne lieu à des cérémonies hautes en couleur. Les statues des saintes (ci-dessus) sont portées jusqu'à la plage. Le prêtre, dans une barque, bénit la mer et les fidèles portant la croix et les reliques. La semaine du 24 mai, près de huit mille gitans (ci-dessous) viennent installer leurs caravanes dans la ville pour rendre leurs dévotions à Sara, leur patronne.

## Saintes-Maries-de-la-Mer

Situé à l'extrémité ouest du delta, sur une mince étendue de terre sablonneuse toujours à la merci des flots impétueux de la Méditerranée, le village de Saintes-Maries-de-la-Mer – le plus important de Camargue – est une station balnéaire réputée ▲ *96*. Son église fortifiée, bâtie au XIIe siècle sur un ancien sanctuaire gallo-romain, abrite les reliques des saintes Maries, Marie Salomé, mère des apôtres Jacques et Jean, et Marie Jacobé, sœur de la Vierge, venues évangéliser la région à la mort du Christ. La statue de leur servante égyptienne, Sara, patronne des gitans, est également conservée dans la crypte, couverte d'un étonnant amoncellement de robes et de manteaux.

# Les gardians

Ci-contre et ci-dessous, les marques de différentes manades.

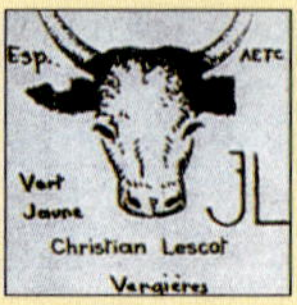

Derrière l'image pittoresque du gardian, coiffé du chapeau à large bord, chevauchant à travers marécages et sansouires, se cache une véritable religion, la *fe di biou*, ou foi du taureau, qui compte de nombreux fidèles de la Provence au Languedoc, mais dont les gardians camarguais, héritiers des rudes gardiens de troupeaux de taureaux sauvages de jadis, sont les plus zélés serviteurs. Ponctuée de rites et de fêtes qui attirent aujourd'hui les touristes par milliers aux portes des arènes d'Arles ou de Châteaurenard, cette culture apparaît dans toute sa splendeur lors de la grand-messe des gardians, le 1er mai à Arles.

**Le cheval**
Outil de travail du gardian, le cheval camarguais est une bête rustique et résistante, à la tête puissante et à l'encolure courte. Sa queue est fournie, ses sabots, larges, sont adaptés aux terrains marécageux. Le poulain naît bai-brun, puis sa robe s'éclaircit : ce n'est que vers cinq ans qu'elle devient gris clair.

**Le gardian**
Il surveille à cheval, comme jadis, les troupeaux de taureaux qui pâturent en extensif dans le delta. Il ne se sépare jamais de son trident en bois de châtaignier et en fer forgé (ci-dessus), qui lui sert à soumettre les bêtes récalcitrantes et à se défendre contre l'attaque éventuelle d'un taureau.

**La cabane du gardian.** C'était en fait le modeste abri des travailleurs du delta : gardians mais aussi pêcheurs ou saliniers. La forme arrondie à l'arrière permet de mieux résister au vent.

**La course camarguaise**

Les jeux taurins étaient à l'origine un simple divertissement que s'offraient les gens travaillant sur les grandes propriétés : on lâchait un taureau dans la cour du mas ou dans des enclos de fortune (ci-dessus), et chacun rivalisait d'agilité en rasant l'animal au plus près. L'engouement pour ces jeux conduisit les éleveurs, au XIX^e^ siècle, à sélectionner leurs bêtes pour les produire en spectacle. Aujourd'hui, l'enjeu de la course camarguaise – sans mise à mort – consiste à enlever les attributs fixés entre les cornes des taureaux qui se succèdent en piste.

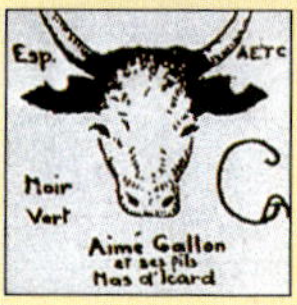


**La fête de la Confrérie des gardians**

Les gardians sont organisés en confrérie depuis 1512, sous le patronage de saint Georges, brillant cavalier mort pour la foi sous Dioclétien. Leur fête se déroule chaque année à Arles, le 1^er^ mai : les cavaliers, suivis de groupes folkloriques, parcourent la ville avant de se retrouver place de la Major pour être bénis face à la statue de leur protecteur. Une messe est célébrée en provençal dans l'église Notre-Dame-de-la-Major, puis la journée se termine par un défilé dans la ville et des jeux traditionnels dans les arènes.

**Le taureau**

Le taureau camarguais (ci-contre) est un animal autochtone du delta du Rhône ; son élevage fut longtemps le seul moyen de tirer parti de terres trop pauvres pour la culture. Aujourd'hui plutôt destiné aux jeux taurins, il vit en extensif en «manades», ou troupeaux, et pâture dans les zones de sansouire ▲ *92*.
Il se distingue du taureau ibérique (ci-dessous), introduit en Camargue en 1869 et réservé à la corrida, par la couleur plus foncée de sa robe, ses cornes en lyre ou en gobelet et une taille plus petite.

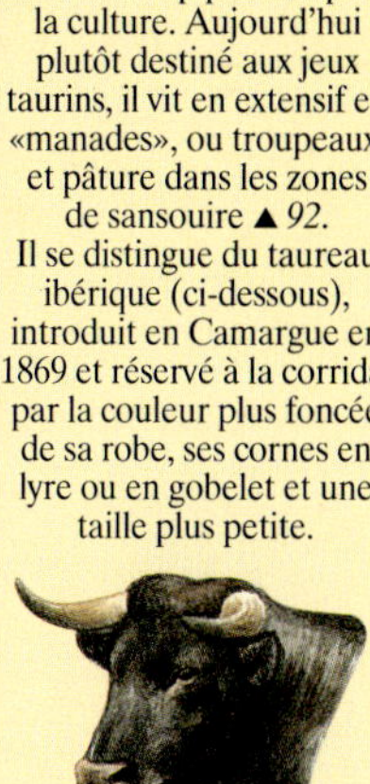

# PARC NATUREL RÉGIONAL DE CHARTREUSE

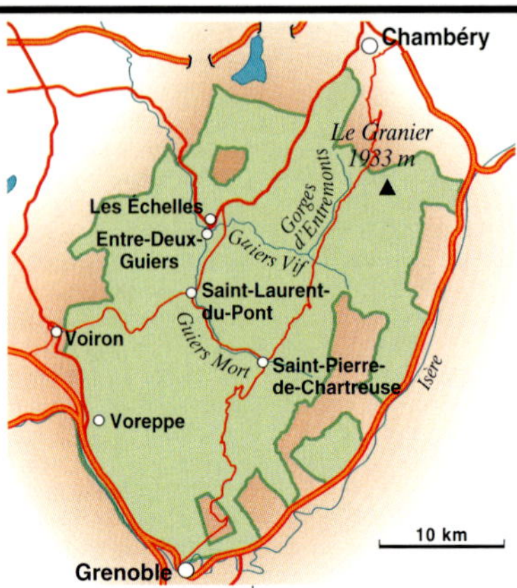


**FICHE D'IDENTITÉ**
Créé en 1995
sur les départements
de l'Isère
et de la Savoie
(Rhône-Alpes).
46 communes
63 000 ha
29 000 hab.

**LE CHAMOIS**
Les critères morphologiques du chamois de Chartreuse (silhouette trapue, pelage foncé, cornes plus aplaties) et son mode de vie en milieu forestier le différencient en apparence mais pas génétiquement du chamois d'altitude.

**POINT CULMINANT**
C'est Chamechaude (2 082 m), qui signifie «l'alpage chaud», «ensoleillé» !
Le Sappey-en-Chartreuse, village du balcon sud niché à son pied, est le point de départ idéal pour des randonnées.

Le territoire du parc de Chartreuse s'étend en majeure partie sur le massif montagneux du même nom. Quelques piémonts aux pourtours et une vallée bordée de collines à l'ouest délimitent en douceur son périmètre. Coincé entre deux pôles très urbanisés, Grenoble et Chambéry, ce petit massif préalpin au relief tourmenté possède une image toute de charme et de mystère, inséparable de ses sombres forêts d'épicéas et de sapins ou de celles plantées de hêtres et d'autres feuillus. Mais le paysage chartroussin est aussi reconnaissable à ses gorges profondes parcourues de torrents et à ses sommets d'altitude modeste mais aux falaises escarpées. Ajoutons, pour compléter le tableau, des clairières disséminées çà et là, des hameaux et des villages constitués de solides bâtisses carrées au fameux toit à quatre pans et certaines espèces de flore et de faune spécifiques au massif.

## HISTOIRE

L'homme n'appose réellement son empreinte sur le massif qu'à partir du Ve siècle, quand il commence à défricher les versants et à s'installer dans les vallées. L'an 1084 est marqué par un événement décisif : saint Bruno crée l'ordre chartreux ▲ *102*. Jusqu'à la Révolution française, les religieux influeront sur la destinée du massif. Aujourd'hui, chacun des bassins géographiques s'est orienté vers des activités économiques diverses : petite industrie, artisanat, commerce, agriculture de plaine et de montagne, tourisme d'hiver et d'été.

## BALCON SUD

**LE COUVENT DE CHALAIS.** Fondé en 1108 par l'évêque saint Hugues, il devient en 1303 propriété des chartreux. Situé sur les contreforts sud-ouest du massif, au-dessus de Voreppe, il était, jusqu'à la Révolution, un lieu de repos pour les moines âgés ou malades qui bénéficiaient ainsi d'un climat moins rude qu'à la Grande Chartreuse. L'ordre dominicain l'acquiert au XIXe siècle, et des moniales s'y installent en 1960. Elles y vendent maintenant leurs délicieux «biscuits de Chalais». L'église simple et trapue a été construite selon les canons

**Activités de plein air**
Le randonneur occasionnel ou averti trouvera en Chartreuse un terrain de jeux aussi riche que varié. L'hiver, Saint-Pierre-de-Chartreuse est une station de ski alpin reliée avec le Planolet, tandis que plusieurs domaines de ski nordique proposent des réseaux de pistes.

de l'ordre de Cîteaux avec des matériaux locaux, calcaire dur, tuf plus léger pour les voûtes, molasse pour les parties sculptées.

**Le Voironnais.** À l'est de Voiron, célèbre pour abriter les caves de la mystérieuse liqueur des pères chartreux ▲ *103*, des villages ruraux se nichent au pied des premiers sommets. Les activités industrielles et commerciales sont principalement concentrées sur le bord de la vallée de l'Isère.

## Saint-Pierre-de-Chartreuse

Commune forestière par excellence (près de 80 % du territoire de la commune est boisé), elle s'est tournée depuis longtemps vers le tourisme vert, stimulé par la présence du monastère et de son musée de la Correrie ▲ *102*.
**Église Saint-Hugues-de-Chartreuse.** L'intérieur abrite une remarquable exposition pour les amateurs d'art sacré contemporain. En 1952, le curé de Saint-Hugues confie au peintre Jean-Marie Pirot, *alias* Arcabas, la restauration totale de l'église. Pendant plus de trente ans, il réalise des peintures de scènes de l'histoire religieuse, à dominante rouge et or, des vitraux, un tabernacle et un autel sculptés, des gravures dans le sol, des portes de plomb cloutées de cuivre.
**Les hauts plateaux.** Véritable citadelle calcaire perchée à 2 000 m d'altitude, ils s'étalent sur 4 200 ha. Surplombant à l'est le Grésivaudan et bordés à l'ouest par le cœur du massif, ils sont délimités sur 20 km par les parois vertigineuses de la Dent de Crolles au sud et du Granier au nord. Parmi leurs hôtes, on compte le mouflon localisé au sud, le chamois, des rapaces, dont un couple d'aigles royaux, et le tétras lyre.

**Une région frontalière**
La frontière entre le Dauphiné (vendu à la France en 1349) et la Savoie traverse le massif. Elle a été l'objet de combats quasi permanents jusqu'en 1355 où un traité est signé, fixant les limites à l'ouest du Guiers. Mais les négociateurs n'avaient pas relevé l'existence de deux Guiers. Sur lequel placer la frontière ? Sur le Guiers Mort, disaient les Savoyards, et nous gardons le pays de l'Entre-deux-Guiers. Sur le Guiers Vif, répliquaient les Dauphinois, désireux d'agrandir leur territoire sur cette plaine fertile, siège du puissant ordre des chartreux. Ce n'est qu'en 1555 que le Guiers Vif est adopté pour limite. Des bornes gravées d'un côté de la croix de Savoie et de l'autre de la fleur de lis sont encore visibles.

## LA VALLÉE DE CHARTREUSE

Cette plaine est traversée par le Guiers Mort issu de Saint-Pierre-de-Chartreuse. Il rejoint aux Échelles le Guiers Vif, descendu des Entremonts, pour former le Guiers. Celui-ci poursuit son chemin par les gorges de Chailles, vers des territoires moins abrupts. Sur le rebord occidental, les coteaux de Miribel, encore très agricoles, constituent un belvédère sur les montagnes de Chartreuse.

**GROTTES DES ÉCHELLES.** Les deux grottes, dans lesquelles on peut parcourir un réseau de défilés, de vastes méandres et de galeries, sont séparées par une gorge naturelle, autrefois seul passage entre Chambéry et le Nord-Dauphiné.
Un escarpement rocheux à l'une des extrémités avait contraint les habitants à tailler des gradins, d'où l'appellation des Échelles. Les voyageurs étaient alors obligés de descendre à pied et de transférer leurs marchandises. En 1667, le souverain sarde Charles-Emmanuel II (1638-1675) décide de faciliter les échanges en nivelant l'escalier afin de former une rampe douce. Il ajoute un monument pompeux à la gloire de la maison de Savoie. Non loin de la partie basse de la voie se trouve le pont Saint-Martin, improprement appelé pont romain, puisqu'il date du Moyen Âge. Cette arche simple enjambe, au débouché de gorges impressionnantes, le flot impétueux du Guiers Vif. Les armes de la maison de Savoie sculptées dans le rocher témoignent du passé conflictuel du massif.

**DEUX MUSÉES À SAINT-LAURENT-DU-PONT.** Le MUSÉE MARC-PESSIN est un haut lieu de la gravure et de l'édition d'art. Chaque année s'y déroulent des rétrospectives consacrées aux graveurs contemporains du monde entier. Dans la MAISON DE MARIETTE sont rassemblées plus d'un millier d'œuvres d'art insolites.

**LA TANNERIE D'ATTIGNAT-ONCIN.** La commune la plus au nord du parc abrite l'une des dernières tanneries artisanales de France (à droite). La visite des ateliers permet de découvrir les différentes étapes du tannage. La maison est spécialisée dans la préparation de peaux pour les reconstitutions d'animaux par les taxidermistes et les musées.

**LE TRAVAIL DU BOIS**
Cette industrie locale autrefois prospère a de tout temps été diversifiée : fabrication de meubles, scieries, petit artisanat. Dans les Entremonts, les paysans s'étaient spécialisés dans la fabrication, durant l'hiver, de petits objets destinés à la maison mais aussi aux fruitiers (fromagers) et aux viticulteurs, comme les bennes et les seilles (ci-dessus). Aujourd'hui, l'activité est maintenue par quelques anciens qui perpétuent ce savoir-faire ancestral.

## LA VALLÉE DES ENTREMONTS

C'est l'autre vallée du cœur du massif, un peu plus vaste que celle de Saint-Pierre-de-Chartreuse. Malgré de gros handicaps naturels et structurels, l'agriculture de montagne y est encore bien implantée. Elle est tournée vers l'élevage laitier, comme le montre l'existence de la dernière coopérative laitière du massif,

**La vulnéraire, ou «millepertuis à feuilles en pièces de monnaie»**
C'est une des espèces protégées et emblématiques de la Chartreuse, qu'on ne retrouve que dans les Pyrénées et le Caucase. Les anciens aiment à dire que la liqueur de vulnéraire aide à faire passer le vertige !

celle des Entremonts. Cette petite fruitière fabrique de façon traditionnelle la tomme de Chartreuse.

**Cirque de Saint-Même.** C'est un écrin de nature, parcouru de sentiers de randonnée, où se mêlent la beauté du paysage et l'ambiance secrète des falaises et des forêts. Cette impression de grandeur et de mystère est renforcée par le torrent du Guiers Vif qui, surgissant de la montagne par une résurgence, dégringole en cascades pour s'assagir sur le plat.

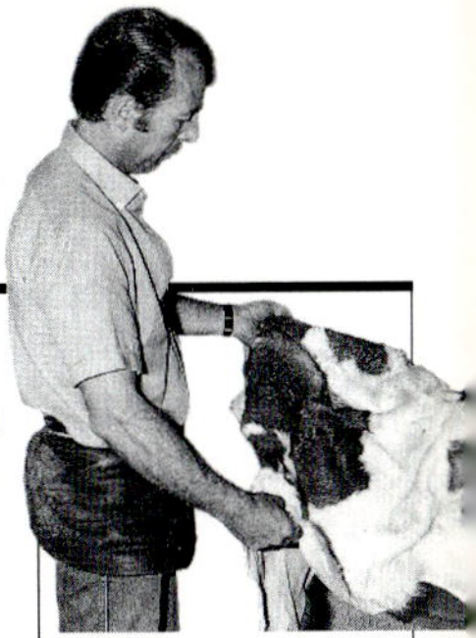

Tanneur sortant une peau du tonneau de dégraissage.

## L'est du massif

Cette partie de la Chartreuse face au massif de Belledonne borde de tout son long le sillon du Grésivaudan où coule l'Isère, entre Grenoble et Chambéry. La configuration des communes est paradoxale : celles aux alentours des agglomérations subissent une forte pression urbaine tandis que d'autres présentent toujours des aspects agricoles à l'image des vignobles savoyards. Il subsiste également des espaces très préservés comme les falaises, les forêts ou les alpages. Zone d'enjeux, la bordure orientale de Chartreuse a toujours été l'objet d'un rayonnement économique comme en témoignent les nombreux châteaux adossés aux contreforts.

**Le château du Touvet.** Situé dans le piémont grenoblois, le château (ci-contre, avec ses jardins et ses cascades) constitue sur la route des Dauphins un musée de l'histoire du Dauphiné avec ses souvenirs de la monarchie, de l'Empire et du XX^e siècle (luxueux manuscrits, tableaux, meubles…).

**Le fort du Saint-Eynard.** Après la défaite de Sedan, en 1870, le commandant du génie basé à Grenoble constate que «la première chose à faire est de maîtriser d'une manière absolue la vallée du Grésivaudan […]. L'ennemi pourrait, si on lui abandonnait le massif de la Chartreuse, amener des pièces légères au sommet du Saint-Eynard». Ainsi naquit le fort situé au-dessus de la cuvette grenobloise. En réalité, son seul domaine d'activités a été les télécommunications. Aujourd'hui, il est en cours de réhabilitation.

**Le Granier.** La paroi de la face nord de ce pic (ci-dessous) est verticale, comme fendue à la hache depuis novembre 1248, où un pan entier de la montagne s'est détaché, anéantissant tout sur son passage et comblant le fond de la vallée !

**Vignobles**
Autrefois, le versant du Grésivaudan était planté de vignes. Chaque agriculteur, même ceux habitant au cœur du massif, y possédait son arpent et produisait son vin. Aujourd'hui, seules les terres du côté de Chambéry défendent la réputation des crus abymes, apremont (blanc) et gamay (rouge), renforcée par une AOC.

# L'ORDRE DES CHARTREUX

En 1084, saint Bruno et six compagnons fondent l'ordre monastique des Chartreux, qui prône la vie contemplative. Parallèlement à leur épanouissement spirituel, les moines deviennent défricheurs, bûcherons et éleveurs. Leurs activités se développent et, rapidement, ils comptent parmi les plus grands propriétaires du massif. L'histoire de la Chartreuse est indissociablement liée à la présence de l'ordre chartreux, dont la réussite économique n'a d'égale que la puissance de la foi et le rayonnement de l'ordre.

### FONDATION

Après un songe, saint Hugues, évêque de Grenoble, guide vers Chartrousse Bruno (ci-dessus) et ses six disciples, alors à la recherche d'un lieu solitaire pour embrasser la vie monastique. Bruno ne reste que six ans au désert de Chartreuse mais parvient à définir les grandes lignes de l'ordre. C'est le cinquième prieur qui rédigera la règle, recueil des «coutumes» communes à toutes les chartreuses, dans le premier tiers du XII<sup>e</sup> siècle.

### HISTOIRE

Le monastère subit de nombreux drames naturels (avalanches, incendies…), jusqu'à l'incendie de 1672. Il est alors rebâti tel qu'il nous apparaît aujourd'hui.

À cette époque, la communauté abritait environ cent dix religieux et l'ordre comptait cent soixante maisons disséminées dans le monde. Après avoir été chassés par la Révolution française, les moines reviennent en 1816. La loi de 1901 les fait fuir en Italie ; ils ne reprendront définitivement possession des lieux qu'en 1940.

### UN ITINÉRAIRE AUTOUR DU MONASTÈRE

Cette marche de cinq heures offre de magnifiques vues sur les bâtiments du couvent. Des bornes numérotées et un topo-guide permettent de comprendre la vie et le rayonnement des moines, de découvrir les différents bâtiments monastiques, ou de mieux connaître la forêt et le pastoralisme. C'est une manière originale de s'imprégner de l'atmosphère des lieux, sans exercer de pression sur le pourtour même de l'enceinte du monastère.

### PLAN ET BÂTIMENTS

La disposition des bâtiments de la première chartreuse – de simples cabanes en bois – servira de modèle pour l'édification de tous les autres monastères de l'ordre.

**L'ÉLIXIR DE LA GRANDE CHARTREUSE**

En 1605, le maréchal d'Estrées (ci-dessus) remet aux pères la formule d'un élixir de longue vie. L'activité métallurgique étant à son apogée, ils attendent 1737 avant de produire le premier élixir végétal de la Grande Chartreuse qui titre 71°. La chartreuse verte dite liqueur de santé est ensuite mise au point (55°). Toujours secrètement, en 1840, la même formule est adaptée pour produire une liqueur plus douce, la chartreuse jaune (40°). Les tentatives de vol de la recette se multiplient mais toutes échouent. En 1935, la fabrication est transférée à Voiron. Aujourd'hui trois frères investis par l'ordre de cette mission travaillent dans le plus grand secret. Ils sont les seuls à connaître les détails de la production. La formule reste un mystère que les méthodes modernes d'investigation n'ont pu percer !

**RÉUSSITE ÉCONOMIQUE**

Dès l'origine, les chartreux ont souhaité trouver dans leur travail les moyens d'assumer librement leur fonction de prière et de louange. Ainsi, dès le XIe siècle, utilisent-ils toutes les ressources que la nature leur offre : ils transforment le bois en charbon, extraient le minerai de fer, font appel à la force motrice des eaux des torrents. Ils vont jusqu'à devenir maître de forges et sont aujourd'hui reconnus comme les initiateurs de la métallurgie moderne.

# Parc naturel régional de Corse

**Fiche d'identité**
Créé en 1972
sur les départements
de Corse-du-Sud
et Haute-Corse
(Corse).
138 communes
330 000 ha
22 000 hab.

Éventail ouvert au cœur de la Corse, le Parc naturel régional (un tiers de l'île) présente l'originalité d'être à la fois montagnard et marin. Comment, dès lors, s'étonner de la diversité de ses paysages, du particularisme de sa faune et de sa flore, de la richesse de ses traditions, des turbulences de son histoire ?

## Montagnes-forteresses et eaux vives

Les plus hauts sommets de l'île – le Monte Cintu ▲ *109*, le Monte d'Oru, le Rinosu, le Rotondu, l'Incudine – culminent à plus de 2 000 m ! Pics aigus, arêtes vives, hautes parois, gorges profondes, défilés dantesques, lacs gelés jusqu'au cœur de l'été, tout y est âpre, tourmenté, chaotique. Peu de végétation survit dans ces hauteurs burinées par l'eau et le vent : seules fleurissent quelques espèces endémiques (l'ancolie de Bernard, l'immortelle des frimas), quelques spécimens de la flore de montagne (l'épiaire corse, la robertie faux-pissenlit), et l'aulne odorant, le «bassu», enfoui sous la neige de longs mois durant. Seigneurs incontestés des lieux, l'aigle royal ▲ *109* et le gypaète barbu se partagent un ciel étonnamment bleu. Miroitant au creux de cirques majestueux, des lacs, vestiges de l'époque glaciaire, se dispersent du Monte Cintu au Monte Rinosu, se pressent plus nombreux dans le massif du Rotondu. Longtemps mal connus, étudiés aujourd'hui par les scientifiques du parc, ils restent, pour la plupart, accessibles à qui aime l'effort. La «randonnée des lacs» est, en été, la meilleure façon d'approcher cette haute montagne qui, mieux que le littoral, révèle la puissante personnalité de l'île.

**Le gypaète barbu**
Ce grand vautour, dont l'envergure peut atteindre 2,80 m, ressemble à un immense faucon, avec ses ailes étroites et coudées et sa queue cunéiforme. Sa barbe noire lui donne une tête très caractéristique. Il vit dans tous les hauts massifs, vers le Cintu en particulier, et vole sans effort, tel un planeur, explorant les versants à la recherche d'animaux morts pour se nourrir.

## Forêts, estives et pasteurs

Entre 700 m et 1 600 m s'étage une montagne encore altière mais moins inhumaine. Elle porte ces magnifiques forêts dont parlaient déjà les Phéniciens : Aïtone, Valdu Niellu, Vizzavona, Bavella, forêts-cathédrales où pins laricio, hêtres et châtaigniers vivent en parfaite harmonie. La truite fario court dans les torrents, le mouflon ▲ *109* vit en liberté tandis que la sittelle, ce drôle de petit oiseau endémique, s'affaire sur les fûts des grands pins.

**La Santa di u Niolu** Richement parée, la Santa, Notre-Dame du Niolu, orne l'église de Casamaccioli. Sa fête, célébrée le 8 septembre, donne lieu à des cérémonies religieuses – dont l'étrange procession de la *granitola*, menée par des pénitents en aube et cagoule blanche – et à une fête profane. Durant trois jours, au rythme d'une immense foire, bergers, paysans et artisans vendent et achètent bétail, produits du terroir et objets artisanaux. Acteurs-nés, ils s'affrontent en joutes poétiques, les *chiami e respondi*, et improvisent des *paghielle*, ces admirables chants à trois voix dans lesquels s'exprime toute la nostalgie de l'âme corse.

**Les prairies d'altitude.** Royaume du berger à la belle saison, elles se parent au printemps de crocus et de renoncules tandis que les *pozzine*, pelouses tourbeuses, se gorgent d'eau. Avec leurs frais *casgile* où mûrit le fromage, les bergeries aux murs bas sont construites en pierre sèche.

**Les «pieve», ou cantons.** Perchés sur des pitons, accrochés à flanc de vallée, les villages s'installent parfois fort haut – le hameau de Calasima est juché à 1 100 m ! Isolées les unes des autres tant les communications sont difficiles, ces communes de pasteurs vivent des produits du terroir et abritent des maisons, de schiste dans l'En-deçà-des-monts (le nord de la Corse), de granit dans l'Au-delà-des-monts (la partie méridionale de l'île). Qui ne connaît les noms des seigneurs-guerriers qui façonnèrent l'histoire de la Corse : Rinuccio della Rocca, Sambucucciu d'Alando, Sampiero Corso, tous natifs de ces *pieve* aux mœurs rudes et à l'esprit rebelle ?

## Le Sud ou la terre des seigneurs

Vers le sud, le relief s'adoucit et le paysage prend un petit air de Toscane. Croupes, vallons et plateaux s'approprient l'espace, avec encore quelques grandioses décors : Bavella, tout à la fois col, massif, forêt ; l'Incudine et sa longue arête rocheuse qui, d'ouest en est, le porte à 2 136 m ; le Boscu di u Cuscionu, haut lieu des pasteurs, plateau rude en hiver, vivifiant en été, aux fabuleux entassements de roches nues et tourmentées.

**Le maquis.** Si la forêt est toujours là, avec ses chênes, ses pins maritimes et ses oliviers, le maquis, *a macchja*, dense, coloré et odorant, règne en maître. Moutonnant comme une mer, foisonnant de mille essences, souvent impénétrable, il est le refuge du sanglier, du renard, de la belette, de la malmignatte, du cerf ▲ *109*.

**Les villages.** Campés sur les plateaux, lovés à mi-pente, nichés dans la verdure, ils sont nombreux, parfois à portée de voix. Sages et rustiques, les clochers veillent sur de hautes maisons qui respirent la solidité du granit bien taillé. Le porc, nourri au gland et à la châtaigne, donne une charcuterie succulente.

**LE CHÊNE VERT**
Seul véritable arbre du maquis, il pousse dans l'île jusqu'à 600 m d'altitude. Appelé aussi yeuse, il peut atteindre 15 m de hauteur et une circonférence de 2,50 m, mais il reste généralement de taille plus modeste. Il couvre monts et vallées d'une frondaison verte et impénétrable qui fait de la Corse l'île la plus boisée de la Méditerranée occidentale. Myrte, lentisque, clématite, petit houx et garance vivent sous son ombrage. Ses feuilles sont persistantes, lisses au-dessus, cotonneuses en dessous. Ses fruits, les glands, mûrissent à l'automne et font les délices des porcs et du bétail vagabond.

**LA TOUR DE GARGALO**
Située à la pointe nord de Scandola, Gargalo est l'île majeure de la côte occidentale (21 ha). Elle est dotée d'un phare et d'une tour restaurée en 1979.

**CIVILISATIONS PERDUES EN ALTA ROCCA.** Aux portes de Levie, le «Pianu» recèle deux sites archéologiques spectaculaires. Le Castellu de Cucuruzzu occupe un éperon rocheux barré par une solide enceinte ceinturant une citadelle. Un complexe fortifié de l'âge du bronze abrite un monument à destination cultuelle bâti en appareil cyclopéen dont la construction échappe aux règles architecturales courantes, car elle intègre au chaos granitique naturel des éléments construits, les murs. À quelques centaines de mètres, le site de Capula, aménagé progressivement durant la protohistoire, serait devenu un des hauts lieux de la féodalité corse qui a connu de terribles luttes fratricides entre les IX$^{e}$ et XIII$^{e}$ siècles.

## DE FEU, DE ROC ET D'EAU : LA FAÇADE MARITIME

De Capu a Mursetta au nord de Galeria, jusqu'à Capu Rossu qui ferme, au sud, le golfe de Porto, elle s'étend sur 80 km, offrant ses à-pics vertigineux, ses falaises déchiquetées, ses roches à vif, ses grottes dantesques. Le golfe de Porto n'est-il pas considéré comme l'une des merveilles du monde, au point d'être inscrit, depuis 1983, au patrimoine mondial de l'Unesco ? Piana et ses *calanche* ont été chantées par Maupassant, par Mérimée…

**LES VILLAGES.** Dorés par le soleil, vivifiés par le vent du large, les villages se succèdent le long de la côte : Galeria, tout proche du delta du Fangu ; Porto, à l'ombre du Capu d'Ortu ; Girolata, figure de proue sur son golfe (ci-contre, sa tour carrée et son fortin) ; Osani, Partinello, Serriera, Ota, Piana se tiennent en arrière, attentifs pourtant aux choses de la mer. Ici et là, des tours génoises, édifiées à partir de 1530, Porto, Gargalo, Elbo et Turghio, veillent sur l'horizon bleuté.

**UNE MERVEILLE DE LA NATURE : SCANDOLA.** En 1975 est créée, à l'initiative du parc, la réserve naturelle de Scandola (919 ha de terre, 1 000 ha de mer), à double vocation, marine et terrestre, la première du genre en France. C'est en bateau qu'il faut la visiter, son accès n'étant pas facile par voie terrestre. Cette gigantesque presqu'île préserve farouchement ses mille et une richesses. Pics déchiquetés, dômes, grottes, coulées de laves et de boues figées, pitons vertigineux, orgues de rhyolite, îlots inaccessibles, toute cette folie minérale résulte de l'explosion, il y a 250 millions d'années, à la fin de l'ère primaire, d'un énorme complexe volcanique. La flore terrestre comprend des plantes rares : *Armeria soleirolli*, erodium de Corse, séneçon à feuilles de marguerite, pancrace d'Illyrie. Dans le maquis prospère une végétation luxuriante avec ses genévriers de Phénicie et ses pins d'Alep. En bord de mer et en mer, les algues foisonnent : plus de quatre cent cinquante espèces ont été inventoriées. L'herbier de posidonies, bien vivant, sert de frayère à une faune devenue rare en Méditerranée, tels le mérou ou le denti. Il fait aussi office de nursery pour la grande nacre qui peut atteindre 1 m de haut ! Coraux, gorgones, langoustes et coquillages prolifèrent sur les fonds rocheux.

**L'AVIFAUNE DE SCANDOLA**
Un cortège d'oiseaux hante le maquis : venturon corse, merle bleu, fauvette sarde, pigeon biset... Plus près de l'eau, le faucon pèlerin s'installe dans les falaises, le cormoran huppé préfère les *taffoni* (excavations creusées par l'érosion dans des roches granitiques), tandis que le balbuzard pêcheur construit son nid de branchages au sommet d'un piton rocheux.

## ROMANTIQUE ET REBELLE : LA CASTAGNICCIA

Au cœur de l'En-deçà-des-monts, entre Bastia et Corte, se love la Castagniccia, pays du châtaignier, l'«arbre à pain» des insulaires. Dans cette région, le relief, pourtant accidenté, semble s'estomper ; le maquis n'est plus souverain et maître. De cette mer de verdure ondulant sous le vent émergent des toits de lauzes, d'imposants clochers et des couvents en ruine. Les villages, tout habillés de schiste, sont proches les uns des autres mais quasi désertés. La vie y a été intense (on a compté jusqu'à cent habitants au kilomètre carré, bien plus qu'ailleurs !), rythmée par les travaux et les saisons : cueillette du fruit sucré, en octobre, et, en hiver, fabrication de la farine, travail du bois sculpté auprès du *fucone* (âtre construit à même le sol au milieu de la pièce centrale), travail du fer aussi qui donne les outils et les armes.

**LE BERCEAU DE LA RÉSISTANCE INSULAIRE.** Dans les luttes incessantes qui ont opposé les Corses à la république de Gênes, la Castagniccia a été tout à la fois le refuge et le grenier des rebelles. Des couvents de Morosaglia, d'Orezza, d'Alesani partait le signal de la révolte. Né en 1725 à Morosaglia, Pascal Paoli, nommé en 1755 par la *Consulta* de Saint-Antoine de Castagniccia général de la Nation pour mener une guerre décisive contre Gênes, réussira à s'imposer dans l'île pendant quatorze ans.

**CORTE**
Pascal Paoli fit de Corte (ci-dessous, sa citadelle) la capitale de la Corse de 1755 à 1769. Ne dit-on pas que *«si Corti avessi un portu, / D'Aiacciu e di Bastia farebbe un ortu»* (Si Corte avait un port, / Il ferait d'Ajaccio et de Bastia de simples potagers) !

# LE GR 20,
## UN SENTIER MYTHIQUE

L'image de la montagne corse est spontanément associée à celle du GR 20. Ce chemin de grande randonnée, tracé et balisé en 1972, attire les passionnés de nature comme les marcheurs à la recherche d'aventure. En Corse, on l'appelle «Fra li Monti» car il traverse la montagne du nord-ouest au sud-est ; de Calenzana à Conca, il épouse toute l'épine dorsale de l'île. Les 200 km de paysages, où se succèdent lacs d'origine glaciaire, *pozzine*, forêts de pins laricio ou de hêtres, sont ponctués de quinze étapes. Effort et plaisir se mêlent chaque jour durant les six ou huit heures qui séparent deux refuges.

**LES BERGERIES**
Le GR 20 emprunte des sentiers de transhumance utilisés par les bergers pour rejoindre en été les estives. Le berger habite dans une *casetta* construite en pierres sèches. La cave, le *casgile* (ci-dessus), est le lieu magique où est fabriqué le fromage. Les enclos de traite sont organisés différemment selon que le berger surveille des chèvres ou des brebis. (Les bergeries n'assurent pas la nuitée.)

Cette pierre en forme de Corse balise une section du GR 20.

**Conseils pratiques**
Une bonne condition physique est exigée avant d'effectuer cette randonnée, considérée comme la plus sportive de France. Le parc assure l'aménagement du sentier et la gestion des refuges. Un équipement adapté aux variations météorologiques alpines est requis. Ce sentier d'altitude n'est praticable que de juin à octobre. L'accueil se fait dans des refuges ou sur des aires de bivouac aménagées. Il n'y a ni réservation, ni restauration, ni ravitaillement.

**Faune sauvage**
Tout au long du sentier, un aigle royal (ci-dessous) ou un gypaète ▲ *104*, un mouflon ou un sanglier peuvent surgir. Le cerf corse, qui a longtemps peuplé maquis et forêts, avait disparu totalement dans les années 1960. Sous-espèce du cerf élaphe, plus petit et plus râblé, le *Cervus Elaphus corsicanus* a été transféré de Sardaigne en 1985. La population actuelle, répartie en plusieurs enclos, dépassera cent individus en 1996. Les premiers lâchers auront lieu à la fin du siècle et ce noble et farouche animal retrouvera le massif de Bavella.

**Le monte Cintu à 2 710 m**
Il impose sa stature dans le ciel du Niolu. Sa roche d'origine volcanique (rhyolite) l'enveloppe d'austérité. Pour accéder au sommet, on quitte rapidement forêts, puis aulnes, pour un environnement désertique et minéral, où subsistent quelques névés en été. Le lac du Cintu (2 290 m) est blotti dans ce grandiose cirque glaciaire. Au sommet, le spectacle est panoramique !

**Les «pozzine»**
Ces vastes étendues verdoyantes sont une curiosité. Le terme provient de la contraction de *pozzi*, qui signifie «trous d'eau», et d'*alpine*. On les rencontre entre 1 600 et 2 100 m, souvent à l'emplacement d'un lac glaciaire en voie de comblement. Les pelouses enserrent de nombreux trous d'eau reliés entre eux par un labyrinthe de ruisseaux propices aux truitelles. Le pied s'enfonce, en été, dans cette surface tourbeuse et spongieuse. Le tapis végétal est dominé par le nard et la grassette corse. Les *pozzine* les plus remarquables se situent aux abords des lacs de Ninu, où pâturent chevaux et vaches, et de Crenu, où est présente une plante carnivore protégée, la *Drosera rotundifolia*.

**D'autres sentiers**
Le parc a créé des sentiers balisés accessibles à un public plus large. Ils sont praticables toute l'année et conseillés au printemps et à l'automne pour apprécier la diversité des paysages. On les appelle «Mare e Monti» et «Mare a Mare» parce qu'ils relient des golfes par la moyenne montagne.

# PARC NATUREL RÉGIONAL DE LA FORÊT D'ORIENT

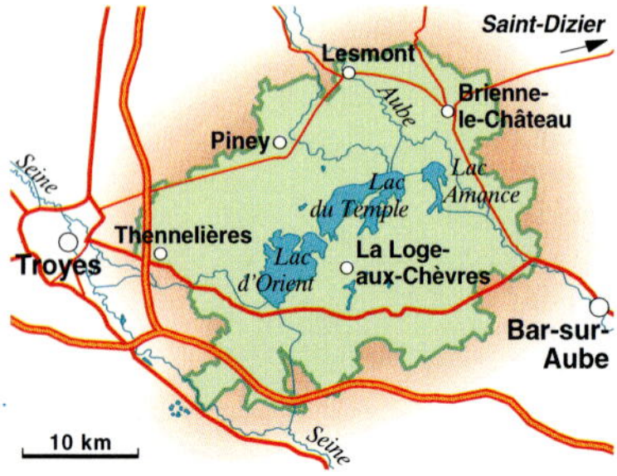


Jusqu'au Moyen Âge, l'antique forêt du Der s'étendait des rives de la Seine jusqu'à celles de la Marne, plus au nord. Au XIIIe siècle, les chevaliers de l'ordre du Temple et de celui des Hospitaliers de Saint-Jean-de-Jérusalem s'installent dans ce massif, le défrichent et y développent une économie fondée sur l'agriculture, la pisciculture, la sylviculture et l'exploitation minière (tuileries, forges). De cette époque subsistent une multitude d'étangs, ainsi que la toponymie : forêt du Temple, forêt d'Orient… Situé au point de rencontre de régions naturelles contrastées, le Parc naturel régional de la Forêt d'Orient rassemble une mosaïque de paysages. Le secteur central du parc occupe une partie de la Champagne humide, caractérisée par des terrains très faiblement vallonnés et chargés en eau. Au nord-ouest apparaît une côte, qui constitue le contact avec la Champagne crayeuse. Au sud-est s'amorce la côte des Bars, composée d'un plateau profondément entaillé par des vallées. Enfin, la grande plaine alluviale de l'Aube forme la limite nord du parc. Pays secret, le parc livre avec parcimonie les spécificités de son territoire où se mêlent étroitement l'eau et la forêt. La beauté de son patrimoine bâti tient à ses volumes, aux matériaux utilisés et à l'organisation spatiale des villages.

**FICHE D'IDENTITÉ**
Créé en 1970
sur le département
de l'Aube
(Champagne-Ardenne).
50 communes
71 489 ha
20 307 hab.

**LE PAN DE BOIS**
C'est la spécificité architecturale de la Champagne humide. Les façades sont composées d'une ossature de bois provenant des remarquables chênes de la forêt d'Orient, de torchis à base d'argile prise sur place et repose sur des murs de soutènement généralement en briques manufacturées dans les nombreuses briqueteries locales. Cette technique illustre parfaitement l'utilisation rationnelle par l'homme des richesses de son environnement. L'église Saint-Quentin (XVIIIe siècle) à Mathaux est un remarquable exemple de cette architecture vernaculaire.

## LA CHAMPAGNE HUMIDE

La majeure partie du parc de la Forêt d'Orient se trouve en Champagne humide. Celle-ci est une dépression d'une altitude moyenne de 150 m qui repose sur des assises albiennes. C'est justement l'imperméabilité des faciès argileux et marneux de l'Albien qui lui confère son caractère humide, d'où un réseau hydrographique dense et la présence de nombreux étangs.

**LES GRANDS LACS.** Les grandes crues de la Seine de 1910 et de 1924 qui inondèrent la région parisienne, et la présence d'une importance couche d'argile ont justifié et permis la création de barrages-réservoirs sur ce territoire. Trois lacs ont ainsi été creusés : le lac d'Orient (réservoir de la Seine, mis en

Un vol de fuligules milouins, ci-contre, et une oie des moissons

eau en 1966), les lacs Amance et du Temple (réservoirs de l'Aube, mis en eau en 1990). Lacs artificiels destinés à réguler les cours de la Seine et de l'Aube et à approvisionner Paris en eau, ils sont devenus des écosystèmes riches et fragiles dont la principale valeur patrimoniale est l'avifaune (grue cendrée ▲ *114*, canard colvert, oie des moissons, fuligule milouin, pygargue à queue blanche…). Ces plans d'eau – 100 km de rivage pour une superficie de 5 000 ha – offrent également toute la palette des activités nautiques : voile sur le lac d'Orient, motonautisme sur le lac Amance, pêche, aviron et baignade à partir de quatre plages de sable.

**Une zone humide d'importance internationale.** La Champagne humide est également un pays de verdure couvert par la forêt, avec ses superbes chênaies prolongées par le bocage et les pâturages. La juxtaposition des trois milieux – lacs, forêts et prairies – forme un ensemble exceptionnel qui a justifié son classement en zone humide d'importance internationale, particulièrement comme habitats des oiseaux d'eau.

**À travers bois.** Les nombreux sentiers aménagés par le parc amènent le promeneur à traverser ces différents milieux naturels en empruntant parfois des digues ou des chaussées d'anciens étangs templiers sur lesquelles s'élèvent maintenant des arbres multicentenaires. Une faune riche et diversifiée y prospère, notamment la plupart des grands mammifères : cerf, chevreuil, sanglier… que l'on peut, en se faisant discret, apercevoir au détour d'un sentier, ou bien observer à loisir dans le parc de vision animalier situé sur une presqu'île du lac d'Orient (route de Mesnil-Saint-Père à la Maison du parc).

**La Maison du parc.** Située au milieu de la forêt, à proximité du lac d'Orient, cette ancienne ferme d'architecture champenoise, initialement implantée dans les faubourgs de Troyes, était destinée à disparaître lors leur l'urbanisation. Son transfert en 1973 au cœur du parc en a fait un lieu d'accueil privilégié pour le visiteur qui peut ainsi découvrir diverses expositions.

**Les forêts** D'une superficie de 10 000 ha, le massif forestier d'Orient est composé de plusieurs forêts, dont les plus importantes sont celles de Piney et du Temple. L'essence dominante est le chêne qu'accompagnent le charme et le tilleul. Au cœur du massif se trouve un seul village : celui de La Loge-aux-Chèvres, établi dans une modeste clairière. Nombreux sont les sentiers entretenus qui permettent de s'aventurer sous les frondaisons. Venant du sud, et remontant vers la vallée de l'Aube et le nord, un GR de Pays ◆ *250* traverse le parc et la forêt.

# Parc naturel régional de la Forêt d'Orient

## La Champagne crayeuse

**De «pouilleuse» à «crayeuse».** Le thym sauvage, ou agreste serpolet, nommé «pouillot» ou «pouilot» dans le langage local, espèce qui pousse en abondance sur la terre crayeuse, a valu à cette région le surnom de «pouilleuse», avant qu'elle ne soit baptisée Champagne crayeuse, ou Champagne sèche.
**Grands espaces prospères.** Situé au nord-ouest du parc, à l'ouest d'une ligne Thennelières-Piney-Lesmont, ce vaste plateau légèrement vallonné domine d'environ 100 m le reste du territoire et offre ainsi au voyageur de superbes points de vue sur la forêt d'Orient (route du «balcon du parc», entre Laubressel, Rouilly et Socey). Cette région, qui s'étend vers le nord, a connu une profonde mutation, puisque de «pouilleuse», elle est devenue l'une des plus riches plaines céréalières et betteravières de France (ci-dessus). Le voyageur est surpris de découvrir de vastes damiers multicolores, au lieu des terres autrefois plantées de pinèdes et de savarts (pelouses calcaires) sur lesquelles venaient paître les moutons. C'est ici, grâce à ces paysages ouverts, que la Champagne mérite le mieux son nom (étymologiquement : «des champs nus»). L'habitat, fortement groupé et composé de craie, s'y distingue par ses fermes aujourd'hui opulentes et par ses clochers, seuls volumes verticaux visibles au milieu des immenses champs.

## La côte des Bars

Limite orientale du parc, culminant à 250 m, la côte des Bars repose sur des affleurements jurassiques constitués de calcaire du portlandien. Ce plateau est coupé de profondes vallées riantes à fond plat, dont la plus large est celle de l'Aube, avant qu'elle ne rejoigne la plaine à partir de Jessains, en remontant vers le nord et Brienne-le-Château. Sur cette côte s'est implanté le vignoble, introduit par les Gallo-Romains et développé sous l'impulsion des abbayes, qui possède l'appellation champagne, à l'instar du célèbre vignoble marnais ▲ *192*.
**Un habitat de pierre de taille.** Grâce à ces activités agricoles, les villages, installés au bas des pentes, connaissent une certaine prospérité marquée par des maisons de belles pierres de taille. Le matériau de construction utilisé pour ces demeures est un calcaire local, autrefois exploité dans des carrières souterraines. Celles-ci sont devenues un refuge privilégié pour différentes espèces de chiroptères (chauves-souris). À Dolancourt, village niché à la sortie de la petite vallée du Landion, le PARC D'ATTRACTIONS NIGLOLAND, ouvert depuis 1989, attire chaque année plus de 500 000 visiteurs.

**Napoléon et Brienne**
À 10 ans, en 1779, Napoléon Bonaparte fait ses premières armes à l'école militaire de Brienne-le-Château. Il y restera jusqu'en 1784. Trente ans plus tard, ce lieu est le théâtre d'un des derniers rendez-vous de Napoléon avec l'histoire : la campagne de France en 1814. Poursuivi par la coalition des Prussiens, Autrichiens et Russes, Napoléon remporte la bataille de Brienne mais perd celle de La Rothière, village voisin, écrasé par le nombre de ses adversaires. L'Empereur abdiquera quelques semaines plus tard. À Brienne, un musée retrace ces événements dans les vestiges de l'ancienne école militaire.

❝Entre tous les pays que j'ai visités, la Champagne partout m'a ravi, ou du moins la moitié de la Champagne. Je ne sais qui l'a surnommée pouilleuse, mais c'est un grand géographe. […] Napoléon est inexcusable d'avoir piétiné sur ce beau pays avec ses escadrons crottés ; ce devait être le théâtre choisi pour un romancier d'outre-mer pour une pastorale à la crème.❞
Alfred de Musset, lettre à A. Tattet, 1845

## La vallée de l'Aube et la plaine de Brienne

L'Aube traverse la partie nord-est du territoire du parc. Ainsi, au débouché de la côte des Bars, cette vallée s'élargit-elle brusquement pour former, à partir des grèves et des limons calcaires apportés par la rivière, la plaine de Brienne. Celle-ci offre, dans un espace limité, une multitude de milieux naturels où la ripisylve jouxte de remarquables sites à orchidées.

**Lieu de passage.** Carrefour de civilisations, cette région conserve un témoignage de cette histoire puisque plusieurs voies romaines la sillonnent, notamment la route impériale qui reliait Milan (*Mediolanum*) à Boulogne-sur-Mer (*Gesoriacum-Bononia*). L'Aube fut également une voie de transit : avant la création du chemin de fer, le «port de première classe de flottage du bois», à Brienne-la-Vieille, aujourd'hui site de l'ÉCOMUSÉE de la forêt d'Orient, alimentait les boulangeries parisiennes en charbonnette et en grumes déclassées.

**Brienne-le-Château.** La plus importante cité du parc, par sa population (4 000 hab.), Brienne-le-Château est dominée par un majestueux CHÂTEAU édifié au cours de la seconde moitié du XVIIIe siècle (ne se visite pas).

**L'Écomusée de la forêt d'Orient**

Situé de part et d'autre de l'Aube, à Brienne-la-Vieille, sur le site d'un ancien port de flottage du bois, l'écomusée est composé d'un ensemble immobilier exceptionnel, notamment d'un moulin et de ses dépendances du XVIIIe siècle. On peut y admirer une collection de plus de 4 000 outils et machines agricoles permettant de redécouvrir la richesse et la force des traditions qui ont marqué l'évolution du monde rural (ci-dessus). L'écomusée est à la fois le témoignage et l'explication des relations pouvant exister entre l'homme et son environnement.

Le moulin sur l'Aube dans les années 1900

# Migration des grues dans la forêt d'Orient

La présence, l'hiver, de milliers d'oiseaux d'eau attire celle d'un grand aigle, le pygargue à queue blanche. Trois à cinq spécimens, dont deux adultes régulièrement, séjournent de fin octobre à mars sur les grands lacs.

La grue cendrée, qui niche dans les marais du nord de l'Europe, hiverne dans le sud du continent. Elle migre de fin octobre à décembre, sur plus de 3 000 km, pour fuir le froid ; puis elle rejoint, au tout début du printemps, ses lieux de reproduction. Les vols bruyants de plusieurs dizaines de milliers de grues sont ainsi observés depuis toujours en Champagne.

**Nourriture.** Les grues parcourent en petites troupes les pâtures humides à la recherche d'invertébrés et de matières végétales. Elles affectionnent particulièrement les grains de maïs tombés au sol.

Les grues en vol forment des V, ou des W lorsque les troupes sont nombreuses.

**Danse d'amour**
Dès janvier, les grues entament leur cour – grands appels bruyants et danses – pour confirmer les couples ou en préparer de nouveaux.

**L'hivernage**
L'abondance de nourriture dans les champs et la tranquillité des lacs favorisent l'hivernage en Champagne. Les grues passent la nuit en dortoir, les pieds dans l'eau pour ne pas être surprises dans leur sommeil.

**UNE MIGRATION FAMILIALE**
Les jeunes suivent les parents lors de la migration d'automne afin d'apprendre les meilleures routes à suivre. Ils se reconnaissent aisément à leur tête rousse, sans marque blanche, et aux sifflements qu'ils poussent.

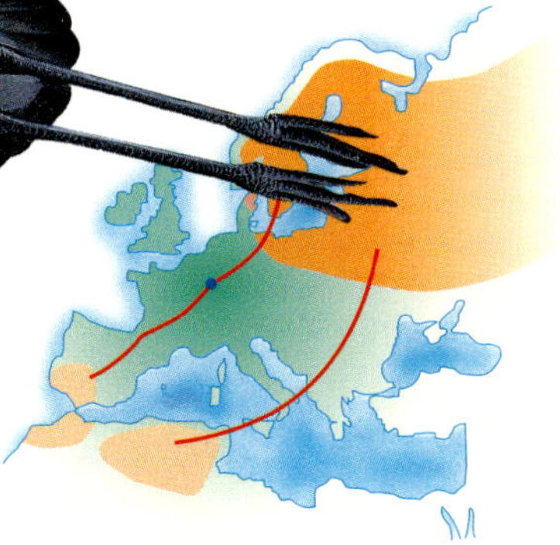

**LA FORÊT D'ORIENT, LIEU DE RASSEMBLEMENT**
Les 60 000 grues qui migrent à travers l'Europe de l'Ouest survolent la forêt d'Orient. Certains jours de novembre, on peut observer des troupes de 4 000 à 7 000 oiseaux ! Elles se rassemblent alors en dortoirs de plusieurs centaines d'oiseaux.

# Parc naturel régional des Grands Causses

**Fiche d'identité**
Créé en 1995 sur le département de l'Aveyron (Midi-Pyrénées).
94 communes
315 600 ha
64 700 hab.

**Étymologie**
Issu du bas latin *calcinus* (chaux), le mot causse désigne les vastes plateaux calcaires caractéristiques du sud du département (causse du Larzac, causse Noir).

**Les lavognes**
Ces mares argileuses, pavées dans le fond par les paysans, sont destinées à recueillir les eaux de pluie. Disséminées sur le parcours des troupeaux, elles leur permettent de s'abreuver l'été lorsque l'eau se fait rare sur le causse.

Il y a 5 000 ans, des bergers se déplaçaient déjà avec leurs troupeaux sur ce vaste territoire. Les millénaires s'écoulent ; aux premiers siècles de notre ère, les Celtes Rutènes vivent paisiblement sous domination romaine : le commerce de poteries de La Graufesenque est alors à son apogée ▲ *119*. Le Moyen Âge voit se développer l'économie agro-pastorale sous l'impulsion des Templiers, dont les cités veillent encore sur le causse du Larzac ▲ *118*. Sous la Révolution est créé le département de l'Aveyron. Le XX^e^ siècle est fortement marqué par la guerre de 1914-1918, puis par les bouleversements des mentalités et la modernisation de l'économie.

**Le parc.** Créé au sud de l'Aveyron, il jouxte le Parc national des Cévennes et le Parc naturel régional du Haut-Languedoc. Son territoire est bordé à l'est par les Cévennes, au nord par la vallée du Lot, au sud par les plaines du Languedoc, à l'ouest par les monts de Lacaune. On peut le diviser en six grands terroirs.

## Le causse de Séverac

Au nord s'élèvent les sommets du causse de Séverac. Barrière naturelle entre le climat montagnard du plateau et la douceur méditerranéenne du sud du parc, ses pics, à environ 1 000 m, stoppent les perturbations océaniques. Les précipitations abondantes favorisent la végétation ; les brebis paissent dans des prés verdoyants traversés de nombreux ruisselets à truites. L'architecture des maisons en pierres, aux toitures d'ardoises, contribue à l'harmonie du paysage, très agricole. Cet important carrefour routier et ferroviaire sera définitivement désenclavé par l'arrivée de l'A75.

**Séverac-le-Château.** Cette petite ville très active est nichée à l'ombre de son château, qui contrôlait le passage entre le Rouergue et le Gévaudan. Cette puissante forteresse, propriété de la famille d'Arpajon, vassale du comte de Barcelone, vicomte de Millau et du Gévaudan, fut richement décorée et meublée au XVII^e siècle par Louis d'Arpajon.

## LE CAUSSE NOIR

Situé à l'est du parc, le causse Noir, tel un iceberg, dévoile de hauts paysages rocheux aux formes tourmentées et dissimule de nombreux avens, invisibles en surface. Surplombant en de vertigineux à-pics les gorges sauvages et étroites de la Jonte et de la Dourbie, il abrite l'entrée des gorges du Tarn. Le long de ses coteaux abrités et ensoleillés, amandiers, pruniers, abricotiers et cerisiers se couvrent de fleurs au printemps ; sur les anciennes terrasses, quelques courageux cultivateurs ont replanté la vigne et leur ténacité s'est vue récompensée par l'obtention de l'appellation d'origine VDQS. Au milieu des vignes et des vergers, de vieux villages aux toitures de lauzes lézardent au soleil. En contrebas, les jardins, amoureusement entretenus sur les rives du Tarn, fournissent légumes et fruits à destination des marchés locaux.

**LA JONTE.** Ces gorges sauvages et très encaissées (ci-dessous) sont le territoire des rapaces : vautours fauves et moines, réintroduits par le Parc national des Cévennes et le Fonds d'intervention pour les rapaces, depuis 1981 pour les premiers et 1992 pour les seconds ; faucons pèlerins nichant dans les parois, circaètes jean-le-blanc, ainsi qu'un magnifique couple d'aigles royaux.

**MONTPELLIER-LE-VIEUX.** Chaos minéral chargé de poésie, baptisé de noms évocateurs par les rares habitants des hameaux voisins, c'est un site déroutant, à découvrir absolument en sillonnant ses nombreux sentiers.

**TOITS DE LAUZES**
Les hommes ont utilisé la pierre calcaire, très abondante sur les étendues rases du causse, pour réaliser leurs toitures. Très lourdes, celles-ci reposent souvent sur des voûtes en pierres.

Ci-dessus, le causse du Larzac ; ci-dessous, La Couvertoirade

**LES GORGES DE LA DOURBIE.** Très étroites, elles sont émaillées d'îlots de verdure et de solitude, prisés des pêcheurs et des baigneurs. D'anciens moulins rappellent l'existence d'une importante activité minotière. Les villages perchés, fondus dans le paysage, offrent de splendides points de vue sur le causse du Larzac.

## LE CAUSSE DU LARZAC

Le causse du Larzac, au sud, frappe quiconque le traverse par sa minéralité et un horizon sans cesse repoussé. C'est le plus vaste et le plus rude des plateaux, comme le rappelle son architecture sévère et massive, protégeant ses habitants des hivers rigoureux et des étés secs et chauds. Cette steppe caussenarde, parcourue par les brebis, est indissociable du pastoralisme dont elle est le berceau. Au printemps, les pelouses sèches, parsemées d'orchidées, de buis, de genévriers, d'amélanchiers et d'églantiers, offrent aux promeneurs toute une débauche de couleurs. Des moindres anfractuosités de rochers jaillissent de petites fleurs multicolores et les sables dolomitiques se couvrent d'armérie de Gérard et de lin jaune ou bleu. Thym et lavande embaument, le causse bruit du bourdonnement des abeilles. La sécheresse de l'été ne permet en rien d'imaginer un tel foisonnement végétal.

**LA COUVERTOIRADE.** Fondée par les Templiers au XIIe siècle, agrandie ensuite par les Hospitaliers, la cité se dresse fièrement dans la solitude caussemarde. En 1159, au lendemain de la première croisade, le comte de Barcelone, roi d'Aragon, confie à Élie de Montbrun, maître du Temple de Rouergue, ses possessions sur le Larzac. Les Templiers, moines-soldats, vont désormais protéger leurs nouvelles terres, y construire des places fortes et les faire prospérer. Excellents gestionnaires, ils rationalisent l'agriculture et l'élevage ovin, comme en témoignent de nombreuses «granges», anciennes fermes templières qui ponctuent encore le pays. À la dissolution de l'ordre, au XIVe siècle, les Hospitaliers héritent de leurs biens, agrandissent et fortifient les commanderies.

## LE ROUGIER, LE SAINT-AFFRICAIN, LE PAYS DE ROQUEFORT

Au sud-est s'étendent les collines du Rougier, du Saint-Affricain et du pays de Roquefort, séparées par des vallées verdoyantes et boisées. C'est une région à vocation agricole, tournée vers la polyculture et la production de lait pour Roquefort ▲ *120*, noyau central de son

**Jean-Henri Fabre** Cet instituteur d'origine modeste, né à Saint-Léons (1823-1915), est reconnu dans le monde entier comme le père de l'entomologie moderne, notamment grâce à son œuvre maîtresse, ses *Souvenirs entomologiques*. Ses planches de champignons font également autorité en la matière.

économie. Ce terroir, où abondent des sources minérales et thermales, recèle également de nombreux mégalithes, érigés vers 2500 av. J.-C. – dolmens et menhirs y sont plus abondants qu'en Bretagne. Le petit musée de Saint-Crépin (commune de Laval-Rocquecezière) a rassemblé un grand nombre de statues-menhirs : ce sont des stèles sculptées représentant vraisemblablement des héros ou des divinités masculines (portant haches, arcs, baudriers et poignards en sautoir) et féminines (avec colliers, seins et longs cheveux) ▲ *138*.

**L'abbaye de Sylvanès.** Cette abbaye, fondée en 1132 par Pons de Leras, seigneur et brigand repenti, fut rattachée à l'ordre de Cîteaux en 1136. De style roman très dépouillé, comme toutes les abbayes cisterciennes, l'abbatiale n'est composée que d'une nef obscure s'ouvrant sur le cloître. Les bâtiments monastiques, durement éprouvés lors des guerres de Religion et sous la Révolution, ont été remis en état et logent les permanents. Une ancienne grange accueille les visiteurs venus se ressourcer dans l'écrin de verdure qui entoure l'abbaye. Des concerts de musique sacrée y sont organisés l'été.

## Le plateau du Lévezou et les Raspes du Tarn

Le parc, à l'ouest, s'étend sur les marches de ce vaste plateau qui domine la vallée du Tarn et de la Muse. Ce plateau est un véritable château d'eau. Ses nombreuses sources et cours d'eau alimentent, en se déversant par les gorges encaissées de la Muse et le défilé des Raspes du Tarn, plusieurs usines hydroélectriques. Une visite au barrage du Truel, sur le Tarn, permettra de se familiariser avec la transformation d'eau en énergie électrique. Aux flancs des Marches du Lévezou s'accrochent plusieurs villages pittoresques, dont l'un, Saint-Léons, a vu naître l'entomologiste Jean-Henri Fabre. Dans les vallons subsistent encore quelques rares tourbières.

## Le Millavois

Le Millavois se niche au confluent du Tarn et de la Dourbie, au cœur même des Grands-Causses. C'est un terroir réputé de nos jours pour la qualité de sa peausserie et sa ganterie. S'y développe également, depuis plusieurs années, la pratique de certains sports tels que le parapente ou le deltaplane.

**La Graufesenque.** À l'époque gallo-romaine, le village fabrique et exporte ses poteries d'argile rouge sigillée dans tout l'Empire romain : plus de quatre cents potiers y sont installés. Réputée pour la richesse et la qualité de ses décors (scènes champêtres, galantes, mythologiques ou de la vie ordinaire), la production atteint son apogée entre 10 av. J.-C. et 150 ap. J.-C. La visite du site, puis du musée de Millau, permet de comprendre la vie de ces potiers et d'admirer leurs œuvres dans les salles qui leur sont consacrées.

**Ganterie et peausserie de Millau**
Le travail des peaux de mouton est, dans la région, une tradition séculaire. Nécessitant de l'eau en grande quantité, des mégisseries s'installent près du Tarn dès le XIIe siècle. La ganterie permet à de nombreuses femmes, citadines comme agricultrices, de travailler à domicile et de compléter les revenus du ménage. La production s'accroît et, en 1950, la ville ne compte pas moins de cent quarante usines. Malgré la fermeture progressive des grandes mégisseries et le déclin de la production, Millau et ses ateliers se battent pour conserver leur héritage de qualité, grâce à la création du label «Peau de Millau». Leur production luxueuse est d'ailleurs appréciée de nombreux stylistes et couturiers parisiens.

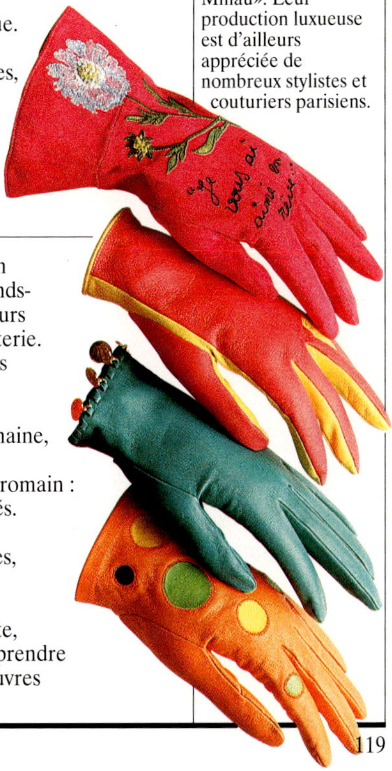

# Le roquefort

**La brebis de Lacaune**
Bête au port altier, à la tête fine et aux oreilles horizontales, elle est réputée pour sa robustesse, sa rusticité, ses qualités de laitière. Sa production atteint 1 à 2 l de lait par jour durant huit à neuf mois de traite.

Qualifié de roi des fromages par Diderot et d'Alembert, le roquefort est la plus ancienne appellation d'origine. En 1666, sa production était déjà attestée par un édit du parlement de Toulouse ! Tout concourt à la réussite de ce fromage prestigieux : les espaces ouverts des causses, propices au pastoralisme ; une sélection séculaire du cheptel, à travers la brebis de Lacaune ; les nombreux accidents géologiques qui émaillent le paysage et servent à la fois de caves naturelles d'affinage et de garde-manger.

**Les conditions naturelles**
Au quaternaire, une partie du Larzac se creuse d'un vaste réseau de grottes sous éboulis, alimentées en air par des failles. Ces dernières, les «fleurines», assurent une température constante de 6 à 9 °C toute l'année et une hygrométrie importante. Les bergers surent tirer profit de ces conditions exceptionnelles en aménageant les grottes de façon à y conserver leurs produits laitiers.

**L'histoire du roquefort**
La production fromagère, attestée par Pline le Jeune au Ier siècle de notre ère, s'est structurée à travers les siècles. Le XIXe siècle a vu se créer, dans ses dernières années, la Société des caves, organisme regroupant les propriétaires, tandis que le XXe siècle a été l'ère de l'industrialisation et de la concentration de la production.

**Un «moisi» incomparable**
L'humidité et la température favorisent le développement d'un champignon microscopique, le *Penicillium roqueforti*. C'est lui qui donne son goût et son onctuosité au fromage.

**Les caves**
Vastes cavités naturelles ou artificielles s'étendant sous l'éboulis rocheux, les caves (jadis appelées cabanes) ont été aménagées au cours des siècles. Trente-trois caves occupent le sous-sol de Roquefort. Deux industriels affineurs accueillent de nombreux visiteurs.

**La légende du Roquefort**

Un pâtre gardait son troupeau lorsqu'il aperçut une bergère. Pressé d'aller la retrouver, il partit se délester de son sac dans un trou de rocher. Mais il se perdit dans le dédale de l'éboulis et se retrouva nez à nez avec une dame très belle. Terrorisé, il s'enfuit et oublia là son fardeau. Quelque temps plus tard, il revint à l'endroit de sa rencontre : la belle inconnue réapparut avec la sacoche oubliée. Le pain était moisi, le fromage bleu, mais il avait un goût prononcé et une pâte onctueuse ! Certain d'avoir rencontré la fée «fleurine», il continua à apporter ses fromages dans la grotte où ils profitèrent du souffle bénéfique de la fée.

**Le cycle de production**

Le lait est contrôlé, chauffé, puis ensemencé avec le *Penicillium roqueforti*. Il est ensuite caillé, égoutté et mis sept jours en saloir avant de gagner les caves. Dès son arrivée, les ouvriers pèsent les fromages, les piquent afin d'aérer la pâte pour permettre au *Penicillium* de se développer. Après trois semaines, le bleu donne une nouvelle texture au fromage. Il est ensuite emballé dans une feuille d'étain et placé sur la tranche sur les travées de chêne. La véritable maturation commence. Au bout de trois mois, les maîtres affineurs vérifient son degré de maturation avant son emballage définitif.

# PARC NATUREL RÉGIONAL DE LA HAUTE-VALLÉE DE CHEVREUSE

**CHEVREUSE OU YVETTE ?** Parler de la vallée de Chevreuse est un abus de langage, Chevreuse est un village tandis que sa vallée est celle de l'Yvette !

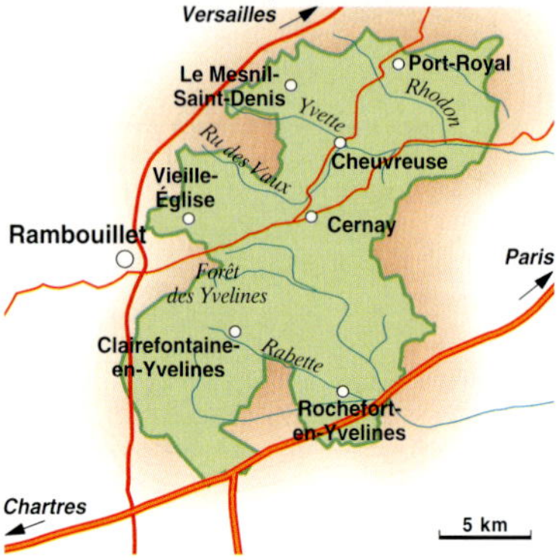


L'antique forêt d'Yveline est le berceau de la vallée de Chevreuse. Peuplée dès la préhistoire, elle s'organise ensuite autour de ses trois voies romaines. Les premiers rois la confient en partie à des abbayes parisiennes, d'où une implantation chrétienne marquée. Au cœur du Moyen Âge, les donjons des grands féodaux se soumettent aux Capétiens. Les guerres de Religion succèdent aux ravages de la guerre de Cent Ans. Les seigneuries sont alors rachetées par de riches propriétaires et des officiers royaux. Sous Louis XIV, Port-Royal devient un centre de renouveau spirituel, tandis que les environs de Versailles se couvrent de châteaux. Ni les conflits ni le progrès n'ont dénaturé ces paysages à l'abri de l'industrialisation. Les liens artistiques, intellectuels et économiques avec la capitale se sont multipliés, garants de prospérité. Le territoire est doté d'un remarquable patrimoine historique et architectural. Dans un cadre rural et soigné, les rivières dessinent vallons ou vallées, et près de la moitié de l'espace demeure boisée. La fragilité de ce parc aux richesses convoitées tient à sa petitesse et à sa situation au cœur de la région parisienne. Il s'agit de le préserver en maîtrisant urbanisation et développement.

**FICHE D'IDENTITÉ**
Créé en 1985
sur le département des Yvelines (Île-de-France).
23 communes
29 000 ha
44 000 hab.

## LES VALLÉES DU NORD

À la frontière de la ville nouvelle de Saint-Quentin-en-Yvelines, Mérantaise, Rhodon, Yvette et Pommeret serpentent à travers la campagne. Ravins abrupts, fonds de vallées aux boisements linéaires, prairies humides, friches herbues et roselières peuplées d'oiseaux forment autant de biotopes, si précieux en Île-de-France. Cette terre aimée des hommes possède un patrimoine qui témoigne de plus de mille ans d'histoire.

**CHEVREUSE EN SA VALLÉE.** Sur les hauteurs de Chevreuse, dominant la vallée de l'Yvette, le CHÂTEAU FORT DE LA MADELEINE a été restauré pour accueillir la Maison du parc. Au centre du bourg médiéval, la pittoresque promenade des Petits-Ponts suit un bras de la rivière. Puis, dans un décor agreste, la route de Saint-Rémy-lès-Chevreuse mène au CHÂTEAU DE COUBERTIN, construit en 1696, aujourd'hui siège d'un musée de sculptures modernes (ci-dessous).

**PORT-ROYAL-DES-CHAMPS ET SES ALENTOURS.** Dans le vallon du Rhodon, le chemin Jean-Racine, jalonné de bornes gravées de vers que les lieux inspirèrent au poète, conduit à Port-Royal, où il fut enterré. Cette abbaye de femmes (en haut) devient célèbre au XVII<sup>e</sup> siècle, grâce au rayonnement spirituel de ses membres, disciples de l'abbé de Saint-Cyran. À partir de 1609, mère Angélique (1591-1661) y restaure une vie monastique authentique, ainsi qu'à Port-Royal de Paris. Dès 1637, des fidèles, les Solitaires, appelés aussi messieurs de Port-Royal,

**LE PUITS DE PASCAL**
Vestige de l'époque glorieuse de Port-Royal, ce puits, situé aux Granges, a permis au philosophe, grand admirateur et ami de l'abbaye, de réaliser des expériences scientifiques.

s'installent dans une dépendance agricole, les Granges, et enseignent aux Petites Écoles. Leurs méthodes ouvrent la voie à la pédagogie moderne. Les gens de Port-Royal et leurs nombreux amis, appelés jansénistes parce que favorables à la théologie exposée dans l'*Augustinus* de Jansénius (1585-1638), suscitent l'hostilité des pouvoirs religieux et politiques. Après maintes condamnations papales et expulsions, Louis XIV ordonne le démantèlement total de l'abbaye, rasée en 1711. Les bâtiments des Petites Écoles qui ont échappé à la destruction abritent aujourd'hui le musée national de l'Histoire de Port-Royal et du Mouvement janséniste. Aux alentours, Saint-Lambert-des-Bois et Milon-la-Chapelle sont de vieux villages au bâti en harmonie avec une végétation souveraine. Au Mesnil-Saint-Denis, le SKIT DU SAINT-ESPRIT est un lieu monastique orthodoxe. Son église est recouverte de fresques, œuvre du père Grégoire Krug (1908-1969), l'un des moines iconographes à l'origine du retour à la tradition byzantine (ci-contre, en bas). Le père Barsanuphe, higoumène du skit, a construit la majorité du site.

**AUX SOURCES DE L'YVETTE.** En amont de la rivière, l'eau produit des verts intenses. Sur le proche sentier de découverte de Maincourt, le promeneur s'initie aux mystères de l'écosystème des milieux humides. L'Yvette bruit dans les sous-bois du CHÂTEAU DE MAUVIÈRES, construit au début du XVIIIe siècle, où vécut Edmond Rostand (1868-1918). Le CHÂTEAU DE DAMPIERRE, propriété des Luynes depuis 1663, est le joyau de la vallée. Le ru des Vaux embellit ses jardins dessinés par André Le Nôtre (1613-1700) et sert de miroir à l'architecture de Jules Hardouin-Mansart (1646-1708).

**EAU ET ARCHITECTURE**
Un important patrimoine architectural est lié à l'eau : moulins transformés en résidences sur l'Yvette (ci-contre, la promenade des Petits-Ponts à Chevreuse) et la Rémarde ; anciens lavoirs à Chevreuse (ci-contre, au milieu avec le château fort de la Madeleine au fond), à Bullion, à Clairefontaine, à Maincourt, à Rochefort à Châteaufort ou à Sonchamp ; fontaines historiques ou votives, comme celles du Roi à Auffargis, de Sainte-Anne à Bullion, de Saint-Thibaud à l'abbaye de Cernay et de la Mère-Angélique à l'abbaye de Port-Royal.

**LE SKIT DU SAINT-ESPRIT**
Outre les fresques (ci-contre), on pourra admirer le baptistère de style byzantin, édifié à l'occasion du cinquantenaire de ce lieu monastique.

# PARC NATUREL RÉGIONAL DE LA HAUTE-VALLÉE DE CHEVREUSE

**DÉCOUVRIR**
Les bornes ITYS (Informations touristiques en Yvelines du Sud) sont disponibles à la Maison du parc et à l'office de tourisme de Saint-Rémy. Ces bornes d'information interactives fournissent une mine de renseignements d'ordre pratique.
Un réseau de circuits pédestres (PNR), de petite taille et indépendants les uns des autres, a été créé et balisé par le parc. Ils sont décrits sur des panneaux d'information et dans des publications. S'ajoutant aux GR et PR ◆ *250*, ils permettent de découvrir des aspects secrets de la faune, de la flore et du bâti vernaculaire.

**LES VAUX DE CERNAY**
Près des ruines de l'abbaye cistercienne de Cernay (ci-dessus, la facade du XIIe siècle), étangs, sous-bois abondants et blocs de grès parcourus de cascades et cascadelles constituent un paysage accueillant. Il a séduit au cours de la seconde moitié du XIXe siècle des peintres ▲ *126* qui travaillaient en plein air sur le motif et logeaient dans de conviviales auberges, *Chez Léopold* ou *Au Rendez-vous des Artistes*. Ils seront imités par de nombreux touristes.

## LES PLATEAUX

Au cœur du territoire, les plateaux agricoles créent de tranquilles zones d'alternance. Déployant d'amples paysages céréaliers, ils préfigurent la Beauce voisine, mais sans sa monotonie. Hameaux et fermes ponctuent l'horizon adouci çà et là par quelque bosquet, coteau ou verger, refuge de l'animal fétiche du parc, la chouette chevêche.
**ENTRE ÉTANGS ET RIGOLES.** À l'ouest, l'eau du plateau de Trappes aux limons argileux est drainée par la chaîne des étangs et rigoles, créée par Vauban pour alimenter les bassins de Versailles. Le circuit de découverte de cette rivière du Roi-Soleil commence à Vieille-Église par l'étang de la Tour. Des bornes à fleur de lis le ponctuent.
**AU PAYS DES HAMEAUX.** Des fermes prospères, à plan carré, sont disséminées à travers la plaine. La pierre du pays est la meulière ocre et rose. Les routes, bien dessinées, traversent des villages étendus comme Bullion, La Celle-les-Bordes ou Choisel, à l'architecture rurale propre à l'Île-de-France, souvent antérieure au XIXe siècle. À Herbouvilliers, le DOMAINE DE BRETEUIL, entouré d'un écrin de verdure, est un lieu idyllique et son château, bâti dans le style Louis XIII en briques et pierres, permet de découvrir l'histoire de France à travers l'histoire de la famille qui le possède depuis 1712.

## LES VALLÉES DU SUD

Le massif de Rambouillet, qui recouvre le sud du parc, appartient à la forêt d'Yveline, dont le nom

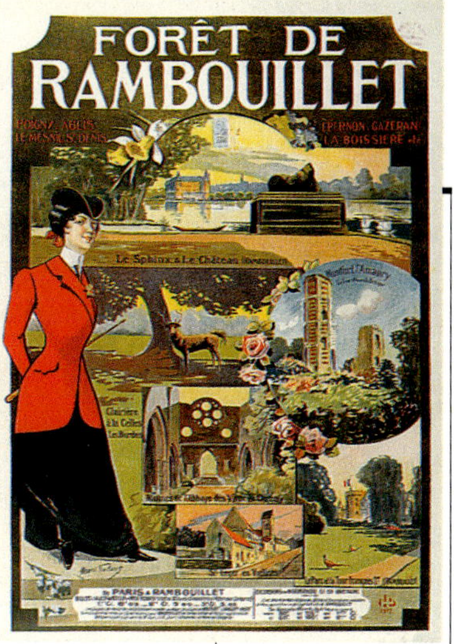


signifie «riche en eau». D'origine seigneuriale pour certains, les anciens moulins hydrauliques, reconvertis à partir des années 1920 en belles demeures, parsèment les sylvestres vallées de l'Aulne, de la Rabette et de la Rémarde. Naguère, les chasses à courre de la duchesse d'Uzès (1847-1933) animaient les bois. Celle-ci, également écrivain sous le pseudonyme de Manuela, sculpteur – une de ses Vierges à l'Enfant est conservée dans l'église de Clairefontaine-en-Yvelines – et personnage politique, était à la tête de l'équipage de Bonnelles dont piqueurs, chevaux et meute logeaient au manoir de La Celle-les-Bordes.

**Terre de villégiature.** Dans les villages de clairière, comme à Clairefontaine-en-Yvelines où vécut le compositeur russe Rachmaninov (1873-1943), des demeures de plaisance se sont développées à partir du XIXe siècle. Classique ou pittoresque, leur style gracieux gomme toute rusticité. Autour, la forêt présente un caractère monumental tempéré par les résineux plantés sur les sols sableux.

**Espace Rambouillet.** Cet espace animalier est le royaume des biches, cerfs, chevreuils, daims, marcassins et sangliers en liberté. Sentiers et postes d'observation permettent de voir et de photographier l'élégance des uns et la force des autres. Plusieurs hectares sont réservés à la forêt des Aigles où des fauconniers présentent des rapaces en vol.

**Rochefort-en-Yvelines.** Située sur le chemin de Saint-Jacques-de-Compostelle, l'ancienne ville fortifiée est devenue un village au patrimoine historique de qualité. Chaque siècle a laissé son empreinte à découvrir au gré des rues et ruelles. Les Rohan, seigneurs des lieux, ont leur sépulture dans le cimetière qui entoure l'église Saint-Gilles du XIIe siècle, remaniée au XVIIe siècle. La mairie occupe un bailliage du XVIIe siècle.

**Sépultures et croix**
Plusieurs cimetières de la vallée de Chevreuse abritent des sépultures remarquables : stèle sculptée d'Albert Samain (Magny-les-Hameaux), carré de Port-Royal (Saint-Lambert-des-Bois),

tombeau en marbre blanc de Caran d'Ache (Clairefontaine), sépultures des Rohan (Rochefort-en-Yvelines), blocs de grès des carriers (Maincourt), monolithes gravés d'un bonnet phrygien, et tombe orthodoxe à croix sculptée, érigée par les moines du skit du Saint-Esprit (Le Mesnil-Saint-Denis). À noter, sur le circuit de Port-Royal au Mesnil-Saint-Denis, la croix du Rodon érigée sur un pilier de l'abbaye et la croix Mathurine, repère ancestral des pèlerins.

Ci-contre, le château de Breteuil

En réaction contre les conventions picturales d'un académisme figé, des peintres trouvent, à l'époque romantique, une inspiration libératrice et créatrice dans le spectacle de la nature. Rompant avec la tradition, ils proposent une vision intuitive et émotionnelle de la réalité qui ouvre la voie aux impressionnistes.
Le mouvement paysagiste, qui a commencé vers 1820 à Barbizon, s'amplifie au cours du siècle. Parmi les sites fréquentés par les artistes, les Vaux de Cernay séduisent par leur aspect pittoresque.

**LES PEINTRES DE L'ÉCOLE DE CERNAY**
Ils ont en commun non pas une recherche esthétique ou un style pictural, mais plutôt un attachement à cette partie de la vallée de Chevreuse, les Vaux de Cernay ▲ *124*, qui correspond à leur goût pour la figuration paysagère.

**J. BRETON (1827-1906)**
Après des études artistiques classiques, il réussit une carrière de peintre reconnu par les institutions. Élu à l'Académie des beaux-arts, il est considéré comme «le peintre officiel de la vie des champs». Ses sujets rejoignent ceux de Millet, mais sa vision du monde rural est différente, sans souci de réalisme.

**L.-G. PELOUSE (1838-1891)**
Considéré comme le maître de l'école de Cernay, cet ancien commis voyageur, énergique et sympathique, travaillait et distribuait généreusement des conseils. Le 19 mai 1897, à l'occasion de l'inauguration du monument dressé à sa mémoire dans les bois, le sculpteur Falguière déclare : «Partout où il plantait son parasol, il apportait la joie, la gaieté le suivait [...] Pelouse dont le nom semble prédestiné. Pelouse ! Quel nom de paysagiste !»

**L'ŒUVRE DE PELOUSE**
Grâce à l'invention récente des tubes de couleur transportables, Léon-Germain Pelouse (ci-contre) peint en plein air et non en atelier. Il recherche la fidélité au motif, garant à ses yeux de la sincérité de l'artiste. Il affectionne la représentation des sous-bois, propice à des jeux de lumière, selon une gamme chromatique étendue.

**F.-L. Français (1814-1897)**
Élève et ami de Corot, il est l'un des premiers «inventeurs» des Vaux de Cernay où il vient à partir de 1860. Son but est de «faire vivant» : il peuple ses paysages de personnages bucoliques.

**M.-E. Lansyer (1835-1893)**
Dessinateur de formation auprès de Viollet-le-Duc, il fréquente l'atelier de Courbet, puis Cernay. Sa technique sûre, sa palette colorée et sa touche sensible le rapprochent des impressionnistes.

# PARC NATUREL RÉGIONAL DU HAUT-JURA

**FICHE D'IDENTITÉ**
Créé en 1986
sur les départements
du Jura, du Doubs
(Franche-Comté)
et de l'Ain
(Rhône-Alpes).
48 communes
75 762 ha
43 700 hab.

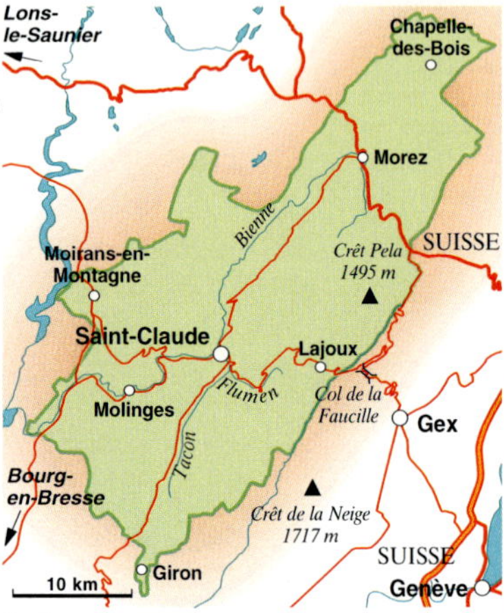


Situé entre la vallée de l'Ain et les crêts des Monts Jura surplombant Genève, le parc occupe la partie la plus accidentée du massif jurassien. La région que César, dans la *Guerre des Gaules*, appelle la «montagne boisée» doit son nom aux «joux» qui la recouvrent, sombres forêts aux dégradés bleutés. Jusqu'à 650 m, on rencontre surtout des forêts de feuillus (chêne, charme, hêtre…), auxquelles il faut ajouter les saulaies et les aulnaies des bords de Bienne. L'étage submontagnard, dominé par le hêtre, constitue une nouvelle étape avant les magnifiques futaies de l'étage montagnard (750 m) où règnent l'épicéa, le hêtre, le sapin et l'érable. Enfin, dans les forêts plus clairsemées de l'étage subalpin, domaine du grand tétras et de la chouette de Tengmaln, l'épicéa columnaire replie ses branches pour mieux supporter le poids de la neige. Venu de Suisse dans les années 1980, le lynx est aujourd'hui présent sur tout le territoire du parc.

**LE GRAND TÉTRAS**
Cet oiseau imposant et farouche recherche la tranquillité des forêts d'altitude : arbres perchoirs et aiguilles de sapin pour sa nourriture l'hiver ; clairières pour les parades amoureuses au printemps ; fourrés aux premiers jours de la nichée ; buissons de myrtilles pour sa provision d'énergie à l'automne. Le devenir de cet oiseau dépend d'une sylviculture douce en futaie jardinée assurant la diversité des peuplements, et de l'étagement de la végétation. Les massifs du Massacre et du Risoux font ainsi l'objet de mesures de protection qui visent à limiter leur fréquentation de décembre à juin.

## HISTOIRE

Sa situation limitrophe – le Haut-Jura est cerné par le lion de Franche-Comté, l'ours du pays bernois, la fleur de lis du royaume de France et la croix du duché de Savoie – vaudra à la «terre de Saint-Claude» une histoire agitée dont l'origine, selon l'auteur de *La Vie des Pères du Jura*, se situe au milieu du V^e^ siècle avec la fondation, par les frères Romain et Lupicin, du monastère de Condat – le sanctuaire gallo-romain de Villards d'Héria révèle que la présence humaine est, en réalité, bien antérieure. Rebaptisée Saint-Oyend-de-Joux, puis Saint-Claude, l'abbaye de Condat attire dans la région des colons qui entreprennent de défricher les hautes terres. Les pèlerins ne tarderont pas à suivre, alertés par les miracles de saint Claude, dont le corps sera découvert intact en 1160, cinq siècles après sa mort. Avec la décadence religieuse, la puissante abbaye perd en 1436 son statut de principauté. Affaibli par l'épisode comtois de la guerre de Trente Ans et la peste, le Haut-Jura, malgré la résistance du capitaine Lacuzon, est envahi, au XVII^e^ siècle, par les troupes françaises. Annexé en 1678, il connaît de nouveau une certaine prospérité. Il se construit alors tant de maisons que les forêts s'épuisent ; on doit même recourir à la tourbe pour se chauffer. En 1742, l'abbaye est rattachée à l'évêché de Saint-Claude. Issues de la révolution industrielle,

les coopératives ouvrières inspirent, à la fin XIX^e siècle, les principes d'action sociale de l'«école de Saint-Claude», très active jusqu'à la Seconde Guerre mondiale (syndicats, caisses de prévoyance et de retraite…). Grâce à la diversité de ses activités de production, le Haut-Jura demeure une montagne habitée et vivante.

## La vallée de la Bienne

Le bassin versant de la Bienne coïncide pratiquement avec le territoire du parc. La rivière prend sa source au pied du mont Fier et force le passage de la cluse de Morez. Longtemps bâties de moulins, de forges, de scieries, de clouteries et de tanneries, les rives de la Bienne sont aujourd'hui, autour de Morez, consacrées aux activités de précision : décolletage, lunetterie… ▲ *132*.
En empruntant l'autorail de Morbier à Saint-Claude, on admirera, du haut des viaducs, la vue saisissante sur les gorges, fief des pêcheurs à la truite. Par le GR9, on pourra aussi quitter le pont de Villard-sur-Bienne pour atteindre Longchaumois, où la Maison de la flore donne un aperçu de la diversité de la végétation.

**Saint-Claude.** «Cette ville fantastique, écrit Lamartine, apparaît comme au fond d'un cercle de Dante» (ci-dessus). Au confluent de trois rivières (la Bienne, l'Abîme et le Tacon), le site, vertigineux, mérite d'être découvert du haut de l'un des nombreux belvédères auxquels on accède à pied. Dédiée aux apôtres Pierre, Paul et André, la CATHÉDRALE, fondée en 1385, en est le principal monument. Vestige majeur de l'abbaye Saint-Claude, elle fut relevée après les incendies de 1559 et de 1799. Sa façade date du XVIII^e siècle. Se détachant dans l'austérité intérieure, les magnifiques stalles, sculptées au XV^e siècle par Jehan de Vitry, évoquent l'histoire de l'abbaye.

**La grande traversée du Jura**
En hiver, la piste balisée de la GTJ permet aux amateurs de ski de fond de traverser le parc de Giron, à l'extrême sud, jusqu'à Chapelle-des-Bois, village le plus septentrional (en haut, son écomusée), en passant par les quatre villages de la station des Rousses. Un circuit équivalent est ouvert aux VTT durant la belle saison.

Ci-contre, course de bob à Morez

## PARC NATUREL RÉGIONAL DU HAUT-JURA

**LES GORGES DU FLUMEN.** Aux portes de Saint-Claude, ce site classé est comme un livre ouvert où se retrouvent les formations géologiques jurassiennes les plus remarquables : une cluse profonde encadrée par la face striée de la Roche Blanche ; un puissant anticlinal (les Grès) flanqué du célèbre plissement du Chapeau-de-Gendarme (ci-contre). D'anciennes scieries s'étagent au fil de la cascade des Moulins, qui, à partir de la Toussaint, ne voit plus le soleil pendant cinq mois. On doit la construction de l'audacieuse route en lacet de Septmoncel à l'action politique d'un enfant du pays, le jurisconsulte Désiré Dalloz (1795-1869). Le cours du Flumen rejoint plus loin la vallée encaissée du Tacon, qui prend sa source aux Bouchoux, site réputé pour ses qualités acoutisques.

**LES RADELIERS.** Flottable jusqu'en 1914 à l'aval de Molinges, la basse Bienne acheminait alors jusqu'à Lyon les radeaux de troncs d'épicéa chargés de blocs de marbre de Chassal, de balles de chêne et de noisetier d'Epercy, de tonneaux emplis d'objets en bois tourné de Vaux ou de fromages de Septmoncel. Aujourd'hui, la basse vallée de la Bienne participe à l'aventure industrielle de la «Plastics Vallée» qui se concentre autour d'Oyonnax.

**LE RELIEF JURASSIEN**
Au milieu de l'ère secondaire, le jurassique correspond à la mise en place des dépôts sédimentaires marneux et calcaires. Au cours de l'ère tertiaire, les phases de formation des Alpes génèrent des poussées latérales sur le Jura. Les roches se plissent en une alternance de monts et de vaux, compliquée par des systèmes de failles et de chevauchements. L'action d'érosion des glaciers et de l'eau vient sculpter ces formes au quaternaire. Les eaux lacèrent les dalles en «lapiaz», minent le sol de «dolines», ou «empossieux», qui se rejoignent parfois en «ouvalas». Il arrive qu'une rivière force le passage d'un mont en taillant une «cluse». Elle peut aussi disparaître pour laisser une «vallée sèche», et réapparaître en aval sous forme de «résurgence». Le terme de «combe» désigne localement toute forme de dépression linéaire concave, que peuvent encadrer des «crêts».

Ci-contre, une course d'enfants aux Rousses le 12 février 1922

## LES PLATEAUX

Dominant les falaises de la basse vallée de la Bienne, les plateaux offrent un paysage vallonné composé de prairies calcicoles et de forêts de hêtres. Certaines corniches ensoleillées accueillent l'if ou le chêne. C'est le charme des franges du Haut-Jura : on y passe presque sans transition d'une flore méditerranéenne aux paysages nordiques des tourbières où le bouleau pubescent et le pin à crochet accompagnent une flore arctique. Présent en juillet et en août dans les zones rocheuses, l'apollon est, à coup sûr, l'emblème des pelouses sèches piquées d'orchidées qui envahissent, au sud, les pentes calcaires des plateaux.

**LE PLATEAU DU LIZON.** La relative douceur hivernale explique l'ancienneté de l'habitat et celle des cultures introduites par les moines. L'église romane de Saint-Lupicin et la chapelle de Saint-Romain-de-Roche témoignent de ces implantations monastiques. Aujourd'hui, l'agriculture s'efface devant le développement de l'industrie.

**MOIRANS-EN-MONTAGNE.** Le travail du bois fait partie des traditions de ce bourg où l'on perpétue la formation de sculpteurs, ornemanistes, marqueteurs et tourneurs. Réputée pour ses jouets en bois laqué et ses marionnettes articulées ▲ *133*, Moirans se veut la cité de l'enfant et propose des animations autour de la MAISON DU JOUET.

«LE GRANDVAUX PREND SA COULEUR D'AUTOMNE AVEC LA ROUILLE DES EMBOUCHES ET CELLE PLUS SOMBRE DES PREMIERS LABOURS. LES SAPINS PARAISSENT PLUS NOIRS. [...] LES SOIRS SONT SOUVENT VIOLETS AVEC BEAUCOUP DE BRAISES ARDENTES.»
B. CLAVEL

**LE GRANDVAUX.** Jusqu'à l'arrivée du chemin de fer, les rouliers grandvalliers, de forte stature, sillonnaient l'Europe à la tête d'attelages de chevaux comtois, vivant de l'exportation des produits du Haut-Jura et du commerce du bois. À l'image du Haut-Jura, le Grandvaux allie aujourd'hui la production fromagère, l'exploitation forestière, la petite industrie et le tourisme de nature.

## LES HAUTES TERRES

L'identité des Hautes-Combes – le sud-est du parc, de Lajoux (ci-dessus) à Belleydoux – se révèle véritablement quand vient l'hiver et que la neige aplanit l'espace, invitant les fondeurs aux longues randonnées. Frontière entre les pâturages et les forêts pâturées, les pré-bois, qui se couvrent l'été de gentianes, attirent les mushers et leurs traîneaux à chiens, ou encore les adeptes de la balade à raquettes. Dès la fonte des neiges, les hautes terres sont brusquement livrées à l'été qui se manifeste par l'éclosion soudaine d'une flore variée. C'est sans doute pourquoi Fernand Braudel prétendait «reconnaître le Jura à la seule couleur de ses herbages, où un bleu subtil se mélange obstinément à un vert profond et acide, éclatant». Avec l'estive des troupeaux, l'espace des combes retentit du son des clarines qui possèdent toute leur sonorité propre, spécifique à chaque éleveur.

**LE PAYSAGE ACOUSTIQUE**
En raison de son relief constitué de multiples dépressions, le paysage du Haut-Jura est propice à la propagation des sons. La roche calcaire, omniprésente, et l'existence de nombreuses caisses de résonance naturelles (grottes, galeries...) viennent encore amplifier le phénomène. C'est ainsi que beaucoup de points de vue sont également de remarquables points d'ouïe.

**LA MAISON DES FROMAGES**
La qualité des herbages du Haut-Jura a donné naissance à des fromages de grande renommée : le comté des fruitières, le morbier au lait cru et le bleu de Gex (appelé aussi bleu du Haut-Jura ou septmoncel), qui a la réputation d'avoir été le fromage préféré de Charles Quint !

# Du paysan-artisan aux micro-filières industrielles

Le climat n'étant pas favorable à l'agriculture, les paysans du Haut-Jura ont très tôt cherché dans l'artisanat une source de revenus complémentaire. En amenant dans la région des familles d'horlogers catholiques genevois, la Réforme a contribué au développement des techniques de précision qui réclament peu de matières premières. Au XVIII$^{e}$ siècle, il n'est pas de ferme qui ne possède un atelier ou un simple établi. Peu à peu, on y affine l'art du tournage et du polissage qui, plus tard, sera appliqué à de nouveaux matériaux comme le plastique. Les industries joaillières, de la pipe, de la lunette et du jouet, qui prendront leur essor au XIX$^{e}$ siècle, placent encore aujourd'hui le Haut-Jura parmi les premiers départements exportateurs de France.

**De la pipe en buis à la pipe en bruyère**
Les premiers tuyaux de pipe sont faits en buis ou en corne, puis ajustés sur un fourneau de porcelaine importé. Venue des pays méditerranéens, la racine de bruyère s'impose à Saint-Claude au milieu du XIX$^{e}$ siècle. Bien qu'ils s'attachent à travers leur confrérie à promouvoir une tradition ancienne, les maîtres pipiers travaillent aussi les bois précieux pour les accessoires d'automobile.

**Du bois à targe à la boîte à fromage**
Une croissance très lente confère aux épicéas du Risoux la qualité nécessaire pour la lutherie ou le bardage des maisons. Réduit en fines lamelles tranchées, ou targes, l'épicéa sert aussi à fabriquer le tour des boîtes à fromage, dont le fond est constitué de bois de pâture, plus noueux. Du débardage hivernal à cheval à la fabrication des skis, la Maison de la boissellerie de Bois-d'Amont montre le savoir-faire des paysans-artisans de la vallée de l'Orbe. Des layetiers (fabricants de meubles à tiroirs servant à ranger les pièces d'horlogerie) et des tabletiers, spécialisés dans la réalisation de petits objets de bois, accueillent également le public à Lajoux et aux Piards.

**Des chapelets aux boutons**
Les pèlerinages feront le succès des chapelets et des articles de Saint-Claude ▲ *129*. L'art du tournage s'appliquera successivement à l'os, à la corne, à la galalithe (pierre de lait), à la bakélite et à l'ébonite. Au XVIIIe siècle, les frères Rosset poussent le travail de l'ivoire à sa perfection. Le long du Lizon se concentre encore actuellement l'essentiel de la fabrication française de boutons de confection.

**Des clous à la lunette**
C'est à Morez, spécialisée depuis longtemps dans le travail du métal, qu'en 1796 Hyacinthe Cazeaux a l'idée de cercler de fer deux verres. L'invention des montures à branches marque ainsi la naissance de la lunetterie dans le Haut-Jura. Jadis exercée à domicile, cette activité occupe aujourd'hui trois mille cinq cents personnes réparties dans soixantes entreprises. Spécialisée dans le haut de gamme, la production annuelle atteint dix millions de paires. Morez doit cependant affronter une forte concurrence italienne et asiatique.

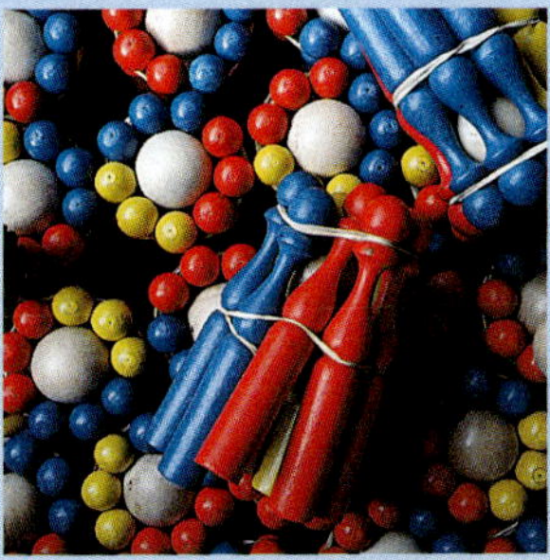

**Lapidaires et diamantaires**
La taille des pierres fines dérive de celle des contre-pivots de montre en rubis. Introduit dans le Haut-Jura vers 1735, le métier de lapidaire se banalise au XIXe siècle, avant de se transformer avec l'apparition de la pierre synthétique. Aujourd'hui, les ateliers, qui fabriquent aussi des verres de montre, fournissent les plus grands bijoutiers de la place Vendôme. Plus exigeante en énergie, la taille du diamant sera introduite tardivement autour de Saint-Claude, où elle conserve son musée.

# Parc naturel régional du Haut-Languedoc

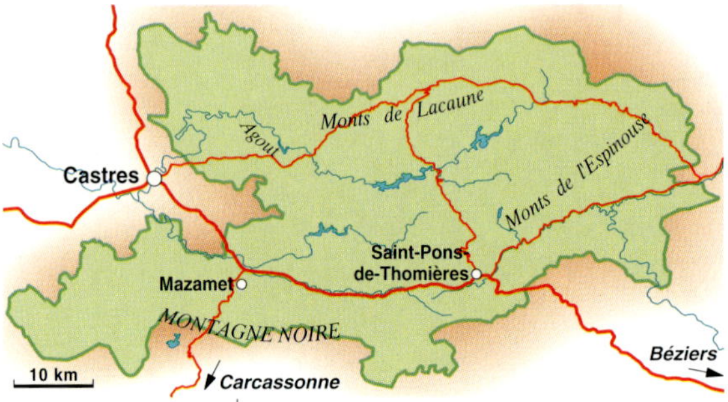


Balcon du Massif central jeté sur la Méditerranée, le Haut-Languedoc se caractérise par un relief en forme de croissant qui bénéficie des influences atlantique et méditerranéenne. À la fois isolé face aux grandes plaines alentour et d'un accès facile grâce à ses nombreuses vallées, il a toujours été considéré comme un lieu de refuge et d'échange.

**Fiche d'identité**
Créé en 1973 sur les départements du Tarn (Midi-Pyrénées) et de l'Hérault (Languedoc-Roussillon).
70 communes
145 000 ha
70 000 hab.

## Histoire

Exhumées dans des grottes du Minervois ou sur les hauts plateaux de l'Agout, les premières traces d'occupation humaine remontent à 500 000 ans. De nombreux nomades vivant surtout du fruit de la chasse et de la cueillette marquent tour à tour leur passage. Peu à peu ils font place à des peuples plus sédentaires. La découverte de lieux de culte funéraire a permis de retrouver des rites également pratiqués dans le bassin méditerranéen avant l'ère chrétienne. Les Romains et les Wisigoths s'installent ensuite dans la région. Mais c'est surtout le Moyen Âge qui laisse les plus beaux témoignages architecturaux avec Sorèze et sa tour octogonale

**La châtaigne**
Jadis elle était la base de la nourriture des hommes et du bétail. Elle est consommée fraîche à l'automne, ou plus tardivement, une fois desséchée par la fumée du sécadou. Construit en pierre sèche au milieu du verger, ce petit édifice comporte deux étages : au sol, un feu sans flamme est entretenu pendant deux à trois semaines, au-dessous des châtaignes installées à mi-hauteur sur un plancher à claire-voie. Il n'est pas rare de voir d'épaisses volutes de fumée s'élever au-dessus des frondaisons roussies par l'automne.

Les gorges d'Héric

du XIIIe siècle, Saint-Pons-de-Thomières et ses portes fortifiées (ci-contre), Olargues et son pont du Diable. Les plaies profondes de la croisade contre les albigeois se cicatrisent doucement pour s'ouvrir à nouveau avec les guerres de Religion. C'est la dure époque des assemblées protestantes au désert et de la mise à sac du monastère de Saint-Pons-de-Thomières par les huguenots. L'embellissement des bourgs et des villages pendant la Renaissance n'est qu'un répit avant la Révolution. De nombreux prêtres réfractaires à la jeune République trouvent refuge dans les forêts profondes, tout comme les résistants près de deux siècles plus tard.

**Saint-Pons-de-Thomières**
C'est le siège administratif du parc du Haut-Languedoc. Sa cathédrale construite au XIIe siècle puis remaniée aux XVe, XVIe et XVIIIe siècles abrite des orgues du XVIIIe siècle réputées parmi les plus belles de France. Dans son sous-sol, un vaste réseau de grottes et de gouffres lui a valu le surnom de «Venise des ténèbres».

## Les monts de l'Espinouse

Si Roquebrun, «le petit Nice de l'Hérault», favorisé par un microclimat, est le pays de la vigne, de l'olivier, du mimosa et de l'oranger, vers le nord le paysage change brusquement. Profondément entaillée par les gorges d'Héric, l'imposante masse abrupte du Caroux et de l'Espinouse s'élève jusqu'à plus de 1 100 m d'altitude. C'est la montagne dans toute sa splendeur, le domaine des randonneurs et des grimpeurs, du mouflon et de l'aigle royal. En bas, dans les vallées, les cerisiers en fleur offrent une vision printanière, les derniers ceps de vigne s'accrochent au relief pentu que l'homme a domestiqué en retenant la terre par des murets. Plus haut, les terrasses gagnées sur une nature ingrate sont occupées par le châtaignier. Sur le plateau, les forêts de hêtres et de résineux se partagent l'espace avec la lande à bruyères. Quelques hameaux aux toits de lauzes sont les témoins d'une activité agricole en nette régression.
**Courniou-les-Grottes.** À proximité des grottes de la Devèze, un musée rappelle l'épopée des pionniers de l'exploration des cavernes. Des vitrines présentent divers équipements et effets personnels ayant appartenu à Édouard-Alfred Martel (1859-1958), le père de la spéléologie moderne ; à Norbert Casteret (1897-1987), le premier à avoir fait part de l'avancée extraordinaire des découvertes ; ou à Guy de Lavaur (1903-1986), le précurseur de l'exploration en scaphandre autonome dans les rivières souterraines.

**Savoir-faire traditionnel**
Près de Fraisse-sur-Agout, la ferme de Prat-Alaric est un chef-d'œuvre d'architecture rurale traditionnelle. Sa grange – *pailhé* en occitan – est entièrement couverte de genêt.

## Le haut pays des lacs

Dans ce havre de verdure, l'eau a de tout temps conditionné l'implantation des hommes. Au milieu du siècle, plusieurs plans d'eau artificiels ont été créés pour les besoins d'EDF. Ils offrent une multitude de possibilités aux amateurs de baignade, de sports nautiques ou de pêche à la ligne.
**Le lac de Vézoles.** Il est alimenté par le ruisseau du Bureau. Les 60 ha qui l'entourent rappellent la nature sauvage des paysages nordiques. En aval, les chutes du saut de Vézoles forment un site d'une rare beauté à découvrir depuis le sentier des Mille-Marches, tracé jadis par les gardes forestiers.

**LE LAC DE LA RAVIÈGE.** Il s'étire sur plus de 13 km. La route touristique qui le ceinture offre de magnifiques panoramas comme les îles Rebondines, reliefs boisés qui ont émergé spontanément après la mise en eau. Non loin du lac, La Salvetat-sur-Agout, ancienne sauveté, avait au Moyen Âge la réputation d'être un refuge sûr pour le pèlerin cheminant vers Saint-Jacques-de-Compostelle.

**LES MONTS DE LACAUNE.** Au nord, au cœur de paysages verdoyants, l'ardoise remplace la lauze pour la couverture des toitures. Le lac du Laouzas (ci-dessous) possède la particularité de déverser ses eaux motrices dans le bassin méditerranéen, alors qu'il se trouve sur le versant atlantique.

## LE SIDOBRE

C'est l'eau qui a formé le plateau du Sidobre en érodant tout doucement la roche granitique remontée à la surface de la terre à la fin de l'ère primaire. Surplombant la plaine de Castres, il est peuplé de sujets en pierre. Un des plus connus d'entre eux est la Peyro Clabado – en occitan : pierre clouée ou fermée (ci-contre). Comme le rocher tremblant de Sept-Faux, qui peut osciller sous la pression d'un simple bâton, cette énorme masse de 780 t semble défier toutes les lois de l'équilibre. Par le bien nommé sentier des Merveilles, on accède au légendaire roc de l'Oie. Plus loin, les Trois-Fromages voisinent avec le Billard, les Rochers Décalés, l'Éléphant et même le Phallus ! Près de Lafontasse, la rivière coule en grondant sous l'énorme amoncellement des blocs du chaos de la Rouquette.

**L'INDUSTRIE DU GRANIT.** Le Sidobre jouit d'une réputation internationale dans la production de granit. Pendant longtemps uniquement tournée vers le monument funéraire, cette activité a aujourd'hui trouvé un nouveau débouché avec l'architecture urbaine. À Paris, la décoration de l'Arche

**CHARCUTERIE DES MONTS DE LACAUNE**
Le climat sec et un savoir-faire ancestral transmis de père en fils en font le pays d'une excellente charcuterie de campagne. On dit que dans ces zones montagneuses, «jambons, saucissons et saucisses séchés à l'air libre prennent tranquillement le temps de mûrir»...

de la Défense et le pavage des Champs-Élysées sont réalisés dans ce matériau.

**Le pavillon de Burlats.** Situé en bordure de l'Agout, c'est un chef-d'œuvre d'architecture civile du XII^e^ siècle. Il a longtemps abrité les cours d'amour de la belle Adélaïde, fille de Raymond V (1148-1194), comte de Toulouse, et de Constance, sœur du roi Louis VII. La dame «aux yeux de violettes» y accueillait des troubadours.

**Le château de Ferrières.** Construit aux XI^e^ et XIII^e^ siècles, il a été rebâti par des artistes italiens appelés par le chef calviniste Guillaume de Guilhot. Il fut un temps prison d'État, véritable bastille du Haut-Languedoc.

## La Montagne Noire

Elle porte bien son nom : orientée d'est en ouest, elle dessine toujours une masse foncée, quelle que soit l'orientation du soleil. Son versant nord, abrupt, est couvert de sombres forêts de chênes, de sapins et d'épicéas. Les vents d'est, chargés d'humidité méditerranéenne, se transforment ici en vent d'autan, un vent violent, chaud et sec. Dans les vallées comme à Durfort, l'eau fournit la force motrice nécessaire au développement de l'artisanat du cuivre. Enfin, pour les amateurs d'ornithologie, cette région est à l'automne un lieu privilégié pour observer la migration des rapaces, des passereaux, ou des pigeons.

**Mazamet, capitale du délainage.** Au XVI^e^ siècle, grâce à la pureté des eaux, Mazamet est un important centre lainier. En 1851 la maison Houlès père et fils importe des balles de peaux de moutons de Buenos Aires ; naît alors l'industrie du délainage qui consiste à séparer la laine de la peau (ci-dessous). La laine lavée est vendue à l'industrie textile, tandis que les peaux sont récupérées par des mégisseries. Très organisée, cette industrie a fait la renommée internationale de la ville. Elle est aujourd'hui confrontée à la crise.

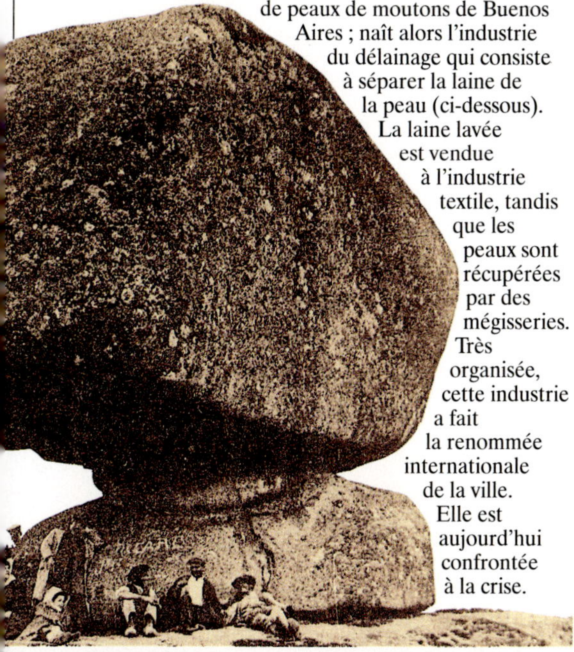

**La Montagne Noire, château d'eau du canal du Midi**
Installé à Revel dans la Montagne Noire, Pierre-Paul Riquet (1604-1680), un riche collecteur de gabelle, a l'idée de capter les eaux de ce massif pour alimenter une rivière artificielle au point de partage des eaux. L'ouvrage permettra la liaison entre l'Atlantique – *via* la Garonne – et la Méditerranée, en évitant ainsi le détroit de Gibraltar. Construit en 15 ans, de 1666 à 1681, ce chef-d'œuvre du génie civil serpente sur 254 km en suivant les courbes de niveau, traverse les cours d'eau sur des ponts-canaux imposants et franchit même une colline en souterrain. Du jamais vu au temps du Roi-Soleil !

Délainage à Mazamet

# Les mégalithes du Haut-Languedoc

Il est relativement fréquent de voir apparaître de nouvelles statues-menhirs. Considérées comme l'objet d'un culte païen au début de l'ère chrétienne, elles ont été jetées au sol et ensevelies avec le temps.

Fuyant les régions alpines aux dures conditions climatiques, un peuple s'est installé en Haut-Languedoc entre 3600 et 2300 av. J.-C. Des poteries et une quantité exceptionnelle d'outils en os et en bois de cerf mettent en évidence cette présence humaine désignée sous le nom de civilisation saintponienne. Pourtant un énigmatique «objet» en bois de cerf, exhumé sur ces gisements, soulève d'innombrables interrogations. Seule certitude, on le retrouve gravé sur la majorité des statues-menhirs érigées par les Saintponiens dans les forêts des monts de Lacaune, de l'Espinouse et du Somail.
Par sa concentration, cette statuaire mégalithique passe pour être la plus remarquable d'Europe.

## Qui ?

Les statues sont toujours sexuées ; l'«objet» caractérisant les masculines, des colliers et des seins différenciant les féminines. À travers le temps, certaines ont changé de sexe en se voyant ajouter ou retirer un des attributs. Domination d'un des deux individus sur le reste du groupe ? Patriarcat, matriarcat ? Qui représentent-elles ? Un dieu, un héros, un chef de clan ? Une ceinture et sa boucle, un baudrier, et le fameux «objet» porté en pendeloque-poignard laissent penser qu'il s'agirait d'un guerrier.

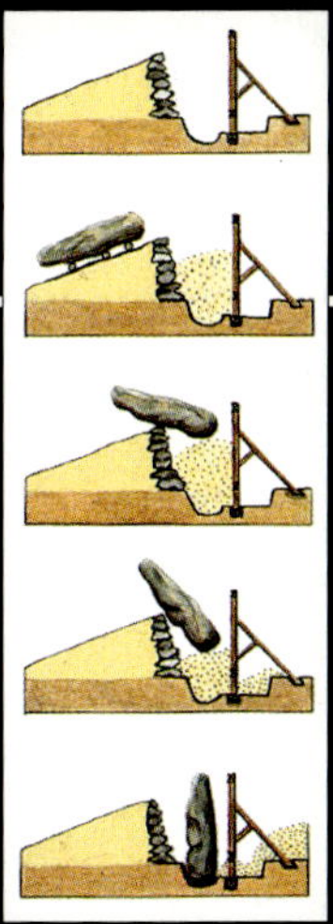

**MODE DE VIE**
Ces hommes du néolithique s'adonnent à l'élevage, tout en continuant à chasser. Leur nourriture est à base de viande (65 % d'animaux domestiques et 35 % d'animaux sauvages). Le territoire étant peu fertile et le climat défavorable, l'agriculture n'occupe qu'une faible part de leur activité. Divers outils laissent penser que la pratique d'un artisanat lié à la laine est chose courante.

**LA TECHNIQUE**
Contemporains des fameuses pyramides d'Égypte, ces anthropomorphes d'une hauteur variant entre 1,30 m et plus de 4 m sont souvent taillés dans du gneiss extrait sur place. Le grès, acheminé sur près de 20 km, n'est utilisé que rarement. Le façonnage est réalisé au moyen d'un galet de quartz ou de granit. Un polissage à l'eau et au sable achève l'ouvrage.

**«DIVINITÉS MUETTES»**
Le dessin des bras, des jambes, et parfois même des vêtements est visible. Quand le visage est apparent, seuls les yeux et le nez sont figurés, jamais la bouche, d'où leur surnom.

**LA DÉCOUVERTE**
C'est en 1955 que la grotte de Resplandy, située près de Saint-Pons-de-Thomières ▲ *135*, sur le flanc sud de la colline du Lauzet, livre aux archéologues les premiers vestiges de cette civilisation. Conduit par Gabriel Rodriguez, ce premier chantier de fouilles sera suivi de bien d'autres, notamment à Camprafaud, une cavité dominant les profondes gorges du Poussarou.

**MUSÉES**
À Saint-Pons-de-Thomières, un musée de préhistoire présente les différentes civilisations du néolithique. La ferme de Rieu-Montagné dans les monts de Lacaune expose la riche statuaire mégalithique de la région dans son musée d'Arts et Traditions populaires.

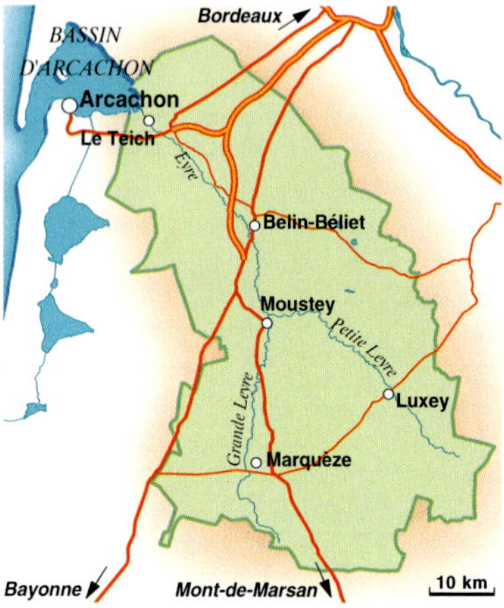


Une «terre de grandiose et ensorcelante poésie [...] qui reste [...] toujours mystérieusement souriante dans la douce splendeur de son horizon sans bornes» : voilà comment Félix Arnaudin (1844-1921), historien, folkloriste, ethnologue, écrivain, photographe qui a consacré cinquante années de sa vie à collecter tous les éléments de la civilisation agro-pastorale landaise, voit, au XIXe siècle, cet étrange pays. Celui-ci s'étend en un vaste triangle ayant pour pointe le bassin d'Arcachon au nord, le pays de Born à l'ouest, celui de Brassenx au sud, les Petites Landes à l'est. Entaillé par les luxuriantes vallées des deux Leyre qui forment l'Eyre dans la partie girondine, ce plateau sableux, pauvre et acide, est inondé de l'automne au printemps, sec et chaud en été. Un paysage de lande (bruyère, genêt, ajonc, molinie, fougère, chênes pédonculés) s'y développe, favorisant depuis des siècles l'élevage du mouton. Un peuple de pasteurs et de paysans y cultive le seigle et le millet. C'est sous le Second Empire que la Grande-Lande va subir sa mutation avec le lancement d'un programme de boisement systématique des landes communales. En quelques années, des dizaines de milliers d'hectares vont être ensemencés en pins. L'économie agro-pastorale se transforme, le résinier remplace progressivement le berger ▲ *144*. Durant plus d'un siècle, la mise en place du plus vaste massif forestier d'Europe va devenir la grande affaire des Landais. Il faut attendre les années 1960 pour voir apparaître de nouvelles cultures. Bientôt sont aménagés

**FICHE D'IDENTITÉ**
Créé en 1970
sur les départements
de la Gironde
et des Landes
(Aquitaine).
34 communes
260 000 ha
41 000 hab.

**La chasse à la palombe**

C'est, dans les Landes, un rite social et culturel pratiqué d'octobre à novembre. Les chasseurs, cachés dans les palombières, aménagées au cœur de la forêt, doivent réussir, par toute une série de ruses, à faire descendre les vols de palombes sur un «sol», où un dispositif permet de rabattre de larges filets.

les immenses plages atlantiques et les grands lacs landais. Avec la création en 1970 du Parc naturel régional des Landes de Gascogne, on entreprend un projet de préservation et de mise en valeur d'un patrimoine naturel et culturel singulier.

## Les vallées des deux Leyres

L'Eyre, formée à hauteur de Moustey de deux rivières, la Petite Leyre et la Grande Leyre, constitue l'artère du parc. Elle innerve tout le massif forestier et structure la vie locale, en traversant la Grande-Lande avant de se jeter dans le bassin d'Arcachon. Occupées dès les temps préhistoriques, ces vallées sont un lieu d'implantation hospitalier. Au Moyen Âge, les églises et les chapelles des bourgs sont édifiées le long des berges et leurs porches sont autant de haltes pour les pèlerins de Saint-Jacques-de-Compostelle. Au XIX$^e$ siècle et jusqu'aux années 1930, avec la plantation des pins, la rivière devient chemin d'eau pour le flottage du bois. Plus tard, en raison du développement des moyens de communication et de la baisse des exportations de bois, les rives sont peu à peu désertées. Aulnes, frênes, chênes tauzins, osmondes royales forment une galerie forestière dense au-dessus d'une eau transparente, dorée par la présence de l'alios, cette pierre ferrugineuse des Landes. C'est le règne de la vie sauvage, du martin-pêcheur, de la bergeronnette et de la cistude ; la martre, le vison, ou même la loutre parcourent les rives. En automne, des vols de canards et de pigeons ramiers (palombes) traversent le ciel. L'été, le canoë-kayak permet de découvrir ce milieu unique et protégé.

## La Grande-Lande

Dans la Grande-Lande, l'habitat traditionnel s'égrène en «quartiers» répartis sur les vastes territoires des communes. Au centre de ces quartiers (ou écarts), les maisons d'habitation et d'exploitation se regroupent sur de vastes pelouses plantées de chênes ou de châtaigniers : c'est l'*airial*, domaine du berger et du laboureur. Tout près se trouve le champ, affecté aux cultures du seigle, du millet, du sarrasin, que l'on apporte, après la récolte, chez le meunier.

**Les échasses**

«Des êtres fantastiques, à figure humaine, à dos et à ventre de brebis et à jambes de bois...» Voilà comment les voyageurs du XIX$^e$ siècle voyaient les Landais. Durant la période agro-pastorale, la lande était parcourue de troupeaux menés par leurs bergers vêtus de pelisses de mouton. Sur les sols marécageux, ils chaussaient les fameuses échasses qui leur donnaient un étrange aspect. Celles-ci permettaient en outre de voir au loin et de repérer l'arrivée d'un loup.

# Parc naturel régional des Landes de Gascogne

**Les fontaines guérisseuses**
La plupart des communes de la Grande-Lande possèdent près des villages, à côté des églises ou au cœur de la forêt, leur source, patronnée par un saint guérisseur. Elles attirent chaque année des fidèles qui viennent là en pèlerinage. Saint-Eutrope à Trensacq, Saint-Clair à Belin-Béliet, Saint-Yves à Moustey, Sainte-Rufine à Biganon et tant d'autres sont l'occasion de manifestations où se mélangent anciennes croyances et traditions chrétiennes.

Au-delà, la lande, déserte et plane, réservée au pacage des troupeaux, est ponctuée de parcs à moutons. Structurant toute l'organisation sociale, l'*airial* est ainsi la base, dans toute la Grande-Lande, d'un mode de vie ingénieux, parfaitement adapté à l'écosystème, et qui va se perpétuer jusqu'à la plantation systématique des pins. Avec celle-ci, le quartier se vide progressivement, déserté par ses propriétaires enrichis, partis s'installer dans les maisons de pierre des bourgs. La crise de la gemme achèvera ensuite l'exode des métayers-résiniers. Aujourd'hui, au détour des chemins blancs, l'*airial* est toujours là, clairière dans le *pignada*.

**L'écomusée de la Grande-Lande.** C'est cette société pastorale que le Parc naturel régional des Landes cherche à présenter à la fin des années 1960 avec la création de l'écomusée et la conservation, en pleine forêt, d'un *airial* landais du siècle dernier. L'airial de Marquèze (ci-dessus) montre les bâtiments et l'organisation de la vie dans la Grande-Lande du XIXe siècle. Les constructions à structures de bois, maison de maître, maison du métayer, y sont réparties harmonieusement et sont toutes orientées à l'est, pour se prémunir de la pluie et des vents venus de l'océan. La façade de la maison principale s'ouvre sur un auvent, l'*eustantade*, ombragé durant les après-midi torrides de l'été, lieu des rencontres et des travaux, signe avant tout qu'en cette demeure habite *lou meste*. Plus loin sur l'*airial* se trouve la maison des métayers. Alentour sont disséminées les dépendances : bergerie, grange, loge à cochons, *batiaous* (cabanes où s'entassent divers objets), four à pain, puits, poulailler perché. Puis ce sont les bâtiments d'exploitation : parc à moutons, moulin, maison du meunier, bordes, etc.

Des jardins potagers permettent de cultiver toute l'année les légumes nécessaires. Les ruches procurent de la cire et du miel ; on fait du vin avec quelques pieds de vigne.

## Le delta de l'Eyre

Au terme de son voyage forestier, l'Eyre débouche en un delta dans le bassin d'Arcachon, traçant son chemin entre vasières, roselières et prés salés. Au néolithique, des tribus vivent de la pêche, de la chasse et de la cueillette. Sous la domination romaine, des Gaulois, les Boïens, s'organisent en cités, le *pagus boiorum*, qui donne son nom à cette contrée, le pays de Buch. Durant la période féodale sont édifiés des châteaux sur des mottes de terre. Au XVIIIe siècle, on conquiert des terrains sur l'eau, le marquis de Civrac fait édifier des kilomètres de digues. Des prés salés sont transformés en marais salants puis en réservoirs à poissons. Le domaine de Certes, puis celui de l'Escalopier, l'île de Malprat, entre les bras du delta, deviennent ainsi de véritables fermes marines, qui seront exploitées jusqu'après la Seconde Guerre mondiale.

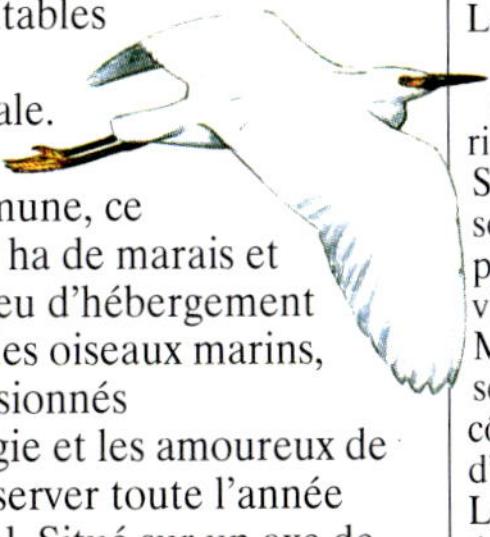

**Le parc ornithologique du Teich.** Créé par le parc et la commune, ce paradis de plus de 120 ha de marais et de prés salés est un lieu d'hébergement privilégié pour les oiseaux marins, que les passionnés d'ornithologie et les amoureux de la nature peuvent observer toute l'année dans leur milieu naturel. Situé sur un axe de migrations important, le parc se trouve au cœur d'une des principales zones humides de France.

Chaque année, en plus des espèces sédentaires – hérons, aigrettes garzettes (en haut, à droite)… –, des dizaines de milliers d'oiseaux, représentant plus de trois cents espèces, originaires de toute l'Europe et descendant vers leurs lieux d'hivernage, séjournent ici lors des migrations : canards de toutes sortes, spatules (ci-contre), oies cendrées, bernaches, chevaliers gambettes (ci-dessus), courlis, pluviers et autres limicoles. La Maison de la nature du bassin d'Arcachon, équipement du parc, offre les moyens d'une véritable initiation à la découverte de cet univers.

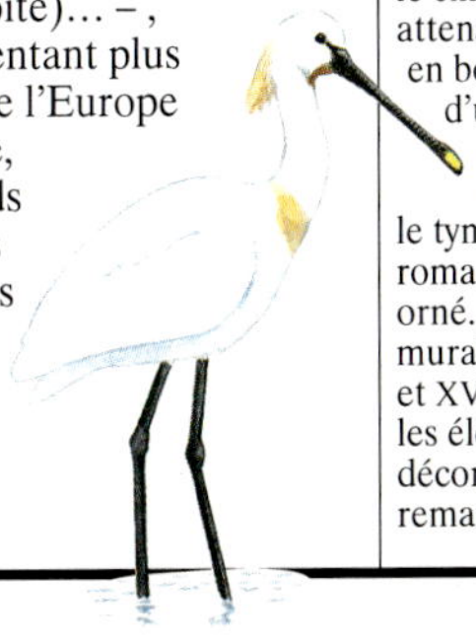

**Les chemins de Saint-Jacques-de-Compostelle**
À partir du Xe siècle, Compostelle attire des pèlerins venus de toute l'Europe (ci-contre). Parmi les trois routes qui traversent les Landes, ponctuées de haltes et d'auberges, la plus difficile est celle de la Grande-Lande, par Belin et Labouheyre. Elle passe par les petites églises de Mons, Vieux-Lugo, Moustey et Richet.

**Les églises des Landes**
Les petites églises et les chapelles sont une des richesses du parc. Sabres, Sore, Richet sont autant de haltes pour les amateurs de vieilles pierres. À Moustey, deux églises se dressent côte à côte (ci-dessus, l'une d'elles) ; à Vieux-Lugo, un bourg a émigré sur le plateau, laissant son église seule au milieu des bois ; à Argelouse, le cimetière est attenant, le porche en bois est surmonté d'un beau clocher-pignon, tandis qu'à Belhade, le tympan du portail roman est richement orné. Les peintures murales des XVe et XVIe siècles sont les éléments de décoration les plus remarquables.

# Le pin maritime dans les landes de Gascogne

Bien avant 1857, la lande rase est déjà ponctuée de bosquets de pins maritimes et l'on emploie, çà et là, des gemmeurs. Mais, à partir du XIXe siècle, des projets variés proposent une mise en valeur du «désert landais», imaginé comme un nouvel Eldorado, et prétendent arracher ce pays à la réputation désastreuse que répandent les récits, le plus souvent hautement fantaisistes, des voyageurs. Napoléon III

précipite les événements : en 1857, l'empereur fait escale à Labouheyre et promulgue la loi sur l'assainissement et la plantation en pins des landes de Gascogne. De ce «désert» d'un million d'hectares, on entreprend alors de faire une terre prospère et riche, celle de la plus grande forêt d'Europe.

**Près d'un siècle d'expansion**

En 1863, l'empereur achète lui-même des terres dont il veut faire une exploitation modèle : laboratoire agricole pour le pin maritime et communauté sociale. C'est la création de la commune de Solférino. L'entreprise de colonisation s'accélère, les horizons se modifient, on draine, on trace des routes, on vend les terrains communaux, on crée un réseau de chemins de fer (la ligne Sabres-Labouheyre ouvre en 1890) ; les bergers disparaissent, non sans résistance, remplacés par les gemmeurs qui parcourent la forêt. Après avoir fait la fortune des Landais durant plus d'un demi-siècle, l'«arbre d'or» est confronté à plusieurs crises : les grands incendies des années 1940 et l'effondrement du cours de la gemme après la Seconde Guerre mondiale modifient les méthodes de travail et entraînent une diversification des cultures.

**Mauriac et la forêt**

«Je ne peux pas abandonner cette terre, ces arbres, ce ruisseau, ce ciel entre les cimes des pins, ces géants.» Une grande partie de l'œuvre romanesque de François Mauriac (1885-1970) conserve le souvenir ardent des vacances d'enfance passées au chalet de Saint-Symphorien, au cœur du massif landais. Le bourdonnement de la forêt l'été, la plainte des pins, les quartiers éloignés dans la lande, l'odeur du sous-bois, tout cet univers transfiguré se retrouve dans les romans et les essais, *Thérèse Desqueyroux* bien sûr, mais aussi *Génitrix*, *Le Sagouin* ou *Spiritualité des Landes*. Rarement œuvre s'est autant nourrie du pays de l'enfance.

**Utilisation de la gemme**
Elle est chauffée dans une cucurbite (partie inférieure de la chaudière de l'alambic) : les vapeurs donnent l'essence de térébenthine ; le résidu de la distillation est une pâte ambrée : la colophane, avec laquelle les musiciens frottent les crins de leur archet.

**La forêt et le bois**
Odorante et lumineuse, la forêt recouvre 90% du territoire du parc, et est essentiellement privée. Cette forêt cultivée constitue aujourd'hui la première ressource économique des landes de Gascogne, par une production de bois d'œuvre et de bois destiné aux papeteries, apparues dans les années 1920.

**Le gemmage de l'arbre d'or**
C'est l'activité principale dans la forêt landaise à partir de 1850. Pour récolter la gemme (résine), le gemmeur, ou résinier, incise le tronc des pins à l'aide d'outils comme le haptchot (hachette) ; il fixe des pots de terre contre le tronc, recueillant ainsi la résine qui s'égoutte lentement. Mise en barriques, elle est ensuite transportée dans des ateliers de produits résineux. Aujourd'hui, le gemmage a disparu, sans doute provisoirement.

**L'atelier de Luxey**
Élément de l'écomusée de la Grande-Lande, il a été actif durant près d'un siècle, de 1859 à 1954 ; il faisait alors travailler les 200 gemmeurs du village. On y pratiquait deux méthodes : la plus ancienne, la «distillation à cru», ou simple cuisson de la gemme, et la distillation à l'alambic.

# Parc naturel régional du Livradois-Forez

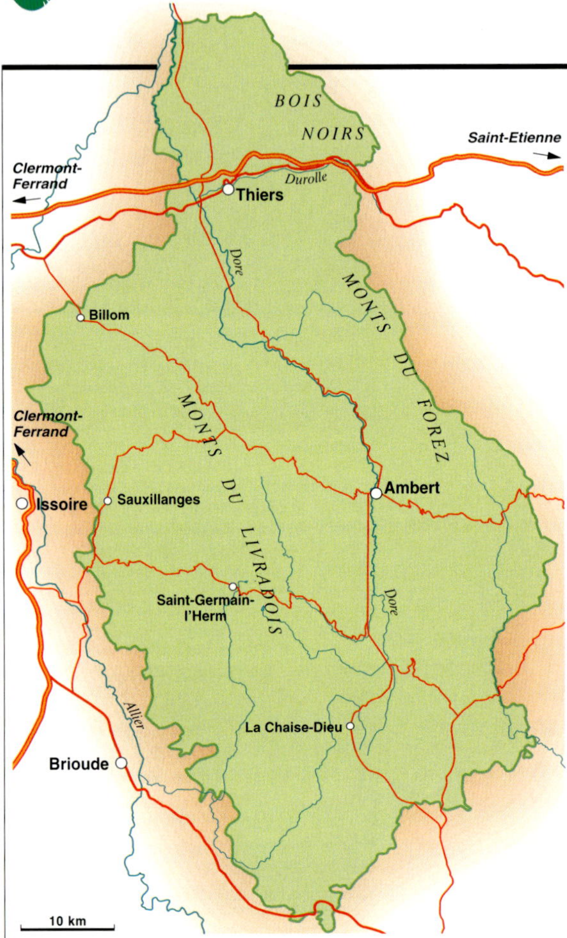


Deux montagnes et une vallée : serait-ce suffisant pour décrire le Livradois-Forez ? Les deux principaux massifs qui séparent les vallées de la Loire et de l'Allier ont donné ce nom – un peu difficile à prononcer – au Parc naturel régional. La barrière granitique du Forez étend sa masse imposante sur près de 100 km. L'Auvergne vient s'y adosser jusqu'aux plus hautes altitudes (1 634 m à Pierre-sur-Haute). Les monts du Livradois constituent la limite ouest du parc et offrent mille postes de vigie sur les Limagnes de Brioude, d'Issoire ou de Clermont-Ferrand. Entre Livradois et Forez, la Dore roule les eaux descendues des hauteurs de Saint-Germain-l'Herm. Ambert s'est installée au centre de la vallée, Thiers est postée sur le rocher en piédestal, tandis que La Chaise-Dieu a élu domicile sur les hauts plateaux boisés.

**Fiche d'identité**
Créé en 1986 sur les départements du Puy-de-Dôme et de la Haute-Loire (Auvergne).
177 communes
316 000 ha
110 500 hab.

## Histoire

Le dolmen de Boisseyre, au-dessus d'Ambert, témoigne de l'ancienneté de l'occupation humaine. Les vestiges gallo-romains sont nombreux sur la terre des Arvernes et les paysages actuels ont été façonnés par un Moyen Âge souvent tumultueux. Les routes ouvertes dans la haute Antiquité ont stimulé les échanges commerciaux et culturels vers le sud et la région lyonnaise toute proche. Vivant d'une agriculture relativement peu productive, les populations du Livradois-Forez se sont tournées très tôt vers d'autres activités. Ces paysans sont devenus colporteurs, scieurs de long, minotiers, papetiers ▲ *150*, tanneurs, bateliers, tisseurs, émouleurs, monteurs de couteaux

**La gélinotte des bois**
Ce petit gallinacé proche du coq de bruyère est la mascotte du parc. Très farouche et exigeant sur la qualité de son habitat, il fréquente les zones de lisières.

▲ *149*, créant peu à peu une civilisation des savoir-faire. Mais la révolution industrielle vient briser cet élan et la région connaît l'exode rural. Aujourd'hui ce pays aux maisons de granit et de terre blonde, aux forêts noires, frappe par le contraste qui existe entre ses villages abandonnés et sa capacité d'innovation.

## La Toscane auvergnate

À l'ouest, entre Billom et Vic-le-Comte, les monts du Livradois plongent vers les grandes plaines fertiles des Limagnes. Le paysage est ponctué de buttes de basalte, souvenirs d'anciens lacs de lave que ceinturent les terres noires colorées de maïs, colza et tournesol. Chacune est couronnée d'une vieille forteresse. Le climat est doux, aux tendances méditerranéennes, les peupliers se prennent pour des cyprès, les maisons sont hautes, groupées, couvertes de tuiles romanes, parfois décorées de grappes de raisin. L'Auvergnat montagnard considérait le vigneron comme un aristocrate.
**Billom.** Capitale intellectuelle de l'Auvergne au Moyen Âge, elle a conservé ses ruelles tortueuses pavées et ses maisons à pans de bois. Vers le 15 août, la ville fête l'ail, une production locale. Dans les environs, le château de Mauzun, ancienne forteresse des évêques de Clermont, et celui de Montmorin, un château fort qui abrite aujourd'hui un musée d'histoire locale, méritent une visite.

**Ingénieux plutôt qu'ingénieurs**
Les habitants, à l'image de leurs ancêtres qui adoptèrent les savoir-faire découverts dans d'autres contrées, continuent à intégrer les idées nouvelles. Le Livradois-Forez a su atteindre l'excellence dans des applications inattendues, modernes et compétitives, mais toujours héritières du savoir-faire traditionnel. Il est ainsi leader mondial de la tresse élastique, ou sandow, leader européen des activités de décolletage et aussi leader mondial de la fabrication du chapelet…

Ci-dessus, le château de Mauzun

## Sur les routes du Livradois

De Sauxillanges à Saint-Amant-Roche-Savine, entre 500 et 1 000 m d'altitude, la montagne est tout en rondeurs vertes. Seules les fermes dispersées en hameaux dévoilent la blondeur minérale du granit (ci-contre, un pigeonnier dans la région de Bansat). Les petites routes se faufilent dans les vallées, grimpent le long des croupes boisées. Le Livradois s'ouvre sur les panoramas lointains de la chaîne des Puys ou du Forez, se love dans un vallon humide et fleuri de jonquilles.
**Sauxillanges.** La Maison du patrimoine – chapelle du XVIe siècle remaniée – retrace l'histoire de ce prieuré de Cluny, l'une de ses «cinq filles». À quelques kilomètres, Usson, ancienne place forte, bruit du souvenir de celle qui, sœur de trois rois de France et épouse d'un quatrième, a pourtant passé ici près de vingt ans en exil (1586-1605) : Marguerite de Valois, surnommée la reine Margot.

**DEUX AUTEURS AMBERTOIS**
Né à Ambert (1887-1959), Henri Pourrat, ci-dessus, chantre de l'Auvergne, a écrit notamment *Gaspard des Montagnes* tandis qu'Alexandre Vialatte ● *58* a adopté la ville. Tous deux ont puisé une large part de leur inspiration dans la région.

## LE PLATEAU DE LA CHAISE-DIEU

Entre Saint-Germain-l'Herm et La Chaise-Dieu, la forêt, entretenue en futaie jardinée, se fait épaisse, l'air devient plus vif. Les sapins du bois de la Flotte, que Colbert avait ordonné d'inventorier, firent d'excellents mâts pour les navires de guerre. Les fûts descendaient des hauts plateaux, tirés par quelques paires de bœufs jusqu'aux ports fluviaux de l'Allier ou de la Dore où ils étaient mis à flotter vers l'Atlantique.
Au sud des forêts de La Chaise-Dieu, le paysage s'ouvre sur le Velay et les monts du Devès. Le mont Bar, près d'Allègre, est un sanctuaire naturel unique en Europe : une tourbière habite le fond de son cratère. Dans les eaux rapides des ruisseaux de montagne, des naturalistes ont retrouvé une population de moules perlières. Devenue très rare, sensible à l'acidité des pluies, cette espèce est un excellent indicateur de la qualité du milieu.
**L'ABBAYE DE LA CHAISE-DIEU.** Elle doit sa puissance austère et sa beauté gothique au pape Clément VI (1291-1352), qui entreprit sa reconstruction en 1344.
Il y repose, entouré de précieuses tapisseries

des Flandres (début XVIe siècle) qui racontent la Bible. Dans le collatéral gauche, on peut méditer devant la frise allégorique de la Danse macabre peinte au XVe siècle (26 m x 2 m). Fondé sous la houlette de Georges Cziffra, le Festival de musique classique de La Chaise-Dieu s'y déroule chaque année, entre fin août et début septembre.

"Connaît-on ces monts du Forez […] ? Et ce pays d'Ambert, où certaines fontaines passent pour rendre fou, pays d'ingéniosités et de phantasmes, n'est-il pas le plus délié de toute l'Auvergne ?"
Henri Pourrat,
*Ceux d'Auvergne*,
1939

## LA VALLÉE D'AMBERT

Ambert a plusieurs titres de gloire : le papier ▲ *150*, le chapelet de prière, une fourme persillée de bleu. De sa mairie plus ronde qu'une fourme, Jules Romains écrivait dans *Les Copains* qu'elle était «une sorte de grosse rotonde dont la rotonde du parc Monceau n'eût été que le poussin»…

## Les Hautes Chaumes des monts du Forez

Secouée par les puissances telluriques, la montagne a surhaussé l'ancienne pénéplaine hercynienne. Sur une dizaine de milliers d'hectares s'étendent les Hautes Chaumes aux allures de landes boréales. Sur ces hauteurs où rien n'arrête le vent, le climat est défavorable à l'arbre. Les crêtes les plus élevées appartiennent déjà à l'étage subalpin. Il y a environ 12 000 ans, les glaciers se sont retirés, laissant deux belles vallées en auge – les vallées du Fossat et des Reblats, aujourd'hui sites classés – et une multitude de cuvettes où se sont installées les tourbières, véritables sanctuaires pour espèces rares. Les Hautes Chaumes des monts du Forez sont accessibles au randonneur, été comme hiver. Dès que l'enneigement est suffisant, 200 km de pistes nordiques sont entretenues.

En haut et ci-dessous, jasseries des monts du Forez, souvent couvertes par un toit en paille de seigle

**L'activité pastorale.** Elle existe depuis l'époque romaine. Au XIIIe siècle, elle est déjà fortement développée et connaît son apogée au XIXe siècle. Les troupeaux de vaches montent à l'estive, où ils sont gardés par les femmes et les enfants. On habite dans la ferme d'en haut, le jas ou la jasserie. Pendant cette période, les femmes fabriquent la fourme, clé de voûte du système pastoral. L'affinage dure plusieurs mois dans la cave humide du jas.

## Le pays de Thiers

La route entre Ambert et Thiers est l'artère économique du Livradois-Forez. Cité médiévale industrieuse, Thiers est aujourd'hui la capitale de la coutellerie française. Accrochée à son escarpement, la ville contrôle le débouché des gorges de la Durolle, les ateliers et usines occupent encore les falaises de granite du Bout du Monde au Creux de l'Enfer.

**Le musée de la Coutellerie.** Il présente la formidable organisation des métiers de la coutellerie, l'histoire sociale du pays, ainsi qu'une remarquable collection de couteaux pour tous usages et de toutes origines. Centre de fabrication et de création de couteaux haut de gamme, la Maison des couteliers a su renouveler le savoir-faire et l'excellence de la coutellerie thiernoise.

**La confrérie du Couté de Tié.** Elle a créé le thiers, un couteau fermant au design sobre, destiné à valoriser la fabrication thiernoise selon un cahier des charges très précis. Si le pays de Thiers fabrique en quasi-exclusivité toutes les formes de couteaux régionaux (dont le laguiole), aucun ne s'identifiait auparavant à son lieu de fabrication.

**La coutellerie**
La Durolle alimentait en chutes les rouets, ces moulins pour lesquels les émouleurs louaient une place de travail. Couchés à plat ventre sur une planche pour faire porter le poids du corps sur la meule tournante, ils amenaient le métal forgé à la forme définitive de la lame. Exerçant un métier respecté entre tous, les émouleurs s'organisèrent très tôt pour mener les combats syndicaux. Les Thiernois leur vouent un souvenir chaleureux et fier.

# La tradition papetière en Livradois-Forez

C'est vers le milieu du XV^e siècle que les premiers papetiers auvergnats choisissent d'installer leurs fabriques dans les vallons ventés d'Ambert-en-Livradois pour bénéficier de l'eau des ruisseaux issus des monts du Forez. Culminant à 1 600 m, ils alimentent hiver comme été tout un réseau de «rus» et de «rifs» tombant en cascatelle vers la plaine.

**Les papetiers du Livradois**

Ils s'y établissent sous le signe du cœur dont ils filigranent leurs ouvrages et gravent les linteaux de leur moulins.

Ils fournissent par-delà les montagnes les premiers imprimeurs lyonnais et toulousains.

Puis, toujours plus nombreux aux XVI^e et XVII^e siècles, ils inondent les marchés parisien et étrangers de leurs papiers d'écriture, supports impérissables des pensées du Roi-Soleil, de Bossuet, de Massillon et des écrits encyclopédiques de la fin du XVIII^e siècle. Mal préparée aux progrès sociaux issus de la Révolution et récalcitrante aux changements techniques du début du XIX^e siècle, la papeterie ambertoise décline dès avant 1850. Seuls demeurent actifs jusqu'au lendemain de la Seconde Guerre mondiale une demi-douzaine de fabricants de papiers de second choix. Ci-contre, le passionnant musée du papier Richard-de-Bas.

**Le moulin à papier**

Hormis ses hautes murailles de granit gris et sa toiture de tuiles canal, il ne ressemble à aucun autre. Au rez-de-chaussée se trouve l'espace masculin par excellence : le moulin proprement dit, la salle de cuve où trônent la grande presse de merisier et le dérompoir où le chiffon est haché menu. Au premier étage s'alignent appartements du maître et pièces de travail féminin : le délissoir où l'on trie les balles de chiffons et le lissoir où l'on emballe les rames de papier fini. Enfin, tout en haut, les étendoirs sont traversés de courants d'air pour faire sécher le papier.

Cultivant les légendes et aimant le secret, les papetiers travaillaient moitié la nuit, moitié le jour, de minuit à midi.

### Une ronde de gestes séculaires

Les délisseuses dépoussièrent et trient les chiffons en enlevant au couteau agrafes, ourlets, boutons, etc. (1). L'ouvreur fait l'«ouvrage» en puisant dans la cuve, à l'aide d'une forme métallique, la quantité de pâte nécessaire pour faire une feuille marquée du filigrane du fabricant (2). Le coucheur égoutte la pâte et la dépose sur une pile où s'intercalent feuilles et feutres (3). Cette pile garnie de cent feuilles prend le nom de «porse». Les presseurs expulsent, sous une pression d'environ 40 t, 60 % de la quantité d'eau encore prisonnière de la porse (4). Les leveurs séparent feuilles et feutres pour constituer une porse blanche destinée au séchoir (en haut). Les lisseuses vérifient les feuilles sèches et les laminent, avant de les empaqueter.

30

### L'eau dans tous ses états

Grâce à un judicieux système de vannes et de biefs, l'eau venue des monts du Forez est détournée jusqu'au moulin où elle est précipitée sur la roue à aubes. Elle fait ainsi fonctionner les lourds marteaux ferrés (16 tours par min) qui transforment au fil des jours la chiffe de chanvre, de lin et de coton en une blanche et fine pâte douce au toucher.

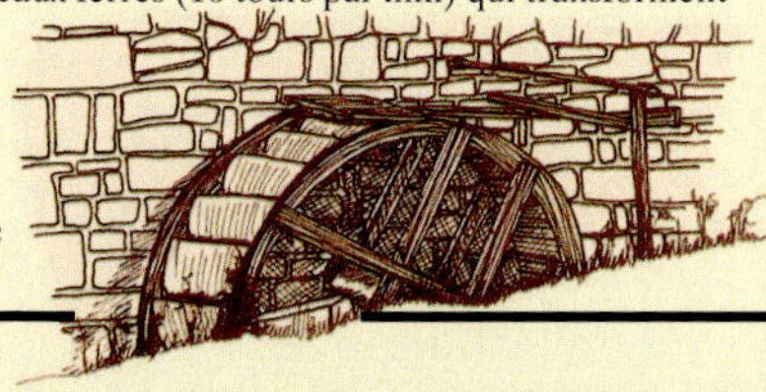

# Parc naturel régional de Lorraine

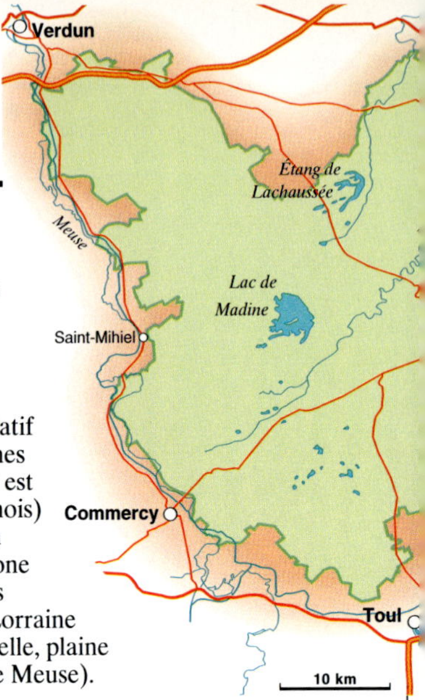


**Fiche d'identité**
Créé en 1974
sur les départements de la Meuse, de Meurthe-et-Moselle et de la Moselle (Lorraine).
186 communes
205 000 ha
60 000 hab.

La Lorraine, balayée par des vents d'ouest doux et humides, est un pays toujours vert, au relief légèrement accidenté. Avec ses deux secteurs distincts, le parc est parfaitement représentatif de cette région de plaines et de plateaux : la zone est (pays des Étangs, Saulnois) s'inscrit dans le plateau lorrain, tandis que la zone ouest offre les paysages caractéristiques de la Lorraine des côtes (côte de Moselle, plaine de la Woëvre et côte de Meuse).

## Relief

Sur la cuvette qu'était la Lorraine au secondaire se sont déposées des roches sédimentaires (argiles, marnes et calcaires essentiellement), en une succession de couches, alternativement dures et tendres, sur une épaisseur de près de 1 000 m. Au quaternaire, les changements climatiques (glaciations), associés aux mouvements tectoniques, contribuèrent à dégager des reliefs dissymétriques, les cuestas, formés d'un revers (plateau calcaire), d'un front de côte (talus) et d'une dépression (vallée ou plaine argilo-marneuse). Les côtes (côte de l'infralias en zone est, côte de Moselle et côte de Meuse en zone ouest), visibles parfois à plus de 10 km, rythment fortement le paysage lorrain.

## Le pays des Étangs

Ce pays de collines aux pentes douces est constellé de plusieurs dizaines d'étangs, généralement créés au Moyen Âge par le clergé ou la noblesse à des fins piscicoles. Alentour, les ruisseaux, nombreux, s'écoulent au milieu des prairies humides. Les cultures de céréales bénéficient des limons riches et bien drainés. Dans les grandes forêts, comme celles

**L'étang de Lindre**
C'est le plus grand étang piscicole de France (630 ha). Jusqu'en 1976, la pêche s'y pratiquait tous les trois ans (le fond de l'étang était alors cultivé). Elle est aujourd'hui annuelle et son ouverture fait l'objet d'une fête.

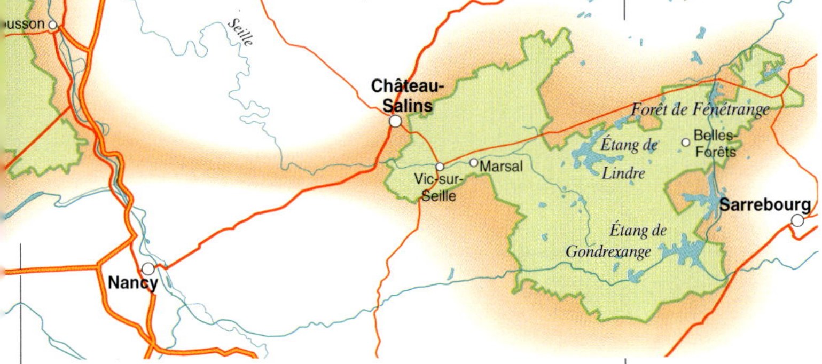


**La carpe (1)**
Poisson le plus courant et le plus symbolique du pays des Étangs, il se partage le territoire avec le brochet (2) et le sandre (3).

de Fénétrange ou de Réchicourt, s'associent chêne sessile, chêne pédonculé, charme et, sur les sols calcaires et plus secs, le hêtre. Des clairières importantes éclairent le massif (Belles-Forêts, Guermange). La maison à colombages constitua l'habitat traditionnel du pays des Étangs jusqu'au XVIIIe siècle. Plusieurs ont été restaurées dans le village de Belles-Forêts ; l'une d'elles accueille, l'été, des expositions.

**L'étang de Lindre.** Oiseaux hivernants (canards), migrateurs (oies et grues) et rapaces fréquentent nombreux les étang, les roselières, les prairies, les cultures et les forêts des environs. Un sentier pédagogique et un observatoire ornithologique ont d'ailleurs été aménagés sur ce site reconnu sur le plan international. Des installations romaines ont été repérées sur la presqu'île de Tarquimpol, face à la forêt du Romersberg (montagne des Romains) : bâtiments publics, temple, amphithéâtre de plus de 100 m de diamètre. L'ancien presbytère accueille la Maison du pays des Étangs, qui propose une approche ludique des richesses naturelles, historiques et archéologiques de la région.

## Le Saulnois

Dans cette région, des bancs de sel à faible profondeur sont exploités depuis l'Antiquité.

**Le ruisseau de la Flotte.** Cet affluent de la rive gauche de la Petite Seille circule dans une vallée large. Le fond plat de cette vallée est occupé par les mares et prés salés ▲ *156*, ainsi que par des prairies humides encore naturelles et d'un grand intérêt biologique. Les versants, formés dans les marnes irisées supérieures, composent des pentes douces. Jadis recouverts par les pâtures, ils sont aujourd'hui souvent mis en culture.

**La plaine de la Seille.** Située sur la dépression creusée au pied de la côte de l'infralias, elle s'étend à perte de vue jusqu'à se confondre avec le pays des Étangs.
La haute vallée de la Seille, parsemée également de nombreuses mares salées, est propice à la nidification d'oiseaux rares, comme le courlis cendré.

**Les hauteurs boisées de Bride et Kœking.** Ce plateau, dominant d'une centaine de mètres les fonds de vallée, s'étire sur une vingtaine de kilomètres entre Vic-sur-Seille

**Marsal**
Le village, installé au milieu des marais salés du Saulnois, fut dès l'Antiquité un centre d'exploitation du sel. À la croisée des voies romaines et des chemins sauniers, il fut fortifié par Vauban. Le village compte encore de nombreuses installations militaires du XVIIe siècle : remparts, casernes, ancien hôpital et surtout la Porte de France qui accueille aujourd'hui le musée du Sel (histoire de l'exploitation du sel, du briquetage à la chimie moderne, ci-dessous).
À quelques centaines de mètres, un sentier pédagogique permet de découvrir le fonctionnement de l'écosystème «mare salée» ▲ *156*.

et Lidrezing. Ses sols calcaires sont couverts d'une hêtraie-chênaie. Les hauts des versants sont occupés par la vigne et les vergers sont peu à peu menacés par la friche arborée.

**VIC-SUR-SEILLE.** La cité, surnommée Vic l'Évêchoise, est installée au pied des coteaux, à cheval sur la Seille. Elle abrite encore aujourd'hui de nombreux monuments et bâtiments : vestiges du château des Évêques (XIVe-XVe siècle), église Saint-Marien (XIIIe siècle), cloître des Dominicaines et couvent des Carmes (XVIe siècle). L'hôtel de la Monnaie, superbe édifice gothique, a été transformé en MUSÉE D'ART ET D'HISTOIRE. Une salle est consacrée au peintre Georges de La Tour qui fut baptisé ici en 1593.

**GORZE**
Bâtie sur un site romain, la ville possédait une abbaye bénédictine fondée au VIIIe siècle par saint Chrodegang, archevêque de Metz. Brillant foyer de culture médiévale, l'abbaye devint le centre d'un territoire indépendant, la «Terre de Gorze». Sa collégiale est le plus ancien bâtiment gothique de la région, son palais abbatial remonte au XVIIe siècle (ci-dessous). Un musée, installé dans une maison du XVIIe siècle, retrace l'histoire de la ville.

## LA CÔTE DE MOSELLE

Le visiteur allant de la zone est du parc à la zone ouest est étonné de voir, au lointain, des reliefs couverts de forêts : ces buttes témoins annoncent la côte de Moselle, elle-même premier élément du pays des Côtes. Son sommet est coiffé de calcaires résistants, qui se présentent parfois sous l'aspect de falaises et reposent sur des marnes aux formes souples couvertes de pâtures, de vergers ou parfois de vignes lorsque l'exposition est favorable. Le revers de la côte est un plateau essentiellement boisé, entaillé par des rivières aux vallées profondes (Esch, Trey, Rupt-de-Mad). Lorsqu'ils sont orientés au nord, les fonds de vallons bénéficient d'un climat stationnel froid et humide (gelées tardives, humidité élevée, froids persistants, éclairement faible...). Des espèces végétales montagnardes, rares en plaine, y trouvent refuge : la lathrée écailleuse, la gagée jaune, la nivéole des neiges, l'aconit tue-loup, reliques de climats anciens plus froids.

**LA MIRABELLE, FRUIT D'OR DE LA LORRAINE**
Récoltée fin août-début septembre, elle est surtout vendue en fruit de bouche ou à des conserveries. Une petite quantité est cependant distillée l'hiver par des propriétaires-récoltants qui en ont le «privilège».

## LA PLAINE DE LA WOËVRE

On passe insensiblement du plateau de la côte de Moselle à la plaine de la Woëvre, brutalement limitée à l'ouest par la côte de Meuse. Chênaies, prairies humides, étangs et cultures se partagent le paysage.

**LE MASSIF FORESTIER DE LA REINE.** Cette chênaie pédonculée, où serpentent des ruisseaux au cours lent bordés d'ormaies, est certainement la forêt la plus représentative de ce milieu en Lorraine. On y compte plus de dix étangs forestiers abritant une avifaune remarquable (gobemouches à collier, pics). Les mardelles, petites dépressions occupées une grande partie de l'année par les eaux, sont des lieux de ponte privilégiés pour les batraciens. Des prairies humides, où il est aisé d'observer des hérons, cernent la forêt. Plus difficile à entrevoir, le chat sauvage cherche les mulots dans les prairies fraîchement fauchées, quelques heures après le lever du soleil ou juste avant son coucher. Il ne s'éloigne guère des lisières.

**Madine.** Ce plan d'eau artificiel fut créé il y a une vingtaine d'années pour alimenter la ville de Metz en eau potable. Ses fonctions sont également touristiques et sportives, mais les nombreux équipements d'accueil n'empêchent pas l'observation de l'avifaune, attirée par plus de 1 000 ha d'eau.
**Lachaussée.** Les étangs de Lachaussée sont en revanche voués à la pisciculture (carpes, brochets, sandres). La pêche s'y pratique depuis des siècles et donne lieu à des manifestations importantes au mois de novembre.

## La côte de Meuse

À l'ouest, le dernier relief marquant du parc est la cuesta de Meuse. On y distingue trois unités paysagères : le talus, tourné vers l'est, le plateau et, en arrière, la vallée de la Meuse qui l'entaille. Le front de côte s'étend sur plus de 70 km, de Toul au droit de Verdun. Il est ponctué, à son pied, par une trentaine de villages, souvent appelés «sous-les-Côtes» (Buxières-sous-les-Côtes, Heudicourt-sous-les-Côtes). La rue principale (et unique) est souvent parallèle au talus, constituant le village-rue, typique de Lorraine.
**Le talus.** Couvert de vignes, vergers, jardins, ou pâtures extensives, il tend à être déserté à la suite de l'exode rural et de l'évolution du machinisme agricole. Certains secteurs sont cependant à nouveau valorisés, viticulture et arboriculture modernes offrant aujourd'hui des produits de qualité, comme les vins des côtes de Toul (appellation VDQS) et les mirabelles. Le sommet du talus est hérissé de sites défensifs remarquables, comme celui d'Hattonchâtel.
Les anciennes pâtures, installées sur les hauts des versants, présentent, lorsqu'elles sont bien orientées, des milieux thermophiles originaux : les pelouses calcaires. Ces milieux herbacés abritent des plantes d'origine subméditerranéenne ainsi que quantité d'insectes mais, n'étant plus pâturés, ils sont menacés d'enfrichement. Ils tendent à se refermer, et orchidées et graminées étouffent sous les arbustes.
**Le plateau.** Il offre les mêmes caractéristiques que celui de la cuesta de Moselle : c'est le domaine de la hêtraie, entrecoupé par les vallons froids et les petits cours d'eau rejoignant la Meuse.
**La vallée de la Meuse.** Ce fleuve méandreux quitte facilement son lit pour inonder toute la vallée où les prairies humides sont encore nombreuses.

**Un pays meurtri par la guerre**
La Première Guerre mondiale a montré les «potentialités» de la géologie et du relief de la côte de Meuse : sites imprenables de Saint-Rémy-la-Calonne, des Éparges ou du Point X ; tranchées boueuses serpentant à travers les argiles de la Woëvre.
Le paysage porte encore de nombreuses cicatrices des combats : développement des friches, villages détruits, reboisement en résineux, présence de sapes et tranchées. Plusieurs musées rappellent d'ailleurs le rôle défensif de cette région frontalière : le fort de Troyon, édifié de 1878 à 1879, le musée de la Guerre de 1870, à Gravelotte. Le village de Thiaucourt, entouré de nombreux sites commémoratifs de la guerre de 1914-1918, accueille un musée de la Bataille-du Saillant-de-Saint-Mihiel.

Vignobles des côtes de Toul

# Les mares salées

Les mares salées continentales constituent un milieu naturel original, rare en Europe. Une dizaine d'entres elles parsèment les vallées de la Seille et de la Petite Seille. À l'ère secondaire, les eaux de mer qui recouvraient la région ont laissé, en s'évaporant, un dépôt de sel de près de 100 m d'épaisseur. Actuellement ce gisement est recouvert d'une couche d'argiles et de marnes perméables aux eaux de pluies. Au contact des bancs salifères, celles-ci se chargent en sel avant de remonter à la surface, laissant aux plantes halophiles la possibilité de se développer.

**La toponymie**
Les noms de rivières comme la Seille et la Petite Seille, de bourg et de villages comme Salonnes, Marsal, Vic-sur-Seille ou Château-Salins, de lieux-dits comme Bensal ou Salées-Eaux, rappellent que le Saulnois est bien le pays du sel.

**Le briquetage**
La technique du briquetage remonte à l'Antiquité. Elle consiste à faire évaporer, au moyen de foyers, l'eau salée contenue dans des gobelets de terre cuite.
Cette véritable industrie a laissé dans la vallée 3 millions de $m^3$ de débris divers.

### Des zones à protéger

Les mares salées sont des milieux fragiles, à entretenir. Il faut limiter la propagation du roseau qui a tendance à supplanter des espèces plus remarquables, contrôler le niveau de l'eau et pratiquer dans les prés salés des fauches tardives favorables aux oiseaux nicheurs.

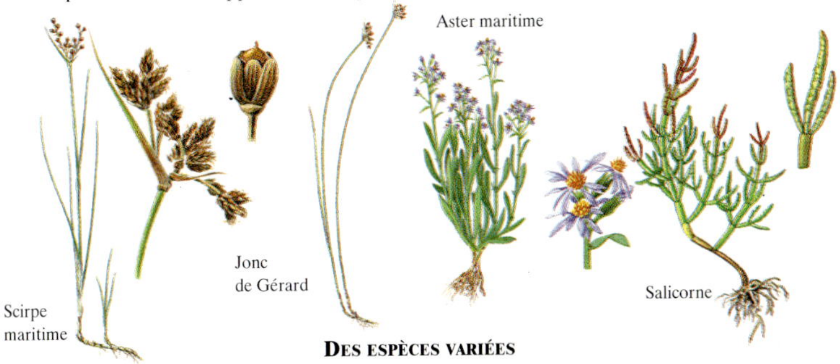


### Des espèces variées

Les plantes qui se développent exclusivement sur un sol salé sont dites halophiles (salicorne, jonc de Gérard, aster maritime, arroche hastée). On nomme préférantes celles qui, telles la guimauve officinale ou le scirpe maritime, apprécient particulièrement ce type de terrain. Celles qui le tolèrent sont qualifiées d'indifférentes : chiendent, orge faux-seigle…

# Parc naturel régional du Luberon

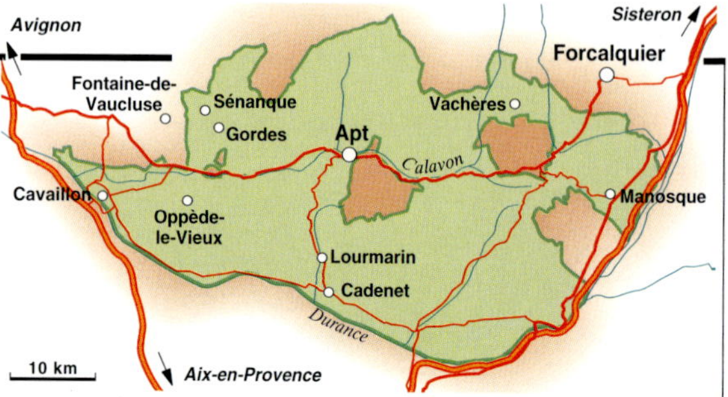


**Fiche d'identité**
Créé en 1977
sur les départements
du Vaucluse
et des Alpes-de-Haute-Provence
(Provence-Alpes-Côte d'Azur).
61 communes
150 000 ha
150 000 hab.

La «montagne magique» a toujours fasciné. À qui sait les lire, ses paysages conteront l'histoire que les hommes ont gravée sur ses flancs : bories et murets de pierres sèches, témoignages de l'art millénaire de bâtisseurs et de cultivateurs ▲ *162*, villages perchés perpétuant d'anciens postes de guet ou refuges fortifiés, voies de communication, châteaux, anciennes terrasses de cultures…

**Villages perchés**
Ils furent bâtis sur les hauteurs au Moyen Âge pour assurer la sécurité des habitants et les protéger contre l'air malsain des plaines marécageuses. Les maisons étaient groupées au pied du château. Après le XVIe siècle et l'abandon des structures féodales, certains villages redescendirent dans les plaines (de haut en bas, Bonnieux, Goult et Oppède).

## Le massif du Luberon

Le Luberon, c'est d'abord une montagne, certes peu élevée (1 125 m au Mourre Nègre), mais au relief fortement marqué. À mi-chemin entre les Alpes et la Méditerranée, elle est au carrefour d'influences climatiques qu'accentuent encore l'altitude et les différences d'exposition entre ses versants nord et sud. Il en résulte un véritable foisonnement d'espèces animales et végétales, que l'intervention de l'homme a parfois favorisé, parfois gravement endommagé : les bergers et leurs troupeaux entretiennent les pelouses des crêtes, mais la forêt méditerranéenne vit sous la menace des incendies.
On distingue le Grand et le Petit Luberon, séparés par la combe de Lourmarin, creusée par le cours de l'Aguebrun.

**Le Petit Luberon.** Entre la plaine agricole de Cavaillon à l'ouest, la rivière du Calavon au nord et la combe de Lourmarin à l'est, il présente un paysage abrupt de gorges, de falaises et de vallons encaissés.

**PASTORALISME**
Cette activité ancestrale a contribué à la création et à l'entretien des milieux dits ouverts : pelouses et garrigues buissonnantes, grouillantes de vie. La disparition des troupeaux signifierait le retour de la forêt et des broussailles et la disparition de nombreuses espèces.

C'est le refuge d'une faune et d'une flore spécifiques, sur lesquelles règnent de grands rapaces menacés de disparition : l'aigle de Bonelli, le vautour percnoptère, le circaète jean-le-blanc, le grand duc d'Europe. Au sommet, sur le plateau, entre 600 et 700 m d'altitude, s'épanouissent les garrigues méditerranéennes (taillis de chêne vert, buis, genévrier…) et la plus belle cédraie d'Europe (cèdres de l'Atlas, introduits en 1860), balisée par un sentier de découverte. Le relief, accidenté d'éperons rocheux, est favorable à l'implantation de villages perchés. D'Oppède-le-Vieux à Bonnieux, en passant par Lacoste et Ménerbes, le flanc nord du Petit Luberon offre tout un chapelet de villages aux ruelles étroites et pentues, serrées autour de la place qui regroupe souvent église, mairie, lavoir et jeu de boules, lieux majeurs de la convivialité locale.
**LE GRAND LUBERON.** Limité au nord par le pays d'Apt, la vallée du Calavon et celle de l'Encrême, au sud par les villages du pays d'Aigues et la Durance, à l'est, par le pays de Manosque et, à l'ouest, par la combe de Lourmarin, le massif est constitué de calcaires plus anciens et plus tendres que le Petit Luberon. Ses reliefs, tout en croupes et ondulations, sont plus doux. Sur les sommets dominent les pelouses et sur les flancs des forêts de chênes blancs, au nord, et de chênes verts et pins d'Alep, au sud.

## LES MONTS DE VAUCLUSE

Situés au nord du parc et de la vallée du Calavon, les contreforts des monts de Vaucluse séparent le Luberon de la plaine de Carpentras et du plateau de Sault. Le soleil règne en maître sur ses coteaux, exposés au sud, et favorise la chênaie verte. Dans ce pays, la quête de l'eau est un souci ancestral : le relief karstique a quadrillé le massif de grottes, d'avens, de galeries… qui collectent toute l'eau du plateau pour la faire resurgir à Fontaine-de-Vaucluse ; aussi l'homme a-t-il creusé à même le rocher des aiguiers, citernes destinées à recueillir les eaux de pluie, bien précieux entre tous. Ici aussi, de Gordes à Saint-Saturnin-lès-Apt, des villages perchés forment un monde très minéral, qui trouve son expression la plus achevée dans le vallon de la Sénancole, au nord de Gordes ▲ *162*. L'abbaye de SÉNANQUE, bâtie par les moines cisterciens au XIIe siècle, s'intègre remarquablement au site, dans son écrin de champs de lavande.

**LA TRUFFE**
Le chêne vert, parfaitement adapté à la sécheresse et aux sols pauvres, occupe les versants sud du massif du Luberon. C'est l'arbre truffier par excellence : le Vaucluse est le premier producteur de truffes de France. Appelée *rabasse* en Provence, la truffe du Périgord (*Tuber melanosporum*), l'or noir des gastronomes, est ici dominante. Elle fut longtemps récoltée sur des truffières sauvages, mais elle est aujourd'hui mise en culture. L'inventeur de la trufficulture, Joseph Talon, est d'ailleurs natif de Saint-Saturnin-lès-Apt.

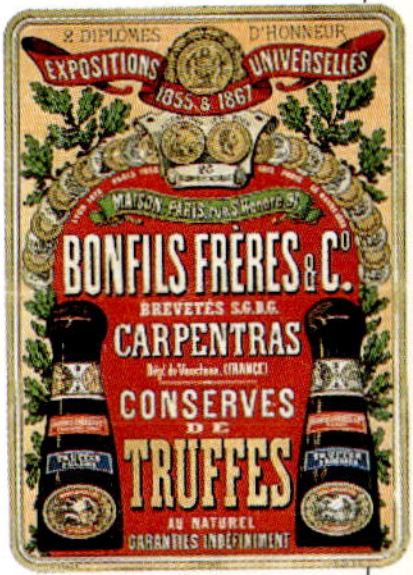

**LA VIGNE ET LE VIN**
Un bas-relief gallo-romain découvert à Cabrières-d'Aigues atteste l'ancienneté de la culture de la vigne dans cette région qui produit non seulement du raisin de table mais aussi des vins qui ont accédé en 1988 à l'AOC (côtes-du-luberon). Deux autres appellations couvrent en partie le territoire : côtes-du-ventoux au nord du Calavon, et coteaux-de-pierrevert dans la région de Manosque.

## LE LUBERON ORIENTAL

À son extrémité est, le Luberon s'infléchit vers le nord. Des paysages nouveaux annoncent la haute Provence. La vallée du Largue, au nord, s'ouvre sur Forcalquier et la montagne de Lure, transition vers les Alpes toutes proches. On est au cœur du haut pays décrit par Jean Giono : vastes plateaux dénudés, tout embaumés de plantes aromatiques, et parsemés de villages se resserrant autour de ruelles étroites pour s'abriter du soleil et du vent. Entre plantes à parfum et céréales, les haies et les bosquets – à la fois limites de parcelles et brise-vent – donnent au plateau de Vachères l'aspect d'un bocage. Au sud, le Luberon rejoint la vallée de la Durance : c'est le pays des collines couvertes d'oliviers et de chênes. Au pied du mont d'Or couronné d'oliviers, MANOSQUE, cité au centre de la vie et de l'œuvre de Giono, offre au promeneur le charme des rues de sa vieille ville.

**LES GORGES D'OPPÉDETTE.** Le Calavon a creusé dans le calcaire, sur 2,5 km, d'impressionnantes falaises de 150 m de haut, auxquelles s'accroche Oppédette, village classé et point de départ de circuits de promenades pédestres.

## LA VALLÉE DE LA DURANCE

La grande branche de la Durance enserre tout le sud du parc, de Manosque, à l'est, à Cavaillon, à l'ouest. La rivière aux crues jadis dévastatrices est aujourd'hui domestiquée. Dans un lit devenu maintenant trop vaste, elle serpente et se divise en de nombreux bras, constituant des «iscles» où s'est développée une végétation particulière, la ripisylve (peupliers, saules, frênes, aulnes…), qui abrite de nombreuses espèces d'oiseaux et quelques colonies de castors.

**CAVAILLON.** Les bienfaits de l'irrigation ont placé Cavaillon au centre d'une riche plaine agricole, en en faisant un des plus importants marchés de France pour les fruits et les légumes. Le parc a aménagé un sentier «entre ville et colline», jusqu'au sommet de la colline Saint-Jacques.

**PIERRES ET VERDURE**
Étagées au-dessus du village, les terrasses-jardins du château d'Ansouis témoignent du raffinement provençal.

## LE PAYS D'AIGUES

Limité au nord par le Grand Luberon, au sud par la Durance, à l'ouest par Cadenet et Lourmarin, et à l'est par le pays de Manosque, le pays d'Aigues étale au

**Cerises et fruits confits**
Au printemps, la brusque (et fugace) floraison des cerisiers fait éclater sa blancheur sur tout le pays d'Apt. La vedette est le bigarreau «Napoléon», une grosse cerise destinée à l'industrie agro-alimentaire.

pied du Luberon ses collines où alternent vignes et bois (pin d'Alep). Des villages tranquilles s'y dorent au soleil dans la quiétude de la campagne. Tout, ici, respire l'art de vivre provençal.

**Une région de châteaux.** Le pays d'Aigues a conservé plusieurs édifices majeurs, ouverts au public. La Tour-d'Aigues possède les ruines spectaculaires d'un très beau château Renaissance, en partie détruit à la Révolution. Le château d'Ansouis a été érigé essentiellement entre les XIIIe et XVe siècles, mais le corps de logis, rectangulaire, date du XVIIe siècle. L'ensemble renferme de belles collections de meubles provençaux, d'armes, de tapisseries… Autour du château, des terrasses-jardins sont dotées d'une très élégante décoration à la française. Le château de Lourmarin s'articule en deux corps de bâtiment, reliés par une haute tour carrée : le château Vieux, érigé dans le courant du XVe siècle, et le château Neuf, bâti au siècle suivant. Il accueille aujourd'hui une fondation pour artistes, toujours active.

## Apt et sa région

C'est un pays de contrastes, partagé entre la vallée du Calavon où dominent la vigne et le cerisier, les piémonts des massifs avec leurs villages perchés, et les plateaux parsemés de bories, où alternent la forêt et les champs de lavande. Le contraste joue aussi sur les couleurs, la blancheur des paysages calcaires faisant ressortir les mille nuances de l'ocre.

**Le Colorado provençal.** Autour de Rustrel, un véritable festival de couleurs s'offre aux regards du promeneur : les anciennes carrières d'ocre, peaufinées par l'érosion. L'ocre, mélange d'argile, de sable et d'oxyde de fer, fut exploitée dès la Révolution française pour la production de pigments. La commercialisation des pigments de synthèse a porté un rude coup à cette industrie locale, mais l'excellente qualité du produit vauclusien fait de la région l'un des premiers fournisseurs mondiaux de cette terre colorée.

**Apt.** Sous-préfecture du Vaucluse, Apt (12 000 habitants) est le siège de la Maison du parc. Le marché du samedi, vivant et coloré, est le centre névralgique de la vie locale. La ville garde le souvenir de périodes de prospérité suivies de déclin : faïences d'Apt (musée), commerce des ocres. Seule l'industrie du fruit confit reste active et emploie encore près de cinq cents personnes. Quelques confiseurs artisanaux perpétuent une tradition de plusieurs siècles et façonnent abricots, melons, prunes, poires, figues… à déguster absolument.

**Reliefs d'ocre du Colorado provençal**

Les origines de la construction en pierre sèche, c'est-à-dire sans aucun liant, remontent au néolithique. En Provence, cette technique a connu son apogée aux XVIIIe et XIXe siècles, époque de développement agricole et de conquête de nouvelles terres : utilisée surtout pour les abris temporaires (bories, cabanons), elle répondait à la nécessité d'épierrer les sols pauvres des plateaux calcaires, pour y rendre possible la mise en culture. Situées en général sur les coteaux exposés au sud et protégés du mistral, les terrasses (*restanques* ou *bancaus*) ont également permis de développer des jardins d'oliviers et d'arbres fruitiers à proximité des villages perchés, au-dessus des terrains de plaine, inondables et paludéens.

**CONSERVATOIRE DES TERRASSES DE CULTURE DE GOULT**

**LES CHEMINS**
Ils sont soit perpendiculaires à la pente, tel l'accès au site, soit en escalier, afin de desservir l'ensemble de la terrasse tout en canalisant l'eau de ruissellement.

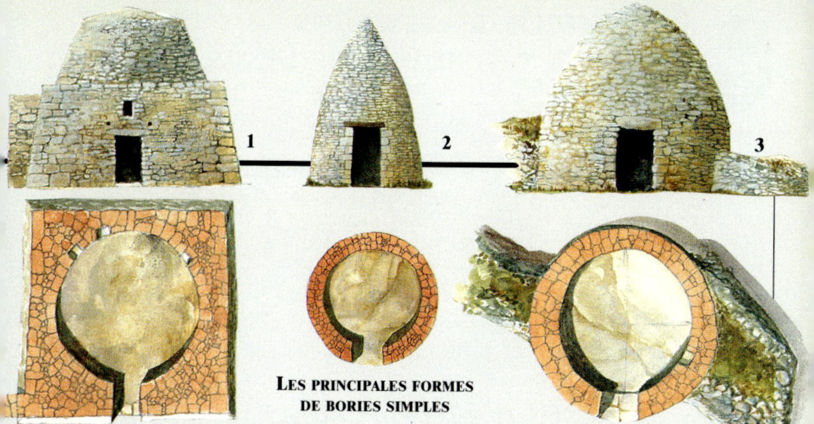


**LES PRINCIPALES FORMES DE BORIES SIMPLES**

Les bories sont voûtées par encorbellements successifs ; cette technique permet de faire l'économie du bois d'étayage, rare sur les plateaux. Bergerie, remise, habitat saisonnier en sont les utilisations les plus courantes. La BORIE EN GRADIN (1) est aussi dite «en pyramide». De plan généralement carré à l'extérieur, elle peut être de forme circulaire à l'intérieur. La BORIE EN CÔNE (2) repose sur une simple base circulaire et se termine par un sommet pointu. La BORIE EN RUCHE (3) a aussi un plan circulaire, mais sa coupole, plus large et arrondie, rappelle la forme des ruches d'abeilles. Quelques bories, à Gordes notamment, plus complexes, juxtaposent plusieurs pièces.

**LA BORIE-CABANON**

Installée sur les restanques, c'est le lieu du repos de la mi-journée, sur le banc, à l'abri du mistral, ou du soleil et de la pluie, à l'intérieur. Elle sert également à entreposer les outils. La base repose sur un plan carré, la couverture prend une forme semi-sphérique. Les dalles proviennent de l'épierrage des lieux voisins.

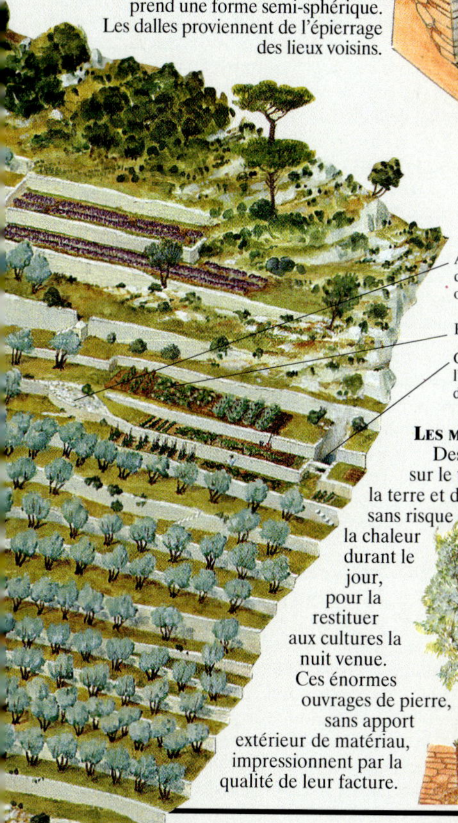


**LES MURS DE SOUTÈNEMENT DES TERRASSES**

Dessinant des courbes de niveau sur le terrain, ils permettent de niveler la terre et d'exploiter des parcelles très pentues, sans risque de ravinement. De plus, ils captent la chaleur durant le jour, pour la restituer aux cultures la nuit venue. Ces énormes ouvrages de pierre, sans apport extérieur de matériau, impressionnent par la qualité de leur facture.

# Parc naturel régional des Marais du Cotentin et du Bessin

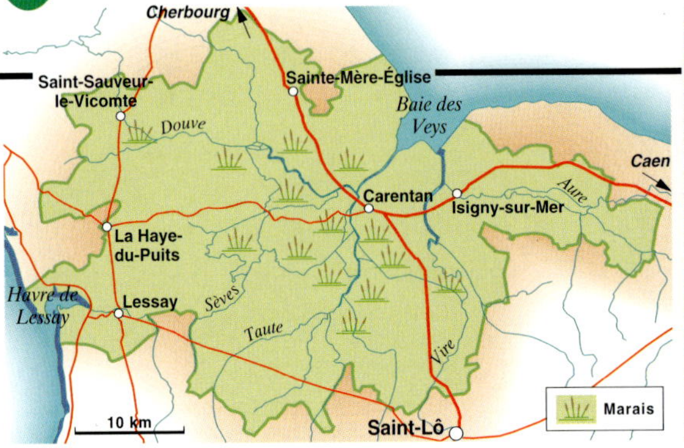

**Fiche d'identité**
Créé en 1991
sur les départements
du Calvados
et de la Manche
(Basse-Normandie).
117 communes
120 000 ha
57 000 hab.

**La Voie de la liberté**
Elle marque, sur les traces du général américain Patton, les étapes de la libération de la France en 1944. Elle a deux points de départ : Utah Beach, le nom codé de la plage de la Madeleine, et Sainte-Mère-Église, premier site français libéré par les troupes aéroportées américaines. Les deux itinéraires convergent vers Carentan. Les musées de Sainte-Marie-du-Mont, de Sainte-Mère-Église, les cimetières allemands de la Cambe et d'Orglandes témoignent de ces événements.

«Avez-vous jamais voyagé à travers ces marais du Cotentin qu'on a essayé de décrire, et qui sont assez vastes pour que seulement les traverser puisse vous paraître un voyage ? Si c'est vers la fin de l'automne ou en plein hiver que vous les avez parcourus, vous avez pu juger ce qui appartient à la nature de ces parages, qui coupent sur le fond si riant ailleurs de la Normandie, et à l'originalité mélancolique qui les distingue. Or c'est surtout l'hiver qu'il faut voir ces marais, devenus des vallées d'eau infinies…» Cette invitation au voyage est signée Barbey d'Aurevilly (1808-1889). Dans son roman *Ce qui ne meurt pas*, il décrit la vaste dépression, localisée à la charnière des départements de la Manche et du Calvados, qui a fait du Cotentin une presqu'île jusqu'au XIXe siècle ! Les Romains, pour accéder au Nord-Cotentin, repèrent les premiers passages, les Veys, qui traversent la baie qui porte aujourd'hui ce nom. Ils font construire entre Bayeux et Valognes une voie rectiligne dans l'enfilade du gué. Franchir ces étendues saumâtres reste très difficile ; ce sera une des grandes préoccupations des riverains pendant des siècles. Jusqu'à l'installation des dernières portes à flot (1824, sur la Vire), tous les «bas pays» de la région de Carentan sont exposés à l'envahissement de la mer. Des moulins à marée fonctionnent même au pont d'Ouve et les salines sont nombreuses dans la vallée de la Vire.

## Le havre et les landes de Lessay

Le seul accès continental, pour gagner le Nord-Cotentin, a été constitué pendant très longtemps par une bande de terre étroite traversant les LANDES DE LESSAY, le long de la côte ouest du département de la Manche. Ces landes ont toujours impressionné les esprits par leur aspect âpre et désolé, encore accentué par le vent. Vastes étendues incultes où rien n'arrêtait le regard, ces terres ont été en partie utilisées pour l'agriculture et, au XXe siècle, ont été plantées en pinèdes. Le milieu d'origine, encore présent de façon diffuse, est le domaine réservé des bruyères, des ajoncs et de l'«herbe dure», la molinie. Les landes s'approchent d'un vaste estuaire, le HAVRE DE LESSAY, un des plus sauvages de la côte. La végétation, composée de salicorne, de lavande de mer, est adaptée à une vie rythmée par les marées. Lieu d'échanges

Conchyliculture dans la baie des Veys

entre les eaux douces et la mer, le havre est un site propice au repos des courlis, des huîtriers-pies, des oies et des canards. Les marées de grande amplitude mettent en mouvement d'énormes volumes d'eau qui ont modelé l'embouchure de l'Ay en deux flèches sableuses colonisées par la végétation endémique aux dunes. Le chiendent des sables puis l'oyat parviennent par leur enracinement très profond à se développer et contribuent ainsi à fixer le sable. Sur le haut de la dune, le chardon bleu et le liseron de mer vont peu à peu les remplacer. À l'arrière, abrités des vents, des espaces plats sont souvent utilisés pour la culture maraîchère : ce sont les mielles, du mot scandinave *melr*, «sable».

## La baie des Veys

Lorsqu'il vient de Bayeux et du Bessin, cette région calcaire aux fermes-manoirs monumentales, le voyageur doit traverser la baie des Veys s'il veut éviter le détour par l'ouest. Quatre grands cours d'eau y convergent : la Douve, la Taute, la Vire et l'Aure. Mais seuls des guides pourront le conduire à travers les vases, les fossés et les sables mouvants, sur la trace des Romains. Au début du XVIIIe siècle, les communications dans le col du Cotentin sont toujours aussi malaisées. Ce n'est qu'en 1712 qu'un premier pont est bâti sur la Taute. La construction du dernier pont permettant le franchissement de la Vire commence en 1812. Entre ces deux dates, des travaux d'assèchement sont entrepris : des digues sont édifiées, des marais sont «desséchés», des terres sont conquises sur la mer. Cette mise en valeur tardive s'est poursuivie jusqu'en 1975.

**Mémoire**
Les paysages de marais, de landes, de forêts, autrefois si difficilement pénétrables, ont nourri l'imagination. Barbey d'Aurevilly puise son inspiration littéraire autour de Saint-

Sauveur-le-Vicomte, de La Haye-du-Puits et de Lessay, particulièrement pour *L'Ensorcelée* et *Un prêtre marié*. «C'était cette double poésie de l'inculture du sol et de l'ignorance de ceux qui la hantaient qu'on retrouvait encore, il y a quelques années, dans la sauvage et fameuse lande de Lessay.» Certaines images du passé trahissent une époque rude, où chaque geste devait assurer le pain quotidien. Ainsi de jeunes enfants étaient-ils envoyés dans les herbiers inondés pour y déloger des sangsues et les vendre aux herboristes. À travers ce combat de tous les jours, des liens étroits se sont noués entre les habitants des marais et leurs «terres vaines et vagues».

# Parc naturel régional des marais du Cotentin et du Bessin

Plus de 3 000 ha ont ainsi été offerts à l'agriculture. Bordée de vastes plages et vasières, riche en nourriture pour les oiseaux, la baie des Veys est maintenant une zone d'accueil privilégiée pour l'avifaune migratrice. Des milliers de canards ou de petits échassiers y font escale ou s'y arrêtent pour tout l'hiver.

## Les marais du Cotentin et du Bessin

**Tourbe.** Il y a 10 000 ans, le relief était entaillé par de profondes vallées aux versants recouverts d'une maigre végétation. Les eaux marines les envahirent, creusant un réseau de rias. À l'entrée de la baie des Veys, le sable apporté par la mer s'accumule peu à peu en cordons, qui constituent un barrage naturel. En amont, les eaux douces ne sont plus évacuées et une végétation aquatique s'installe : potamot, mousse aquatique, nénuphar, scirpe, phragmite…
Les végétaux se décomposent mal dans ces eaux stagnantes très appauvries en oxygène. Ils forment un dépôt qui donnera naissance à la tourbe. La turbification s'effectue sur une très longue période de 5 000 ans. Il y a trois siècles, l'influence de l'homme sur l'évolution des marais devient sensible : les premiers défrichements et labours en bordure des zones humides provoquent l'érosion des sols. Les éléments minéraux, emportés par la pluie au fond des vallées, ralentissent, puis arrêtent la formation de tourbe. Dans certains secteurs épargnés, le processus de turbification se poursuit encore aujourd'hui.

**Régulation des eaux.** En même temps que les ponts et les digues, quatre ensembles de solides portes à flot ont été établis sur la Douve, la Taute, la Vire et l'Aure pour empêcher la pénétration de la mer. Ces portes se referment à marée montante et s'ouvrent à marée basse pour évacuer l'eau douce. L'hiver, du fait des fortes pluies, le temps d'ouverture des portes est trop court : un gigantesque plan d'eau se constitue alors dans les marais. La présence de ces étendues «blanchies» explique l'abondance d'oiseaux hivernants. Avec le retour des beaux jours, d'immenses prairies tapissent le fond des vallées.

**D'ocre et de rouge**
Attestée au XVIIIe siècle, la technique de la bauge, ou «massé», a atteint son apogée au XIXe siècle dans la région des marais du Cotentin et du Bessin. Elle est utilisée pour la construction des maisons qui, par leur qualité structurelle, leur diversité esthétique et décorative, font partie intégrante du patrimoine.
Le matériau de base est un mélange, longuement foulé au pied, d'argile et de fibres végétales (paille, foin…). Après évaporation de l'eau, il est repris à la fourche et mis en place en «levée» d'une soixantaine de centimètres de hauteur. Une fois sèche, la levée suivante peut commencer. La mare jouxtant l'habitation correspond souvent au lieu d'extraction de l'argile. La terre offre toute une palette de couleurs, du gris clair au rouge carmin en passant par l'ocre.

L'eau est toujours présente, mais au sein du réseau de rivières, de canaux, de fossés et de plans d'eau qui représentent plusieurs centaines d'hectares d'eau libre. Les 25 000 ha de zones humides intérieures recèlent une concentration exceptionnelle d'espèces animales. Les oiseaux y trouvent la nourriture et la tranquillité nécessaires à leur subsistance et à leur reproduction. On y trouve aussi des plantes carnivores – la drosera ou la grassette du Portugal – qui assurent leurs besoins alimentaires avec des insectes.

**Équilibre.** Le maintien de la valeur biologique des zones humides du Cotentin et du Bessin est lié à des pratiques extensives de fauche et de pâture. Si l'agriculteur les abandonne, les prairies ou les tourbières se couvriront naturellement de bois de saule et de bouleau, et le milieu s'asséchera progressivement.

## Un maillage bocager

Même si l'originalité du parc tient à la présence de marais, la plus grande partie de son territoire est constituée par un paysage vallonné de bocage dans lequel s'insinuent les basses vallées humides. Enclos irréguliers, sertis de talus et de haies ou parcelles géométriques cernées d'arbres émondés ou sveltes, le bocage s'est édifié depuis le Moyen Âge jusqu'au siècle dernier. La haie était alors un élément économique important : clôture et limite de propriété, elle fournissait aussi bois, fourrage, fruits, gibier… En raison de profonds changements dans les méthodes de culture, le bocage est en régression. Récemment la maladie de l'orme a supprimé du paysage une essence noble, majoritaire dans la composition des haies du Plain et du Bessin. Mais aujourd'hui on découvre de nouvelles fonctions aux haies (brise-vent, anti-érosion) et les agriculteurs restaurent ce patrimoine. Ce sont donc encore des chemins creux bordés d'arbres qui mènent aux fermes, manoirs et châteaux dont les toits émergent des frondaisons.

**Terre d'élevage**
Au XVIII^e siècle, l'élevage s'est développé sur les marais ▲ *168*, les bonnes terres des coteaux bocagers voisins étant réservées aux cultures. Grâce aux salins de la baie des Veys et à la fabrication de poteries dans le bocage, il était possible de conserver et de transporter la seule denrée exportable : le beurre salé. Bocage et marais associés ont fait naître la première industrie laitière commercialisée.

**Produits de qualité**
La teneur élevée en sels minéraux et la richesse en oligo-éléments des produits laitiers de la région ont justifié l'obtention en 1986 d'une appellation d'origine contrôlée (AOC). Isigny évoque le beurre, la crème onctueuse et gourmande, les fromages ! 80% du territoire du parc est concerné par cette marque de qualité.

# Les marais communaux

Barge à queue noire, ci-contre

Les marais communaux ont pour origine les droits coutumiers de pacage sur les terres inondables, reconnues impropres à la culture, usage datant des X^e et XI^e siècles, puis confirmé par les seigneurs. À la Révolution, la gestion de ces espaces est confiée aux communes nouvellement créées. Il s'agit de biens indivis appartenant aux habitants de la commune. Chacun reçoit le droit de faire pâturer les bêtes collectivement en été ou de faucher la production fourragère annuelle. Aujourd'hui, sur les 25 000 ha des marais du Cotentin et du Bessin, 8 000 ha dépendent encore de la gestion communale. La moitié est louée à des agriculteurs, l'autre est le lieu de pratiques collectives de fauche et de pâturage.

### La mise au marais, autrefois

Le jour fixé, les premières formalités commencent à la mairie où chaque ayant droit aux terres communales vient retirer son dû. La répartition et la valeur d'un droit varient d'une commune à l'autre selon le nombre de bénéficiaires, la superficie et la valeur du marais. Des centaines de bêtes s'acheminent alors vers le lieu de la marque. Le garde champêtre, fer chauffé au rouge, imprime la marque de la commune sur la corne ou sur le sabot des bêtes. Le maire enregistre les entrées, accompagné du percepteur qui veille aux recettes. Puis le garde-marais appose sa propre marque : il mettra plusieurs jours pour reconnaître chaque animal. Jusqu'au mois de novembre, il surveillera l'immense troupeau au cours de sa tournée quotidienne pour repérer les animaux malades, égarés ou accidentés au fond d'un fossé.

### Des estives de plaine

Aujourd'hui les bovins sont encore rois dans les marais communaux. Ils se partagent l'espace avec les chevaux.

**Marais de la Sangsurière et de l'Adriennerie**
Situés dans la vallée du Gorget, ils forment 400 ha gérés par quatre communes et classés réserve naturelle depuis 1991. Tous les types de marais y sont représentés, de la prairie humide au bois tourbeux, en passant par la tourbière alcaline acidifiée secondairement par les sphaignes. De nombreuses espèces le fréquentent : busard des roseaux, courlis, vanneau, bruant des roseaux et traquet pâtre.

**La tourbe**
Utilisée pour le chauffage, elle était découpée en mottes à l'aide d'une «houe». Un fossé circulaire était creusé, au centre duquel elles étaient empilées. Aujourd'hui encore on rencontre ces étranges «ronds de sorcière».

**La recherche d'un équilibre**
Les marais communaux correspondent en général aux zones les plus tourbeuses. Parvenues au stade final de leur évolution, elles ont vocation à s'assécher : toute nouvelle fabrication de tourbe élève le niveau du sol qui s'affranchit ainsi de plus en plus de l'eau. Peu à peu, la zone humide disparaît et la prairie est remplacée par la lande et le bois tourbeux. Seules les pratiques de fauche et de pâture stoppent ce processus et mantiennent une grande biodiversité.

# Parc naturel régional du Marais poitevin Val de Sèvre et Vendée

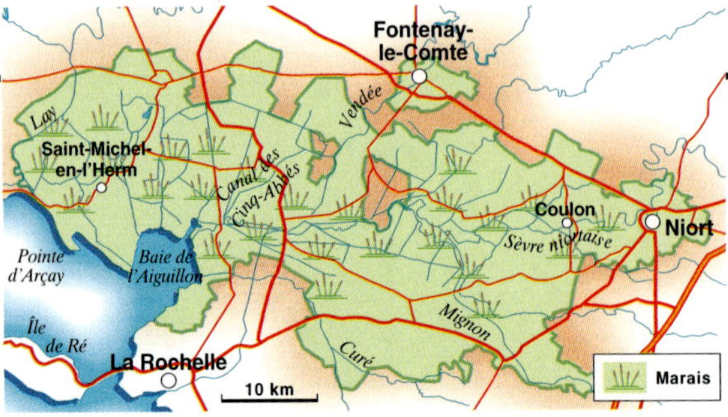


**Fiche d'identité**
Créé en 1979
sur les départements
de Charente-Maritime,
des Deux-Sèvres
(Poitou-Charentes),
de Vendée
(Pays de la Loire).
67 communes
142 326 ha
62 400 hab.

**Canard pilet**
La baie de l'Aiguillon revêt une importance internationale pour la sauvegarde des oiseaux migrateurs : échassiers, canards et oies sauvages.

La chasse y est très réglementée et il est conseillé, pour ne pas les déranger, de rester sur les digues et d'observer leurs évolutions à distance.

**Mytiliculture**
La culture des moules se pratique sur bouchots (pieux enfoncés dans la vase et sur lesquels sont fixées les jeunes moules) depuis le XVIIe siècle. La baie de l'Aiguillon, avec ses 500 km de bouchots et une production annuelle de 10 000 t de moules, est actuellement le premier bassin national mytilicole (ci-contre un pêcheur au début du siècle).

Coincé entre plaine et océan, le Marais poitevin présente une mosaïque de milieux façonnés par l'homme depuis des siècles. Il est aujourd'hui aménagé à des fins agricoles et le visiteur pressé ne percevra qu'épisodiquement la présence de l'eau. Il n'en reste pas moins que le Marais poitevin, avec ses 96 000 ha, constitue la première zone humide de la façade atlantique. S'y enchevêtrent des milieux apparemment opposés, mais profondément interdépendants : vasières de la baie de l'Aiguillon, dunes du littoral, plaine agricole des marais desséchés, labyrinthe de canaux et de prairies humides du marais mouillé.

## Historique

La mer recouvrait jadis le golfe des Pictons. Puis les alluvions se sont progressivement déposées, créant une vaste zone de vasière entre deux eaux, celles de l'océan et celles des rivières (Vendée, Mignon…) et des fleuves (Sèvre niortaise, Curé, Lay…). Dès le Xe siècle, les moines s'installent dans des abbayes sur des îles (Saint-Michel-en-l'Herm) ou sur le rivage (Maillezais, Luçon, Nieul-sur-l'Autise) pour entreprendre de vastes travaux d'assèchement. Mais les désordres de la guerre de Cent Ans puis des guerres de Religion entraînent l'abandon des espaces conquis. Aussi, au début du XVIIe siècle, Henri IV fait-il appel à des ingénieurs hollandais pour réaménager les marais desséchés. De nouvelles terres sont alors gagnées sur le marais mouillé, à l'est du canal des Cinq-Abbés, mais il faut attendre l'Empire pour que les roselières des marais mouillés (inondables) soient aménagées à leur tour.

## Le littoral

L'ensemble du littoral est d'une grande richesse écologique : cette zone de transition entre le domaine des eaux douces et de l'océan est un lieu de passage obligé pour les poissons migrateurs, notamment les civelles – alevins d'anguilles – qui remontent de la mer des Sargasses vers les rivières de leurs ancêtres ; la côte est également située sur la grande voie atlantique de migration d'oiseaux en provenance d'Europe du Nord et de Sibérie : la Réserve nationale de la pointe d'Arçay les protège depuis 1951.

**La baie de l'Aiguillon.** Relique du golfe des Pictons, la baie de l'Aiguillon subit un envasement progressif : l'ouverture de l'anse, jadis de 35 km, n'est plus aujourd'hui que de 5 à 6 km.

Les estrans vaseux s'y composent de deux zones naturelles soumises aux mouvements des marées : le schorre (appelé ici mizotte), frange de terrains recouverts par la mer seulement lors des grandes marées d'équinoxe ou de tempête, est colonisé par une dense végétation halophile de prés salés (aster, obione) ; la slikke, ou zone littorale comprise entre les marées les plus hautes et les plus basses, est presque essentiellement composée de vase nue, ponctuée de spartine et de petites touffes de salicorne. Le sol y est très riche en éléments nutritifs, provenant pour une grande part des terres traversées par l'eau des rivières. La douceur du climat et la faible profondeur de l'eau favorisent la pénétration de la lumière, accélérant l'activité photosynthétique : le phytoplancton abonde et alimente quantité de poissons, crustacés et mollusques. La baie est d'ailleurs l'un des plus grands parcs à moules du monde.

**La Maison de la mytiliculture d'Esnandes.** Elle présente la géographie et la richesse biologique de la baie, ainsi que l'histoire des techniques de captage et de cueillette des moules.

**Le port de L'Aiguillon-sur-Mer.** L'actuel village ne date que de 1732, le précédent ayant été recouvert par les flots. C'est le port le plus important de ceux installés aux embouchures des rivières et des canaux se jetant dans la baie. On y pratique une petite pêche polyvalente (sole, bar, crevette, civelle) ; l'élevage des moules y est également attesté depuis le XIIIe siècle.

**Histoire du marais**
Depuis 10 000 ans, le vaste golfe des Pictons est progressivement comblé par des apports naturels de vases et d'alluvions, et les endigages successifs ont fini de lui donner son visage actuel. Beaucoup de villages sont construits sur d'anciennes îles. Ci-dessus, la baie de l'Aiguillon.

**Baudet du Poitou**
Cet âne de grande taille, au dos recouvert de longs poils bruns et frisés, était autrefois uniquement utilisé comme géniteur de la mule poitevine (en croisement avec une jument mulassière), réputée pour son endurance et sa force.

## Le marais desséché

Composé de larges paysages ouverts, peu boisés et à la végétation basse, le marais desséché est protégé à la fois de la mer et des crues des rivières par des ceintures de digues. De profonds canaux de drainage et des ouvrages hydrauliques y ont été mis en place depuis le Moyen Âge ou le XVIIe siècle. Les eaux de pluies sont évacuées par de longs canaux rectilignes, comme celui des Cinq-Abbés (1217) dont le nom rappelle l'action des cinq abbayes médiévales.

**La Maison du Petit Poitou.** Créée à Chaillé-les-Marais, au cœur des marais desséchés du Petit Poitou, elle met en valeur l'intérêt écologique du milieu et évoque les traditions et coutumes de ces marais. Une petite ferme présente des races d'animaux rustiques : baudet du Poitou ▲ *171*, vache maraîchine, chèvre poitevine…

**L'abbaye de Saint-Michel-en-l'Herm.** Fondée au X^e siècle sur l'emplacement d'un prieuré carolingien, l'abbaye se rattache à l'histoire des grands défrichements médiévaux. Les bâtiments actuels remontent pour une bonne part au XVII^e siècle (logis abbatial, aile des moines et réfectoire) et au XIX^e siècle.

## Le marais mouillé

**La plate**
Pour évoluer dans le marais mouillé, le maraîchin a conçu une barque adaptée aux contraintes du milieu : la plate, ou *batai*. Le fond plat et l'étroitesse de ces embarcations permettent d'emprunter les fossés peu profonds ; assis ou debout, le maraîchin pousse sa plate à la rame ou à la *pigouille*, longue perche en bois terminée par une petite fourche métallique.

**Cabanes du marais mouillé**
Elles ont remplacé, au début du XIX^e siècle, les huttes de terre, branchage et roseau. L'habitation est construite en pierres calcaires recouvertes d'enduit gratté à la chaux. Les toits, assez plats, sont recouverts de tuiles canal rosées qui reposent sur un «lattis» de bottes de roseau assemblées sur des perches de saule. Les toitures présentent ainsi de grandes qualités d'isolation et protègent du froid comme de la chaleur.

Le marais mouillé, qui reçoit les crues l'hiver et sert de réservoir d'eau en période de sécheresse, est une zone tampon protégeant le marais desséché des inondations. La région, correspondant au lit majeur des rivières et des fleuves, abrite sans doute les milieux les plus riches et les plus intéressants du Marais poitevin. Les paysages juxtaposent une zone bocagée et de vastes prairies permanentes inondables, réservées aux pâturages collectifs (les communaux). La partie bocagée du marais, surnommée poétiquement la Venise verte, est quadrillée d'un réseau dense de canaux et de conches, plus étroites, que bordent saules et frênes têtards qui fixent les berges ; les parcelles, minuscules, sont souvent plantées de peupliers destinés autrefois au bois de charpente. Ces massifs constituent des lieux de nidification privilégiés (hérons et rapaces) et de refuge pour la loutre d'Europe ▲ *174* et de nombreux batraciens. Fascinants et mystérieux, ces marais furent longtemps habités par des marginaux, vivant à l'écart, dans leurs huttes de roseau, des ressources aquatiques (pêche, roseaux, bois). C'est en bordure de cette partie du marais et de la plaine que s'élèvent les plus belles églises romanes : abbaye Saint-Pierre et église Saint-Nicolas de Maillezais, abbaye Saint-Vincent de Nieul-sur-l'Autise, Sainte-Eulalie de Benet, Chalais.

**La pêche à l'anguille**
C'était autrefois une importante source de revenus pour les maraîchins. L'anguille était même utilisée comme monnaie ! Elle se pêche toujours à la nasse (à droite).

**Saint-Pierre de Maillezais.** Ses ruines grandioses rappellent encore aujourd'hui l'histoire du Marais poitevin. La construction commença vers 1003 ; l'abbatiale combine vestiges romans (partie occidentale), gothiques (travée est et bras nord du transept) et Renaissance (chœur). Témoignage de l'humanisme poitevin du XVI^e siècle (Rabelais y fut moine en 1524), elle fut transformée en forteresse par Agrippa d'Aubigné lors des guerres de Religion et vendue comme bien national sous la Révolution.

**Le communal du Poiré-sur-Velluire.** Cette réserve naturelle volontaire de 250 ha est l'une des plus belles zones de prairie humide demeurant encore en l'état dans le parc. Remontant pour la plupart au Moyen Âge, les communaux sont de vastes prairies inondables à la mauvaise saison, réservées au pâturage collectif (chevaux, vaches, oies). Ils se caractérisent par un relief bas et onduleux, recouvert d'herbes rases et de mares temporaires. Ces anciens prés salés, préservés des grandes vagues de dessèchement, constituent des zones de choix pour l'alimentation des oiseaux d'eau migrateurs. L'ouverture des marais au printemps faisait autrefois l'objet d'une fête locale, tradition qu'ont retrouvée aujourd'hui les habitants du Poiré-sur-Velluire (dernier dimanche d'avril).

**La Maison des marais mouillés.** Elle évoque, à Coulon, l'histoire et les paysages si particuliers de la Venise verte, ainsi que la vie traditionnelle de ses habitants (techniques d'exploitation du bois, pêche, navigation sur les plates).

## La plaine

Assise sur des terres calcaires brunâtres, la plaine correspond à l'ancienne rive bordant le golfe des Pictons ▲ *170*. Elle offre un paysage ouvert qui se couvre de haies à l'approche du marais. Ces terres relativement basses peuvent être brusquement interrompues par des falaises, reliquats de l'ancien rivage marin.

**Le frêne têtard**
Taillé en têtard pour favoriser le développement des branches supérieures, il fournit un excellent bois de chauffage et ses racines très denses fixent les berges. Son feuillage servait de fourrage lors des périodes de sécheresse.

Abondante jusqu'au début du siècle dans toute la France, la loutre ne se maintient plus guère aujourd'hui que dans le Massif central et le long du littoral atlantique, dans les grands marais de l'Ouest comme le Marais poitevin. Son domaine s'étend sur 10 à 15 km de cours d'eau, 25 à 30 km$^2$ de marais qu'elle parcourt régulièrement. Son corps fuselé, reptilien, sa fourrure dense, sa tête plate aux petites oreilles rondes témoignent de son adaptation à l'eau. Ses pieds palmés et sa longue queue épaisse, aplatie à son extrémité, lui permettent d'évoluer avec l'aisance d'un poisson.

Brème

Anguille

Tanche

**Un menu au fil des saisons**

Les poissons, essentiellement anguilles et cyprinidés (brème, tanche…), composent 60 à 90 % de son régime. L'anguille, abondante dans le marais ▲ *172*, est sa proie principale. Mais la loutre est opportuniste et ses choix alimentaires sont surtout dictés par l'abondance et la facilité de capture des proies.

**Eau pure et havre de paix**

Loutres et pêcheurs ont un même intérêt : la qualité des fossés et l'abondance du poisson. La loutre est un prodigieux «label vivant» de la qualité des marais et rivières. Les propriétaires riverains des cours d'eau lui offriront un havre de paix en restaurant arbres et buissons et en entretenant la végétation naturelle des rives.

**Gîtes et catiches**

Parcourant jusqu'à 12 km chaque nuit, les loutres utilisent de nombreux abris : simple couche dans la végétation des rives, cavités dans les souches ou les racines d'un arbre de la berge. La véritable «catiche» est le terrier de reproduction de la femelle, à l'entrée étroite et souvent cachée sous la surface de l'eau.

**L'eau pour domaine**

La loutre fréquente tous les milieux aquatiques : fossés et grands canaux de marais mouillés et desséchés, rivières et fleuves côtiers, marais salés et baies abritées.

**De la persécution à la protection**

Jadis persécutée, la loutre est protégée depuis 1972. Le trafic routier est cependant une des causes importantes de sa raréfaction dans le Marais poitevin. L'aménagement des voies routières – avec des passages à faune sous la chaussée – et d'ouvrages hydrauliques adaptés sont encore à généraliser sur le territoire.

**Empreintes et épreintes**

Animal discret et furtif, la loutre est active la nuit, évitant les contacts directs avec l'homme. Traces, voies et coulées, épreintes signalent cependant sa présence. Solitaire la majeure partie de l'année, la loutre communique grâce aux odeurs transmises par les épreintes, crottes à forte odeur de poisson et de musc, déposées près de l'eau sur une souche, une pierre, sous un pont ou à la confluence des voies d'eau.

# PARC NATUREL RÉGIONAL DE LA MARTINIQUE

Le parc de la Martinique (les deux tiers de l'île) exprime la créolité naturelle d'une île fascinante de diversité. Baignées à l'est par l'océan Atlantique et à l'ouest par la mer des Antilles, les côtes endossent des parures variées : anses blondes, plages de sable noir, baies marécageuses et falaises rocheuses. Du sommet de la montagne Pelée (1 397 m) aux plaines méridionales, le relief de l'île, la diversité de ses influences climatiques et la fertilité de ses sols volcaniques créent un patchwork végétal surprenant de contrastes.

**FICHE D'IDENTITÉ**
Créé en 1976
sur le département de la Martinique.
30 communes
70 150 ha
80 000 hab.

**TRACE ET TRACÉES**
La Trace désigne la route ouverte par les jésuites au début du XVIIIe siècle pour relier le plus directement possible Fort-de-France au Morne-Rouge. À la différence des routes coloniales, quasiment rectilignes, les tracées élaborées par les «nègres marrons» (esclaves en cavale) serpentent malicieusement à travers mornes et sous-bois.

## LA ROUTE DE LA TRACE

La route de la Trace (ci-dessous) arpente hardiment le relief accidenté qui marque le nord de l'île. Des pitons du Carbet aux flancs de la Pelée, elle permet de découvrir le visage vert de la Martinique : une végétation luxuriante plongée dans la fraîcheur des forêts humides. Un visage sauvage et majestueux, couvert d'arbres gigantesques, creusé de précipices et grondant de rivières.

**LES PITONS DU CARBET.** Ces pitons d'origine volcanique qui culminent à 1 196 m d'altitude forment le plus bel observatoire naturel de l'île. Dans sa première partie, la trace des Pitons mène à la rivière Dumauzé. Des magnolias parfument délicatement l'air à la floraison (août). En chemin, les souches de bois côte, utilisé pour la fabrication des mâts de yole, témoignent d'une activité artisanale encore présente sur l'île. À partir de 700 m d'altitude, le sous-bois devient plus clair et la vue s'ouvre sur la baie des Flamands, le cap Salomon et les mornes (petites collines arrondies) de la façade atlantique. Au-delà de 900 m, la pente s'accentue

**L'île aux fleurs**
Sur la route de la Trace se trouvent les plus grandes plantations florales de l'île, parmi lesquelles la plantation d'anthuriums des Nuages et la plantation Macintosh du Morne-Rouge. Emblème floral de la Martinique, l'anthurium est exporté dans le monde entier, sa durée de vie atteint souvent trois semaines.

mais l'ascension dévoile des panoramas à la hauteur de l'effort à fournir pour arriver jusqu'au sommet (1 103 m).

**La trace des jésuites.** Randonnée vedette de la Martinique, la trace des jésuites serpente à travers la forêt tropicale humide entre Deux-Choux et le morne du Lorrain : ici et là on découvre les espèces végétales spécifiques de la forêt hygrophile, ou *rain forest* des Anglo-Saxons. Le sentier dégringole jusqu'à la rivière du Lorrain puis remonte dans sa seconde moitié jusqu'à 670 m d'altitude. Avant d'offrir des points de vue dégagés sur le morne Jacob et les pitons du Carbet, le parcours introduit le promeneur dans un monde enchevêtré d'arbres centenaires ; un univers chlorophylle de silence et d'humidité ; une longue série de troncs, de feuilles et de lianes accrochées au sommet par un tout petit filet de ciel bleu.

**Le canal de Beauregard.** Le canal de Beauregard, ou «canal des Esclaves», mène de Fonds-Saint-Denis au Carbet, le long d'un ancien canal d'irrigation. Vestige de l'activité sucrière du XVIIIe siècle, il fut construit en 1760, par des esclaves, pour fournir de l'énergie aux moulins broyeurs de canne. Rivières cristallines, hautes herbes grouillantes de petits crabes d'eau douce et vue panoramique à découvert sur les pitons du Carbet : le sentier excelle de diversité. La marche sur le muret surélevé du canal permet d'approcher la cime d'arbres magnifiques : fromagers de plus de 30 m de haut et gommiers rouges à l'écorce aussi fine que du papier à cigarettes.

**La montagne Pelée.** Seul volcan actif de l'île et le dernier à s'être formé, la montagne Pelée culmine à 1 397 m au nord de l'île. Mystérieuse et capricieuse, elle se cache bien souvent derrière un manteau de nuages, jusqu'à ce que, tout à coup, une éclaircie révèle sa grandeur et ses formes majestueuses. L'accès au faîte du volcan par Grande-Savane (côte caraïbe) est le seul depuis la côte sous le vent, tournée vers l'ouest et abritée de l'alizé atlantique par les flancs de la montagne Pelée. Sur ce sentier s'ouvrent de superbes vues sur Saint-Pierre et la côte caraïbe. Le trajet depuis Beauséjour (versant nord) est plus long, mais les paysages traversés sont beaucoup plus variés : bananeraies, forêts et enfin grands espaces balayés par les vents. Le sentier par l'Aileron (versant sud) est le plus direct et le plus emprunté pour gravir la Pelée. L'ascension s'achève sur la crête nord du cratère ou au sommet du cône du Chinois. Par temps dégagé, on y jouit d'un magnifique panorama sur l'île : pitons du Carbet, baie de Fort-de-France et presqu'île de la Caravelle.

**Le 8 mai 1902**
Point culminant de l'île, la montagne Pelée marque aussi d'un point chaud l'histoire de la Martinique.

L'éruption du 8 mai 1902 provoqua la mort de 30 000 personnes et la disparition de Saint-Pierre, alors la plus grande ville des Antilles.

**LA MANGROVE**
Cette formation végétale prend racine dans les régions marécageuses. Le terme de mangrove provient du «mangle», fruit du palétuvier, arbre caractéristique de ce milieu.

## LA PRESQU'ÎLE DE LA CARAVELLE

La presqu'île de la Caravelle marque le profil atlantique de l'île d'un bras de terre de 10 km de long, perpendiculaire à la côte. Abritant autrefois les activités illicites de la famille Dubuc, la Caravelle vit aujourd'hui de pêche et son cadre enchanteur et relativement bien protégé attire chaque année un nombre croissant de visiteurs.

**LA RÉSERVE NATURELLE DE LA CARAVELLE.** Les circuits qui sillonnent la réserve offrent quantité de points de vue sur la pointe de la presqu'île et permettent d'en découvrir ses multiples milieux : forêt sèche, côte rocheuse, mangrove et anses blondes. Un circuit d'interprétation la traverse jusqu'au phare et à la station météo, rejoint les falaises à travers bois et longe la côte d'anses en pointes jusqu'à la baie du Trésor, avant de remonter vers les ruines du château Dubuc.

**LE CHÂTEAU DUBUC.** Sur un site magnifique qui surplombe la baie du Trésor s'éparpillent les vestiges du château Dubuc (1740), ancien repaire de naufrageurs, trafiquants d'esclaves et de marchandises. Grâce à l'activité économique qu'il générait, le domaine contribua sensiblement au développement de la côte atlantique de l'île. Puis, dévasté par le grand cyclone de 1766, il fut progressivement laissé à l'abandon. Les ruines aujourd'hui restaurées rendent à ce lieu légendaire tout son mystère d'autrefois.

**LA CANNE À SUCRE : UNE TERRE, UNE PLANTE, UN PEUPLE...**
Enracinée au cœur de l'histoire économique, sociale et culturelle de la Martinique, la canne à sucre a façonné depuis le XVII$^{e}$ siècle le paysage de l'île et la destinée de son peuple. Aujourd'hui, sa culture couvre plus de 3 000 ha et représente une récolte de 200 000 t par an. Elle fait partie des principales ressources agricoles de l'île, après la banane et l'ananas.

## LES CÔTES

Des anses blondes aux plages de sable noir, des falaises rocheuses aux baies recouvertes de mangrove, la Martinique propose un éventail de côtes d'une infinie diversité.

**LE NORD ATLANTIQUE.** Le vent et l'océan ont modelé le profil nord-atlantique de la Martinique : une côte exposée aux alizés et aux gifles des vagues, ciselée de falaises et creusée de plages hostiles aux baigneurs. À l'intérieur des terres, les damiers colorés des cultures dessinent un paysage rural plus serein. Les champs de canne, les plantations d'ananas et les bananeraies qui s'étagent en pente douce jusqu'à la mer en ont fait la région agricole la plus riche de l'île.

**LE NORD CARAÏBE.** Sur la côte sous le vent se succèdent des plages de sable noir et de nombreux bourgs qui, pour avoir été les premiers colonisés, comptent parmi les plus anciens de l'île. Joyau de la côte nord-caraïbe, Saint-Pierre offre au visiteur la splendeur de ses ruines, serties dans un précieux écrin de roches volcaniques. Le sentier qui relie le Prêcheur à Grand-Rivière suit le tracé d'un chemin départemental qui permettait jadis de relier «an cabroué bœufs» les habitations isolées du nord de l'île. Un petit pont, des pavés ou un tunnel rappellent çà et là la présence de cette ancienne voie de

**Le rocher du Diamant**

Ancien dôme de lave formé il y a 960 000 ans, il surgit des flots à 176 m au-dessus du niveau de la mer. Les oiseaux marins trouvent refuge sur ses flancs abrupts creusés de grottes. Sa partie immergée est couverte de coraux et de failles peuplées de poissons qui valent au rocher du Diamant le titre de plus beau site de plongée.

communication. La végétation possède aussi ses vestiges : manguiers, caféiers et cacaotiers témoignent d'une activité agricole aujourd'hui disparue.

**La route des Caps.** Sur la pointe sud-atlantique de l'île, la côte est tout en dentelle, formée d'une succession de pointes et de criques au large desquelles reposent de nombreux îlets. Les violentes vagues de l'océan qui déferlent au nord sont assagies ici par des récifs coralliens ancrés à quelques kilomètres au large. La route des Caps, magnifique sentier en bord de mer, s'étire sur une trentaine de kilomètres entre Sainte-Anne et les anses du Marin et du Vauclin. La promenade est brûlante d'impressions contrastées : d'un côté la fraîcheur d'un océan bleu turquoise, de l'autre l'étang d'eau salée des Salines, le relief désertique et l'atmosphère aride de la savane des Pétrifications. Au large, la TABLE AU DIABLE émerge des flots. La légende raconte que des sectes se réunissaient autrefois sur ce rocher de calcaire noir pour célébrer des fêtes diaboliques. Sur les rives de la baie des Anglais, en face de la réserve ornithologique des îlets de Sainte-Anne ▲ *180*, et du cul-de-sac Ferré se trouvent les plus beaux espaces couverts de mangrove de l'île. Entre la pointe Macré et les anses Macabou, étangs et plantations se côtoient, les coquilles de lambis rabattues par la mer posent ici ou là quelques touches de rose sur l'horizon des plages. Battus par les vents du large et asséchés par le soleil, les arbres cambrés jusqu'au sol rappellent que canicule et tempête sont maîtres des lieux sur la façade sud-atlantique de l'île.

«Et le sable est noir, funèbre, on n'a jamais vu un sable si noir, et l'écume glisse dessus en glapissant, et la mer la frappe à grand coups de boxe, ou plutôt la mer est un gros chien qui lèche et mord la plage au jarrets»

Aimé Césaire

Plage de Saint-Pierre

## Réserve ornithologique des îlets de Sainte-Anne

À l'extrême sud de la Martinique, les îlets de Sainte-Anne constituent un remarquable sanctuaire pour les oiseaux marins nicheurs. Située sur la commune de Sainte-Anne, la réserve comprend quatre îlots rocheux – Hardy, Percé, Burgeaux et Poirier. Ces îlets de calcaire corallien forment des tables rocheuses, bordées à l'est (vers l'Atlantique) de falaises et à l'ouest (face à la côte) de plages de sable blanc. Une faible pluviosité, une salure constante alimentée par les embruns et un fort ensoleillement favorisent un milieu aride où croissent des plantes littorales sur substrat calcaire. L'île Hardy – la plus grande, 2,5 ha – présente la particularité d'avoir un réseau de galeries souterraines où nichent des oiseaux marins comme les puffins.

**Puffin d'Audubon (puffin)**
Nocturne, il vient pondre un seul œuf dans les galeries rocheuses de l'îlet Hardy avant de reprendre la mer sur laquelle il séjourne le plus souvent.

1. Anse Trabaud
2. Îlet Poirier
3. Îlet Burgeaux
4. Îlet Percé
5. Îlet Hardy
6. Baie des Anglais

**Phaéton à bec rouge (paille-en-queue)**

De la famille des frégates et des fous, ce bel oiseau rappelle la sterne par sa morphologie. Mais il est plus grand et possède un vol plus puissant. Dans la réserve, il niche principalement sur Burgeaux.

**Sterne de Dougall (mauve)**

Cette sterne est nicheuse en petit nombre sur les îlets Poirier et Percé. À l'échelle de la planète, cette espèce est assez menacée et mérite des efforts de protection accrus.

**Sterne fuligineuse (touaou)**

Avec 15 à 20 000 couples rien que sur l'îlet Poirier, cette sterne tropicale est l'oiseau marin le plus abondant de la réserve.

**Tournepierre à collier (pluvier des salines)**

Venu de l'Arctique, ce petit échassier vient passer l'hiver sur les côtes rocheuses des îlets.

**Sterne bridée (faux touaou)**

Moins commune que la sterne fuligineuse, elle pond comme elle un œuf unique à même le sol. Elle est aussi inféodée aux eaux chaudes du globe.

# PARC NATUREL RÉGIONAL DU MASSIF DES BAUGES

Le massif des Bauges apparaît comme une montagne verte et fraîche alors que l'urbanisation se déploie sur tout son pourtour (Chambéry, Aix-les-Bains, Annecy, Albertville) et que les autoroutes alpines le ceinturent de près. Le parc englobe un cœur à forte empreinte montagnarde et une couronne tournée vers les collines et les grandes vallées de la périphérie. Les Bauges étaient une montagne peuplée quand la terre demandait de nombreux bras pour la culture : le massif et ses marges ont compté jusqu'à vingt mille habitants à l'apogée de la civilisation paysanne, vers 1850. Ces communautés villageoises ont hérité des défrichements pionniers des ordres religieux qui ont façonné le visage des Bauges : les bénédictins dont il ne demeure qu'un souvenir vivace à Bellevaux ; les chartreux à Aillon-le-Jeune dont on a entrepris de restaurer le couvent ; les cisterciens à Tamié dont l'abbaye abrite toujours une communauté active et accueillante ▲ *185*. Les villages ont entretenu une agriculture dense, intensive, conquérant les champs dans la vallée et exploitant les alpages en montagne. Aujourd'hui, il reste moins de cinq mille habitants dans le cœur des Bauges. Ce dépeuplement apparent est en fait une redistribution de la population vers la périphérie, plus attractive au moment de l'exode rural.

**FICHE D'IDENTITÉ**
Créé en 1995
sur les départements
de la Savoie
et de la Haute-Savoie
(Rhône-Alpes).
57 communes
80 000 ha
46 000 hab.

## LE CŒUR DES BAUGES

Les Bauges se dressent comme un massif forteresse ceint d'un rempart de falaises qui dominent les plaines de 1 000 m, parfois 1 500 m d'un seul jet. Les brèches pour y pénétrer sont la gorge du Chéran qui ouvre le massif sur l'Albanais ; la vaste encolure de Leschaux vers le lac d'Annecy ; et les cols plus haut perchés de Plainpalais, des Prés, du Frêne, de Tamié. Comme un écrin, les sommets et les plateaux périphériques encadrent le vaste bassin intérieur du Chéran. La structure du relief, comme dans toutes les Préalpes calcaires, est simple : faisceau de plis, netteté de la dalle calcaire qui en est l'écorce plus ou moins ébréchée par l'érosion, bassins affouillés dans le cœur plus tendre des plis.

Chaque massif préalpin a son style : celui des Bauges est plus ample et délié, plus modéré car moins compact que ses voisins immédiats de la Chartreuse ▲ *98* et des Bornes-Aravis.

**L'ARTISANAT BAUJU** L'agriculture ne suffisait pas à faire vivre tout le monde et surtout ne procurait pas le petit revenu que seul le commerce apportait. L'artisanat rural occupait les bras à la mauvaise saison, fournissait des produits à vendre et animait un colportage opiniâtre dans les régions voisines. Alliant le bois de chauffage des Bauges et le minerai de fer des Hurtières, la petite métallurgie, notamment à Bellevaux et à Tamié, était à la base d'une clouterie réputée. Le bois façonné de l'érable sycomore se retrouvait dans

les ustensiles quotidiens, qualifiés avec humour d'«argenterie des Bauges», et fabriqués aujourd'hui encore par quelques artisans.

**LA BORDURE ORIENTALE.** Face aux Grandes Alpes se dressent les sommets les plus vigoureux qui culminent à l'Arcalod (2 217 m). On y discerne une collection de synclinaux (plis en forme de berceau) : celui, immense, de l'Arclusaz dont la tranche sert de fronton à Saint-Pierre-d'Albigny ; les gouttières perchées du Colombier ou du Trélod (ci-dessus, en haut, avec la chapelle Saint-Bernard) ; l'Arcalod tout froissé ; ou encore la Sambuy et le Pécloz. Au milieu d'alpages et de rochers s'étend la Réserve nationale de chasse et de faune sauvage que peuplent chamois (près de deux mille individus), mouflons, tétras et lagopèdes… Créée en 1950, la réserve constitue un laboratoire d'études scientifiques privilégié pour ces animaux.
**L'OUEST.** Le rebord externe présente de vigoureuses falaises qui tranchent la longue voûte du Semnoz pointant vers Annecy et les vastes plateaux inclinés du Revard ou du Margériaz. Les parties plus basses sont tapissées de forêts denses, royaume du chevreuil, du cerf et du sanglier. L'eau et le temps y ont sculpté un réseau de gouffres et de galeries qui en font un terrain de jeux particulièrement apprécié des spéléologues.
**LE BASSIN DU CHÉRAN.** La surprise des Bauges, c'est l'ampleur inégalée des vallées du cœur du massif sur l'axe du Chéran. Très vaste autour de Lescheraines, le bassin du Chéran devient, après le verrou du Châtelard (ci-dessous), plus étroit autour d'École et de La Compôte (ci-dessus). Classé rivière de première

# Parc naturel régional du massif des Bauges

**Un tourisme mesuré**
Précoce, il s'est d'abord développé à la périphérie du massif. Le plateau du Revard a été, dès 1880, une antenne de la station thermale d'Aix-les-Bains grâce au chemin de fer qui y accède en 1892, puis au téléphérique. Site huppé pour contempler les monts (dont le Mont-Blanc) et le lac du Bourget, il a été une des premières stations de sports d'hiver dès 1905. Sur un mode plus populaire et depuis Chambéry, le plateau de la Féclaz fixe la villégiature familiale à partir de 1920. La vogue du ski de fond, après 1968, assure la renommée du plateau du Revard, devenu le domaine de ski de fond le plus fréquenté de France. Une station-village, Aillon-le-Jeune, et trois stades de neige, Margériaz, Semnoz et Seythenex, complètent la palette des activités hivernales.

catégorie piscicole, le Chéran est réputé pour la pêche de la truite. Sur ses berges se marient la fraîcheur des prés et des frondaisons plus drues. Encadrée par des forêts de résineux drapant les plateaux et les chaînons, cette clairière a été le centre de l'économie paysanne baujue ▲ *186*.

## Une couronne de pays

Le paysan bauju, pour assurer sa subsistance, cherchait des ressources complémentaires dans les petits pays qui entourent le massif. Aussi l'histoire rurale rattache-t-elle la couronne qui cerne le massif aux Bauges, bien que les pays qui la composent aient leur personnalité propre, tournée vers les villes-portes.

**Le plateau de la Leysse.** Banquette surplombant la cluse de Chambéry, c'est un relais avant le passage des cols de Plainpalais ou des Prés qui donnent accès au cœur du massif. Son paysage agreste, ponctué de vergers, est une préfiguration des vallées intérieures. On y exploitait autrefois, pour les villes de la plaine, des glacières que l'on peut découvrir grâce au sentier aménagé de Thoiry.

**Les collines de l'Albanais.** Le cadre montagneux s'estompe. Un paysage de croupes et de vallons lui succède. Le terroir est plus opulent, même s'il reste d'une nature identique à celui des Bauges. Terre de civilisation ancienne, l'Albanais a été habité dès l'âge du fer et fut largement colonisé par Rome. Pendant des siècles, il a été le grenier à blé de la Savoie et un lieu de communication privilégié. Le pont de l'Abîme surplombe le Chéran du haut de ses 96 m et les tours Saint-Jacques, imposants clochetons, veillent sur le défilé de Banges.

**Le pays du Laudon.** À la limite nord du parc, les Bauges plongent vers le rivage du lac d'Annecy dont les courbes épousent la conque de vallons en contrebas de Leschaux. C'est la même ambiance de frais terroirs agricoles, mais avec une tendance touristique et résidentielle plus marquée, sur fond de lac aux eaux turquoise, dans lesquelles se reflètent les falaises des Dents de Lanfon et de la Tournette. Les plages de sable et les sports nautiques attirent chaque été de nombreux visiteurs.

Il faut visiter à Sévrier le musée de la Cloche de la fonderie Paccard et l'écomusée du Costume savoyard.

**Le pays de Faverges.** C'est sans doute le plus montagneux. De sévères vallons forestiers entaillent les plus hauts chaînons de l'Arcalod et de la Sambuy. La Réserve nationale de chasse et de faune sauvage abrite une riche faune et flore alpine, tandis que la cascade

et les grottes de Seythenex invitent à la découverte du monde souterrain.

L'abbaye de Tamié (ci-dessus), en contrepoint, réputée pour son fromage, veille sur la douceur des prés qui tapissent les pentes du col auquel elle doit son nom. Les villages témoignent de leur histoire : vestiges gallo-romains et médiévaux (sites de Viuz et de Thovey), architecture résidentielle (château de Faverges, ci-contre), ou religieuse baroque (église de Seythenex). Le télésiège de Seythenex-La Sambuy offre un superbe panorama sur le lac d'Annecy et l'ensemble des Alpes.

**La combe de Savoie.** Tout l'oppose au massif et au reste de la couronne. Le long versant adossé aux falaises des Bauges, gorgé de soleil, est tapissé de vignes qui produisent des crus parmi les plus réputés de Savoie (ci-dessus, vendanges à Chignin). Ce terroir servait souvent d'appoint à l'agriculteur bauju. L'apport en vin et en fruits complétait la production de grains, de lait et de bois. Le paysan montagnard y côtoyait des propriétaires plus aisés. Ces derniers ont marqué le territoire en laissant des maisons fortes (ci-dessous, la tour de Chignin) puis bourgeoises, mais aussi des châteaux de belle allure comme ceux de Miolans ou de Cruet.

**La maison baujue**

Elle n'a rien à voir avec le stéréotype convenu du «chalet savoyard» ! Rectangulaire, sur deux niveaux et quelquefois très longue, elle est coiffée d'un toit à forte pente, souvent dissymétrique et largement débordant sur une façade. Cet avant-toit, qui lui confère une allure de guingois, permettait aux occupants de travailler à l'abri et de protéger bois de chauffage et matériel. Les «tavalans», montants de bois recourbés, soutiennent des balcons de séchage. L'étage est desservi par des escaliers extérieurs puis par des balcons. Autre originalité, la polychromie : les façades, les balcons et les boiseries pouvaient être peints. Dispersées dans les prés, les «grangettes» servaient à stocker le foin.

La personnalité affirmée des Bauges repose d'abord sur la pérennité de leurs traditions. À la suite d'une adaptation progressive – étalée sur plus d'un siècle – à l'agriculture moderne, le cœur du massif est devenu agro-pastoral et forestier. L'économie paysanne, qui avait prospéré jusqu'à l'aube du XXe siècle, a évolué et le massif se caractérise à présent par des filières de production performantes et variées : élevage bovin pour la production de produits laitiers ou de viande, mais aussi viticulture, arboriculture, horticulture…

### Cent années d'opulence

Entre la seconde moitié du XVIIIe siècle et le milieu du XIXe siècle, le cœur des Bauges connaît une opulence peu commune due à une grande diversité de ressources. L'association étroite des cultures et de l'élevage, l'exploitation des forêts, l'industrie métallurgique, l'artisanat font du massif un foyer économique actif. C'est l'élevage laitier qui s'est affirmé comme la principale richesse. Les «montagnes» (c'est-à-dire les alpages) appartiennent à de grands propriétaires, d'abord les ordres monastiques, puis des bourgeois ou paysans aisés après la Révolution. Les petits paysans doivent se contenter des «petites montagnes», pentes inférieures proches des villages. Chaque famille a son spécialiste qui travaille les produits laitiers : beurre, gruyère gras, chevrotin, grateron (mélange de lait de vache, chèvre et brebis), persillé, tome et vacherin. Dès 1850, l'émigration jusqu'alors saisonnière devient plus importante, les jeunes quittent le pays.

### Une agriculture restructurée

La diminution, en nombre, des exploitations, et surtout des agriculteurs actifs, a été impressionnante. Mais, depuis les années 1970, la surface agricole exploitée se maintient. Si le bétail est un peu moins nombreux, la production laitière reste au même niveau. Les exploitations, restructurées, sont plus vastes et le passage à l'économie pastorale, plus extensive, dispense de mobiliser autant de travailleurs que l'exigeaient les cultures d'hier. De plus, pour s'adapter aux règles du marché et de la productivité, les agriculteurs font preuve d'un plus grand professionnalisme. Ce sont les minuscules exploitations familiales qui ont peu à peu disparu.

**Les fromages**
Deux produits sont considérés comme leaders : le gruyère et surtout la fameuse tome des Bauges qui est devenue la figure emblématique des productions locales (ci-contre, affinée par la fruitière de Lescheraines). On ne saurait méconnaître pour autant la saveur des fromages de chèvre, de l'emmenthal fabriqué en Albanais, du fromage de Tamié ▲ *185*, du vacherin, ou du reblochon qu'on peut trouver dans la partie nord du parc.

**L'élevage laitier**
Désormais consacrées aux herbages, à l'élevage, les Bauges déclinent toute la gamme des fromages et s'inscrivent dans la plus pure tradition savoyarde.

**Un dynamisme renouvelé**
À côté des filières principales (fromages, vins), d'autres productions se développent pour renforcer la diversité de l'offre de produits du terroir : l'arboriculture (pommes) est un atout important en Combe de Savoie et en Albanais tandis que les producteurs de miel du syndicat apicole «Le Rucher des Allobroges» se mobilisent pour retrouver une souche locale d'abeille noire. Les agriculteurs cherchent aussi une diversification en développant l'agro-tourisme et l'accueil à la ferme.

**La viticulture**
La tradition vinicole est multiséculaire puisqu'elle remonte aux Gallo-Romains. On marie les cépages de vins rouges (mondeuse, gamay, pinot, altesse) avec les vins blancs de Savoie (jacquere, chardonnay, bergeron…). De coopératives réputées (Chignin, Montmélian, Cruet) en récoltants individuels, on reconnaît les grands crus : chignin, arbin, cruet, saint-jean-de-la-porte… Un effort tenace de qualité a permis d'obtenir pour ces productions des AOC Vins de Savoie. Fréterive s'illustre dans une spécialité rare, la culture des plants porte-greffes, qui lui assure une renommée internationale.

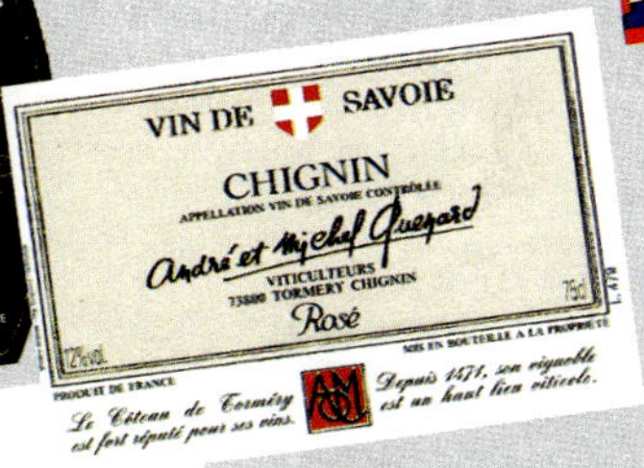

Ci-dessous, récolte de pommes de terre au Châtelard au début du XXe siècle

# Parc naturel régional de la Montagne de Reims

**Fiche d'identité**
Créé en 1976
sur le département
de la Marne
(Champagne-Ardenne).
68 communes
50 000 ha
34 000 hab.

**Histoire**
Butoir naturel contre les invasions, terre de refuge ou de retrait, mais aussi lieu de passage dès la période romaine, la Montagne de Reims est liée aux heures fastes ou cruelles de la Champagne et des cités environnantes : Reims, ville des sacres et de l'archevêché ; Châlons, siège administratif ; Épernay, capitale du champagne. Les nombreux villages, ceinturant son pourtour ou blottis au creux de petits vallons, abritent, autour d'églises romanes, lavoirs, fontaines, halles ou moulins.

**Sortilèges des sous-bois**
En se penchant, on peut admirer certaines variétés d'orchidées, ces miracles d'élégance : orchis (bouc, pyramidal, tacheté au militaire), ophrys (abeille ou mouche)… Il faut en prendre soin – notamment de la magnifique, rare et protégée céphalentère à longues feuilles.

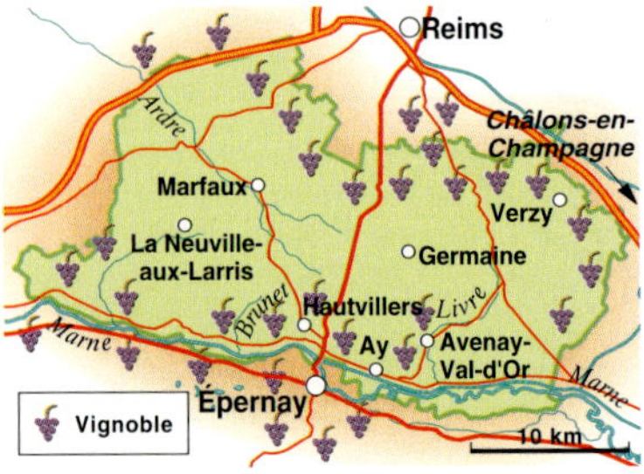

Coteaux peignés de vignes, festonnés de villages ; peuple feuillu de la forêt juché sur le plateau ; petits vallons paisibles, églises romanes… Sous les grands ciels de la Champagne, voici la «Montagne», avec sa chair dorée de vendanges et ses forêts profondes. Seule coupe complète et continue des terrains tertiaires dans l'est du Bassin parisien, la Montagne de Reims est un gigantesque empilement de couches géologiques sédimentaires. La craie campanienne, contemporaine des derniers dinosaures, les argiles à lignite du tertiaire et les limons glaciaires du quaternaire forment un millefeuille géologique de soixante-dix millions d'années, expliqué dans la carrière pédagogique de Mailly-Champagne. Cette lente sédimentation, remodelée il y a 15 000 à 20 000 ans par le travail des glaciers, détermine les trois grands traits du relief : talus calcaire, plateaux tabulaires couverts de limons faillés de vallons et plaines crayeuses. À ce triptyque naturel, les hommes ont donné, au fil des siècles, forme et visage. Au nord, au sud, à l'est, les versants amendés sont couronnés de vignobles. Sur le plateau, la forêt a été façonnée par la sylviculture. À l'ouest, le paysage déploie ses courbes douces et le damier, vert et jaune, des cultures et des pâturages.

## Le plateau forestier

Depuis la plaine de Champagne, on peut voir une ligne d'ombre ourler les coteaux plantés de vignoble : c'est la bordure du massif forestier de la Montagne de Reims. En réalité, il s'agit d'un plateau culminant à 288 m, presque uniformément plan et recouvert sur 20 000 ha de forêt dense. Jadis propriété des abbayes de Saint-Rémi et Saint-Denis de Reims, de Saint-Basle de Verzy, d'Hautvillers et

**La Maison du bûcheron**
Située à Germaine, au cœur du massif, elle retrace l'histoire des métiers forestiers en Montagne de Reims.

d'Avenay, elle se partage maintenant entre les 6 800 ha gérés par l'ONF et de nombreuses propriétés privées. Le chêne et le hêtre dominent parmi les feuillus – charmes, bouleaux, érables, tilleuls et châtaigniers – et les résineux. Traitée en futaie et en taillis sous futaie, elle fait l'objet d'un entretien méticuleux et d'une exploitation rationnelle.

Craie et briques se mêlent pour former un appareil ocre et écru.

**Les faux de Verzy.** La forêt domaniale de Verzy abrite des hôtes d'aspect étrange, sur le site de l'ancienne abbaye de Saint-Basle fondée en 664 par saint Nivard. L'hiver, ils exhibent des troncs et des branches dépouillés aux formes tourmentées et serpentines. L'été, sous l'abri courbe de leurs ramifications terminales, ils apparaissent comme autant de parasols frissonnants. Ce sont les faux (du latin *fagus*, hêtre), ou hêtres tortillards. Ils existeraient depuis le VIe siècle. Longtemps on a cru qu'ils devaient leur forme à une malédiction prononcée par un moine contre les villageois de Verzy. On pense aujourd'hui qu'il s'agirait d'une mutation génétique, peut-être due à un virus… La beauté insolite de ces arbres et les nombreuses questions scientifiques qu'ils suscitent ont fait de ce site un haut lieu de curiosité.

**Faune.** Les cerfs, les chevreuils et surtout les sangliers peuplent le massif. Les mustélidés, petits mammifères carnivores et nocturnes, sont partout présents ; et s'il n'est pas rare de rencontrer un renard en train de muloter, il est plus difficile d'apercevoir l'insaisissable blaireau, pourtant très commun, ou le discret chat sauvage…

**Étangs et mares.** Çà et là des sols gorgés d'eau donnent naissance à des étangs et des mares que signalent hautes herbes et vols de libellules. On entend de loin le concert des batraciens, notamment le pélodyte ponctué, l'étrange alyte accoucheur ou les grenouilles vertes et rousses.

“On ne sait que penser de ces monstres qui semblent être une énigme jetée aux savants, un défi porté à toutes les théories végétales.”
Le botaniste Carrière, en juin 1863

## LE TARDENOIS DE L'ARDRE

L'Ardre prend sa source à Saint-Imoges, au cœur du massif forestier, et se jette, 35 km plus loin, en plein Tardenois, l'ancien grenier à blé du Nord-Est gallo-romain. Dans son eau vive et claire ondoient des truites aux reflets d'argent. Sa vallée, entourée d'un doux relief, traverse des paysages voués à l'agriculture et parsemés de fermes massives et solitaires.

**ÉGLISES ROMANES.** D'un village à l'autre, Marfaux, Poilly, Coulommes, La Neuville-aux-Larris, elles présentent une tour carrée, avec un toit à double pente, une nef pure et une abside en cul-de-four. Elles sont bâties dans une pierre extraite depuis le Moyen Âge des carrières du pays de l'Ardre et dont s'enorgueillissent maints édifices, notamment la cathédrale Notre-Dame de Reims.

**LE VIGNOBLE**
La vigne champenoise est cultivée à la limite septentrionale au-delà de laquelle le raisin ne peut plus mûrir. Le sol de craie joue un rôle de régulateur naturel en procurant aux ceps un dosage harmonieux entre humidité et chaleur.

## LA CUESTA VITICOLE

Impeccable et tirée au cordeau, tantôt gravée à l'eau-forte, tantôt chatoyante, verte ou mordorée, la vigne dévale les flancs de la Montagne, au nord et à l'est, jusqu'à la plaine champenoise. Au sud, ses coteaux suspendus toisent les méandres de la Marne. Cette prestigieuse couronne porte les villages des plus grands crus de Champagne.

**UN VIGNOBLE HISTORIQUE** ▲ *192*. Cultivée depuis des siècles, la vigne couvre 6 800 ha du territoire de la Montagne. Se dressant autrefois en «foules» touffues, elle s'aligne, depuis la terrible crise du phylloxéra, en rangs rectilignes. Les cépages autorisés (pinot noir, chardonnay et meunier) donnent des raisins classés pour l'essentiel à 100% sur l'échelle des crus. C'est le fleuron du vignoble champenois. Les sols calcaires, marneux et argileux des coteaux sont à l'origine des saveurs incomparables du champagne. Mais, sans cesse travaillés, ils sont sensibles aux ravinements et aux glissements de terrain.

**L'ÉCHELLE DES CRUS**
Tous les vignobles champenois ont un rang sur l'échelle des crus exprimé en pourcentage de 80 à 100 %. Le prix au kilo étant fixé avant chaque récolte, les vignerons vendent leur raisin selon le pourcentage correspondant au classement de leurs vignes.

Moulin de Verzenay

«Du vin d'Ay,
la mousse pétille
En chatouillant
les fibres du cerveau
Y porte un feu qui
s'exhale en bons
mots.»
Voltaire

**Promenades sur la Marne**
Né à Paris vers 1830, le canotage s'est rapidement développé aux abords de la capitale pour devenir un divertissement extrêmement populaire. De nombreuses embarcations glissaient alors sur la Seine et la Marne où se multiplièrent guinguettes et bals flottants.

**Un chapelet de villages.** On déambule dans des hameaux bâtis à flanc de coteau le long de rues bordées de hauts murs de craie revêtus de crépi. Les «chartils», porches monumentaux, laissent entrevoir, autour de la cour pavée, logis, celliers et pressoir.

## La vallée de la Marne

À partir d'Ay et d'Épernay, le versant sud de la montagne épouse la rive droite de la Marne. Coiffé de forêts, son flanc, entaillé çà et là par de petites vallées affluentes telles que la Livre, le Brunet, le Belval ou la Semoigne, est planté de vignobles. Les villages et les bourgs cossus se succèdent le long du canal impassible ou des boucles du fleuve. La vigne foisonne, ne négligeant aucun pouce carré de la terre ensoleillée.

**Panoramas.** En remontant le long des affluents de la Marne jusqu'au coteau, les points de vue sur la rivière sont magnifiques. On s'arrêtera à Champillon, accroché sur la pente, pour contempler l'immense éventail des «galipes» (vignes, en parler champenois). On gravira, à Châtillon-sur-Marne, la butte féodale, d'où Urbain II bénit les premiers croisés, pour admirer les pentes filant vers le cours lent des péniches où mûrit le raisin.

Du raisin à la flûte de champagne, enseigne d'Hautvillers

**Hautvillers.** Siège de la légendaire abbaye, c'est aujourd'hui un village orné d'enseignes colorées réalisées en fer forgé. L'abbaye d'Hautvillers, construite autour des reliques de sainte Hélène, la mère de l'empereur romain Constantin, date du VII^e siècle. Elle fut, au IX^e siècle, un centre artistique parmi les plus brillants de l'Occident et rédigea les fameux manuscrits carolingiens de l'école de Reims. Maintes fois restaurée, longtemps opulente, elle demeure dans les mémoires le haut lieu du champagne : Dom Pérignon y tint son fameux cellier pendant quarante-sept ans !

**Avenay-Val-d'Or et sa Livre.** Au VII^e siècle, Berthe y fonda un couvent. Hélas, l'eau manquait. Pour une livre d'argent, la sainte acquit une source en forêt. Elle s'y rendit pour y puiser de l'eau qui devint ruisseau attaché à ses pas... Ainsi naquit la Livre dont les eaux miraculeuses guérissent la folie.

**Le vol ivre des étourneaux**
Nuées pillardes ou volées capricieuses, fléau biblique ou espiègles augures, les hordes des étourneaux sansonnets accompagnent le vignoble mûrissant.

# Le champagne

Ci-contre, Dom Pérignon

Plantées à l'époque gallo-romaine, les vignes champenoises produisent jusqu'au XVIII$^{e}$ siècle un vin rouge – non pétillant –, réputé pour sa subtilité. Par ses observations sur la fermentation et son art d'assembler les crus, Dom Pérignon (1638-1715) devient le père spirituel du champagne, blanc et mousseux. Aujourd'hui plus de 300 millions de bouteilles sont vendues de par le monde où le même mot suffit pour qu'un air de fête passe : «Champagne !»

**Irrésistibles ascensions, terribles revers**

Le champagne est livré en tonneaux jusqu'à l'arrêté royal de 1728 qui autorise les bouteilles. Apparaissent alors les négociants et les premières grandes maisons de champagne. Au XIX$^{e}$ siècle, l'engouement va croissant, la fabrication s'améliore et de nouvelles marques sont créées.

À la fin du siècle, les ravages du mildiou et surtout du phylloxéra sont catastrophiques et obligent au renouvellement du vignoble par l'introduction de plants nord-américains. La fraude et l'arbitraire des prix du raisin durciront le marché jusqu'à la loi de 1927 qui garantit l'authenticité du champagne en fixant les zones d'appellation et les cépages.

**ZONES DE PRODUCTION**
Les 31 000 ha de vignoble sont cultivés dans la Marne (pour les trois quarts), l'Aube, l'Aisne, la Haute-Marne et en Seine-et-Marne. Mais c'est la Montagne de Reims, territoire historique du champagne, qui réunit sur 6 800 ha les plus grands crus.

### LES RITES DE FABRICATION DU CHAMPAGNE

**1 PRESSURAGE**
Sitôt les grappes coupées, le pressurage s'effectue en plusieurs fois avec célérité pour éviter la coloration du jus par la peau des raisins noirs. 150 kg de raisin donnent, selon la règle champenoise, 100 l de jus (moût).

**2 PREMIÈRE FERMENTATION**
Les moûts après décantation sont mis en cuve par origine durant 3 semaines pour donner un jeune vin blanc, non pétillant.

**3 ASSEMBLAGE**
Au printemps, les crus sont mariés selon des proportions gardées secrètes par chaque chef de cave. L'ajout de vin de réserve assure le maintien de la qualité. Lorsqu'elle est exceptionnelle, la cuvée n'est faite qu'avec des vins de l'année et le champagne est alors dit millésimé.

**4 CHAMPAGNISATION**
La cuvée est mise en bouteille avec du sucre de canne et des ferments qui se transformeront, lors de la seconde fermentation, en alcool et gaz carbonique. Ce dernier donne naissance aux bulles : c'est la «prise de mousse».

**5 REMUAGE ET DÉGORGEMENT**
Un, deux ou trois ans après, on procède au «remuage». Placées sur un pupitre, le col en bas, les bouteilles sont remuées afin que se détachent les dépôts. Au bout de deux à trois mois, la bouteille est décapsulée et débarrassée de son dépôt : c'est le dégorgement. Une liqueur de champagne est alors versée dans des proportions correspondant à l'état désiré (brut, extra-dry, sec…). Ce dosage achevé, il ne reste plus qu'à boucher, museler et habiller la bouteille !

# Parc naturel régional du Morvan

**Fiche d'identité**
Créé en 1970
sur les départements
de la Côte-d'Or,
de la Nièvre,
de Saône-et-Loire
et de l'Yonne
(Bourgogne).
73 communes
196 122 ha
30 404 hab.

**Un pays de lacs**
Reliés par un circuit, ils permettent de découvrir le Morvan central et nord-oriental. Tous sont d'excellents sites de pêche (brochet, sandre, truite, poissons blancs et friture) et chacun a son charme : le lac des Settons (1858, 360 ha), destiné à gonfler la Cure pour le flottage du bois ▲ *196*, est aujourd'hui le plus fréquenté (ci-dessous) ; le Crescent (1933, 165 ha) et Chaumeçon (1935, 200 ha), voués à la régularisation des cours d'eau, ont gardé leur aspect sauvage à cause de leurs pentes abruptes, de même que Pannecière (1949, 520 ha), doté d'une usine hydroélectrique. Le lac de Saint-Agnan (1969, 140 ha) et celui de Chamboux (1985, 75 ha) alimentent les populations en eau potable.

Massif granitique au cœur de la Bourgogne calcaire, le Morvan est un pays de montagnes rudes, d'altitude moyenne (de 400 à 900 m du nord au sud), mais entaillées de vallées encaissées et de failles profondes. Parcouru de cours d'eau rapides appréciés des canoéistes, il est couvert à ses sommets de forêts denses, qu'émaillent, sur les pentes, bocages et landes à genêts. Les fonds de vallée, formés de sols granitiques où l'eau stagne, sont dominés par des prairies marécageuses à joncs et carex. Caractérisé par un habitat dispersé, le Morvan n'a jamais eu de véritable capitale, mais reste soumis à l'influence de Château-Chinon et de trois grandes villes postées à ses frontières : Autun au sud, Avallon au nord et Saulieu à l'est.

## Historique

**Des vagues successives de peuplement.** Le Morvan est peuplé depuis le néolithique. Vers 100 av. J.-C., des Celtes investissent le massif depuis la place fortifiée de Bibracte

(mont Beuvray), où, plus tard, Vercingétorix organisera la résistance gauloise contre Jules César ▲ *198*. Aux XIIe et XIIIe siècles, le pourtour du Morvan se garnit de châteaux et de domaines ruraux gagnés sur la forêt. Mais l'originalité du peuplement morvandiau tient à l'ouverture, à partir du XIVe siècle, de nombreuses clairières agricoles avec un habitat en hameaux sur tout le territoire. De nouvelles familles s'y installent jusqu'au XVIIIe siècle, donnant leur nom aux villages qu'elles créent. Puis les seigneurs choisissent d'exploiter les forêts pour alimenter Paris en bois de chauffage : ils favorisent les forêts de taillis et le déboisement est stoppé. Ces conquêtes démographiques successives ont fait du Morvan un ensemble de pays séparés, tournés – hormis le centre et la montagne au sud – vers les plaines.

**MIGRATIONS ET TRADITIONS.** L'absence de routes et le développement de petites unités agricoles qu'on a crues longtemps fermées sur elles-mêmes ont accentué ce phénomène de repli. Pourtant, le Morvan s'est ouvert sur l'extérieur, grâce à la circulation des hommes ; la pauvreté des revenus agricoles (seigle principalement) a en effet poussé les petits exploitants et les journaliers à chercher ailleurs des activités rémunératrices : coupe et flottage en rivière du bois de chauffe ; industrie des nourrices qui partaient allaiter dans les familles ou accueillaient chez elles des orphelins de l'Assistance publique ; conduite, du printemps à l'automne, de charrois en France par les «galvachers», ou conducteurs de bœufs. Aujourd'hui, la forêt morvandelle reste une richesse du pays ; les pâturages de ses bordures, surtout au sud, se sont spécialisés dans l'élevage de la race bovine blanche charolaise, qui a remplacé peu à peu l'ancienne race morvandelle à robe rouge.

## LE MORVAN CENTRAL

Plate-forme bosselée (de 400 à 650 m d'altitude) s'étendant de Quarré-les-Tombes à Planchez, cette zone se caractérise par des milieux humides, tourbeux et forestiers, que fréquentent lièvres, chevreuils, blaireaux et chauves-souris.

**LA MAISON DU PARC ET SES ENVIRONS.** Achetée en 1975, elle occupe un ancien château du XIXe siècle et ses dépendances, où se tiennent l'administration, un centre documentaire, des expositions, des réunions… Un bâtiment est consacré au MUSÉE DE LA RÉSISTANCE en Morvan qui invite à visiter les hauts lieux de la Résistance morvandelle et les villages martyrs (Dun-les-Places, Montsauche-les-Settons, Planchez-en-Morvan). Autour de l'étang Taureau, ancien réservoir du flottage de bois de 13 ha, un herbularium et un arboretum y présentent la flore morvandelle.

**L'ÉCOMUSÉE DU MORVAN**
Le parc régional fonde une partie de sa politique sur la mise en place d'un écomusée qui illustre les caractères et les traditions du pays. C'est une œuvre en marche : une Maison-Centre est prévue à la Maison du parc, incitant à la visite d'antennes muséales, comme la Maison du seigle à Ménessaire (Côte-d'Or), la Maison de la galvache à Anost (Saône-et-Loire) et la Maison Vauban à Saint-Léger-Vauban (Yonne). Trois nouvelles antennes sont prévues dans la Nièvre : Maison du charolais (Moulins-Engilbert), Maison des enfants assistés et des nourrices et Maison de l'eau et du bois.

# Parc naturel régional du Morvan

**Le maréchal de Vauban (1633-1707)**
Ingénieur militaire de talent, né à Saint-Léger, le seigneur de Vauban (commune de Bazoches) fut aussi un penseur social en avance sur son temps ; la pauvreté morvandelle lui inspira deux ouvrages : *Description géographique de l'Élection de Vézelay* (1696) et *Projet de Dixme royale* (1707), qui lui valut une disgrâce royale.

**François Mitterrand (1916-1996)**
Maire de Château-Chinon en 1959, député de la Nièvre, plusieurs fois ministre et deux fois de suite président de la République (1981-1995), François Mitterrand est apprécié en Morvan comme homme de culture (quatre musées ont été créés sous son initiative). Sa mémoire est profondément enracinée dans la conscience collective morvandelle.

## Les paysages ouverts du Nord

**L'Avallonnais.** Les forêts, moins vastes ici que dans le Centre, laissent la place au bocage, réservé essentiellement au charolais (en haut, à droite). Avallon abrite une collégiale du XIIe siècle dédiée à saint Lazare et un musée de sculpture. Quarré-les-Tombes est connue pour les sarcophages mérovingiens qui jouxtent son église.
**Deux sites religieux majeurs.** La basilique Sainte-Madeleine de Vézelay, classée au patrimoine mondial de l'Unesco, fut un haut lieu de pèlerinage médiéval. Bernard de Clairvaux y prêcha la Croisade, en 1146. Le monument, restauré par Viollet-le-Duc au XIXe siècle, est un chef-d'œuvre de l'art roman. La cité médiévale a conservé remparts, portes et chemin de ronde, d'où l'on jouit d'un superbe panorama sur le Morvan ; les environs invitent aux activités de plein air (canoë-kayak sur la Cure, VTT, escalade, randonnées…). L'abbaye de la Pierre-qui-Vire, fondée en 1850 au milieu de la forêt de Saint-Léger-Vauban, au fond de la vallée du Trinquelin, prédispose, elle, au calme et au recueillement.

## Le pays de Saulieu

La petite ville de Saulieu s'insère dans un paysage bocagé, proche de celui de l'Avallonnais. La basilique Saint-Andoche (XIIe siècle), remaniée en façade, vaut une visite pour son arc brisé bourguignon, ses chapiteaux historiés ou décorés de motifs floraux et animaliers, un évangéliaire dit de Charlemagne et le tombeau de saint Andoche en marbre blanc. Le Musée régional, consacré aux us et coutumes locaux, a réservé un étage au sculpteur animalier François Pompon (1855-1933). La ville est également réputée pour sa gastronomie, illustrée après guerre par le restaurateur Dumaine et aujourd'hui par Bernard Loiseau dont la cuisine raffinée fait de la *Côte d'Or* une des meilleures tables de France .

## Château-Chinon et ses environs

Proche du haut Morvan, du mont Beuvray et des grands lacs, la cité aurait été fondée par les Celtes. Du haut du calvaire, les paysages sont facilement repérables : clairières du Morvan central, vallée de Saint-Hilaire qui annonce le sud, villes ancienne et nouvelle de Château-Chinon. Mais l'histoire de la ville est surtout liée à l'ascension politique de François Mitterrand. Les marques de son passage sont nombreuses : on retiendra surtout la fontaine d'art contemporain due à Niki de Saint Phalle et Jean Tinguely et les musées du Costume et du Septennat. À côté de l'hôtel du Vieux-Morvan, où était installé le futur président avant 1981, l'ancienne mairie a été transformée pour devenir le centre culturel Condorcet. Les environs de Château-Chinon

méritent également le détour : ARLEUF pour les vestiges du théâtre antique des Bardiaux et sa spécialité gastronomique, le jambon du Morvan. À ANOST, l'étonnante fête de la Vielle réunit après le 15 août des musiciens morvandiaux traditionnels : joueurs de vielle, cornemuse, accordéon diatonique et violon.

## LE SUD : LE MORVAN DES GRANDS DOMAINES

Le haut Morvan, aux terres plus riches, fut découpé, aux XIIe et XIIIe siècles, en vastes seigneuries : le paysage, aux grandes parcelles groupées autour des grosses fermes des châteaux, diffère beaucoup de celui des petites unités agricoles du Morvan du Centre et du Nord. C'est aussi un pays de hauts sommets, sur lesquels ont été aménagées des pistes de ski de fond (Haut-Folin, 901 m). Sur le MONT BEUVRAY s'élevait jadis la cité gauloise de Bibracte : les fouilles archéologiques y ont repris depuis 1985 et des visites guidées invitent à la découverte du site ▲ *198*. À quelques kilomètres à l'ouest, la station thermale de SAINT-HONORÉ-LES-BAINS traite, grâce à ses eaux sulfurées et arsenicales, les voies respiratoires. Tout près, la vieille cité de MOULINS-ENGILBERT est animée tous les mardis par le marché au Cadran, vente électronique de charolais.

## AUTUN ET SON BASSIN

La plus grande ville du Morvan, Autun, adossée aux versants méridionaux de la montagne, domine la riche dépression herbagère de la vallée de l'Arroux, consacrée depuis le siècle dernier à l'élevage. La ville – Augustodunum – fut construite à l'époque gallo-romaine pour succéder à Bibracte. Son THÉÂTRE (seconde moitié du Ier siècle), l'un des plus grands de Gaule, pouvait recevoir douze mille personnes ; l'AMPHITHÉÂTRE égalait ceux du midi de la France. La PORTE DE SAINT-ANDRÉ et celle D'ARROUX au nord, plus élégante, traduisent le plan romain d'une grande ville de ce temps. À l'extérieur, le TEMPLE DIT DE JANUS résulte peut-être de la fusion entre les cultes gaulois et la religion romaine importée. Plus récente, la CATHÉDRALE SAINT-LAZARE, à l'architecture romane bourguignonne, possède des chapiteaux de décors floraux ou historiés et un superbe tympan du Jugement dernier (XIIe siècle).

**LE TRAVAIL DU BOIS**
L'exploitation du chêne-hêtre faisait vivre jadis une grande partie de la population.
La coupe avait lieu de novembre à avril ; les bûches étaient mises à sécher plusieurs mois.
En mars de l'année suivante, elles étaient jetées dans le «flot» des rivières qui les emportait jusqu'à Clamecy, où un barrage les stoppait. Elles étaient ensuite acheminées à Bercy pour le chauffage de Paris. La production du charbon de bois était alors importante (en bas).

# La période gauloise dans le Morvan

À la fin de la période celtique ($II^e$-$I^{er}$ siècle avant notre ère), le Morvan se trouve au centre du territoire des Éduens, qui couvre les départements actuels de la Nièvre et la Saône-et-Loire, et déborde sur ceux de l'Yonne, de la Côte-d'Or, de l'Allier et du Rhône. Cette position permet à ce peuple gaulois de contrôler les échanges entre les populations de la Méditerranée et celles du nord de la Gaule, et entre les tribus celtes d'Europe centrale et celles de l'Atlantique. Les bénéfices tirés de ce trafic, ajoutés aux richesses agricoles et minières de cette région, font des Éduens l'un des peuples les plus puissants de la Gaule.

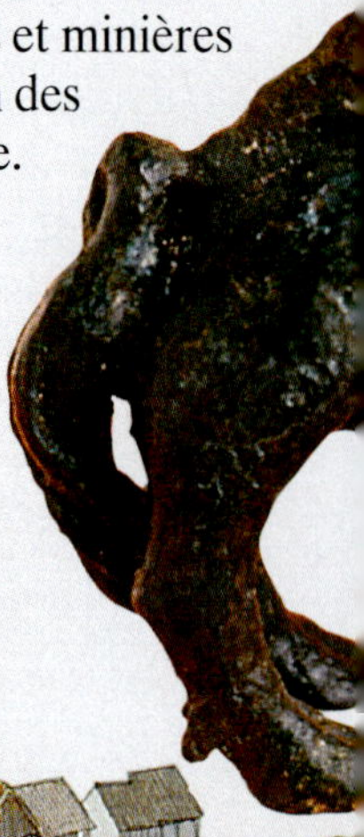

**Un peuple aux vastes alliances**
Dès avant 125 av. J.-C., les Éduens sont alliés aux Romains, poursuivant avec eux un intense trafic commercial (à gauche, amphore à vin méditerranéenne). Ils ont aussi tissé des liens solides avec les Bituriges (Berry), les Sénons (département de l'Yonne), les Parisii et les Bellovaques (région de Beauvais), et se considèrent aussi comme frères des Boïens, peuple celtique d'Europe centrale (Bohême, Moravie et ouest de la Hongrie).

**Bibracte, une ville moderne**
Divisée en quartiers artisanaux et résidentiels, la capitale des Éduens obéit à un

réel souci d'urbanisme, avec ses grandes voies, ses fontaines et ses bassins (ci-dessus, celui construit au $I^{er}$ siècle au milieu de la voie principale), sa place du marché et ses lieux publics. Elle est l'une des premières cités à adopter les techniques de construction romaines (à droite).

Les noms en gras indiquent les noms de peuples gaulois voisins des Éduens.

**LE MORVAN, AU CŒUR DU PAYS ÉDUEN**
Riche en ressources minières, en bois et produits d'élevage, le Morvan est sillonné par un réseau d'oppidums gaulois, distants de 25 à 30 km (une journée de marche), qui permettaient de le traverser du nord au sud. Les principaux étaient Bibracte, Avallo (Avallon), le Vieux-Dun (Dun-les-Places) et le Fou-de-Verdun (Verdun).

**DES ARTISTES**
Les Éduens étaient passés maîtres dans l'art de travailler le bronze, comme le prouve ce petit sanglier.

**DES SITES À VISITER**
À côté de ces grands sites, d'autres vestiges sont visibles en Morvan : à Saint-Père-sous-Vézelay, l'ensemble gallo-romain des Fontaines-Salées ; à l'Huis-l'Abbé (Corancy), les vestiges d'une ferme ; aux Bardiaux (Arleuf), un théâtre gallo-romain ; au pied du mont Préneley (Glux-en-Glenne), des lieux de culte autour des sources de l'Yonne.

**UNE CAPITALE PRESTIGIEUSE**
Bibracte, bâtie au sommet du mont Beuvray ▲ *197*, joua un grand rôle dans l'histoire gauloise. C'est là qu'en 52 av. J.-C. Vercingétorix rassembla les armées gauloises et fut proclamé chef de la coalition. César y passa l'hiver en vainqueur au retour de la bataille d'Alésia et y commença la rédaction de ses *Commentaires*, le *De bello gallico*. Découverte au XIX$^{e}$ siècle, la ville fait l'objet de nouvelles fouilles depuis 1984.

# Parc naturel régional du Nord-Pas-de-Calais L'Audomarois

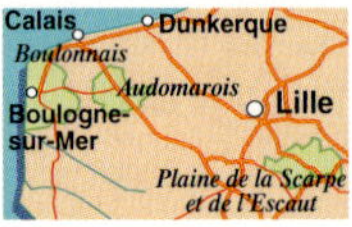


**Fiche d'identité**
Créé en 1968
sur les départements
du Nord et du Pas-de-Calais (Nord-Pas-de-Calais).
168 communes
143 340 ha
326 600 hab.

**L'Audomarois**
40 communes
35 000 ha
77 000 hab.

Le premier parc naturel régional de France a été créé en 1968 autour de Saint-Amand-les-Eaux-Raismes. En 1986, le conseil régional du Nord-Pas-de-Calais décide d'étendre le territoire du parc à trois secteurs : la plaine de la Scarpe et de l'Escaut (ancien parc de Saint-Amand-Raismes) ▲ *204*, le Boulonnais ▲ *202* et l'Audomarois.

## Le marais audomarois

L'Audomarois est marqué par la présence de l'eau, que les hommes ont su domestiquer au fil des siècles. Ainsi, de nombreux ouvrages hydrauliques ont-ils été aménagés sur l'Aa et le marais. Une vingtaine de moulins subsistent entre Renty et le marais audomarois. Bien souvent, leurs roues à aubes fonctionnent encore. Dans le marais, les vannages, régulant le cours de l'Aa ou contrôlant le drainage, sont nombreux. Le plus grand date du XVIII<sup>e</sup> siècle et abrite aujourd'hui la Maison du parc à Arques. Des vis d'Archimède (hélices assurant le déplacement de matériaux meubles et liquides) servent encore à assécher des «casiers» de culture.

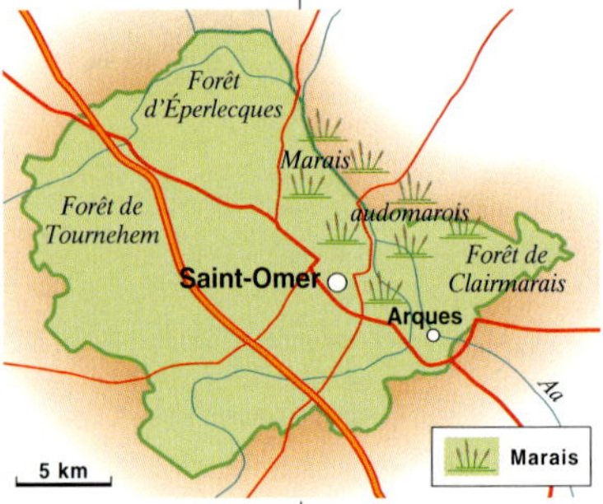


**Le marais de Saint-Omer.** C'est le cœur de l'Audomarois. Drainé dès le IX<sup>e</sup> siècle, à l'initiative des moines bénédictins, il a une superficie de 3 400 ha, dont 500 ha sont encore cultivés par cent vingt familles de maraîchers, héritiers des «brouckaillers» d'antan. 1 000 ha de prairies humides, des bois de saules et d'aulnes, d'anciennes tourbières entourent le marais cultivé. Un réseau de 160 km de «watergangs», chemins d'eau parcourus par les bacôves ou les escutes, dessert les parcelles cultivées (ou lègres) et les pâtures. Une réserve naturelle, le Romelaere, accueille une flore et une avifaune importante (cormorans, hérons, blongios, busards des roseaux...) dont l'observation est facilitée par des chemins de promenade aménagés.

**Saint-Omer.** Fondée au VII<sup>e</sup> siècle par Omer, évêque de Thérouanne, c'était au Moyen Âge une riche place drapière. Au contact des collines de l'Artois et de la vaste plaine flamande, Saint-Omer a pu développer un patrimoine architectural remarquable. On visitera la cathédrale Notre-Dame, le plus bel exemple d'édifice gothique dans le nord de la France ; le musée Sandelin, élégant hôtel particulier du XVIII<sup>e</sup> siècle ; le palais de justice, ancienne résidence épiscopale, reconstruit en 1702 par Mansart ;

**Les moulins à papier**
L'Aa, rivière au cours vif et régulier et à l'eau pure, a permis l'installation de nombreux moulins au Moyen Âge. Dès le XV<sup>e</sup> siècle, certains fabriquent la pâte à papier à partir de chiffons. Plus de 90 moulins sont construits, ils se transformeront à la fin du XIX<sup>e</sup> siècle en industries performantes. Aujourd'hui, cinq entreprises produisent plus de 450 000 t de papier et de carton. À Esquerdes, la Maison du papier présente un atelier de fabrication à l'ancienne, un parcours muséographique et des mini-ateliers où l'on peut fabriquer soi-même son papier.

les vestiges de la puissante abbaye bénédictine de Saint-Bertin ; les maisons du XVIIIe siècle, en briques jaunes, possédant des pignons à «pas de moineaux».

**Les faubourgs de Saint-Omer.** Ils s'étendent le long des canaux jusqu'au cœur du marais. Le Lyzel est toujours un faubourg maraîcher, où la grand-rue borde le «watergang». Le faubourg du Haut-Pont, qui a eu jadis une vocation portuaire et commerciale, présente de chaque côté du canal des maisons de brique où se côtoient les demeures cossues des propriétaires maraîchers, avec leur porte cochère donnant sur des dépendances et sur le marais, et les petites maisons basses des ouvriers agricoles.

**L'ascenseur à bateaux des Fontinettes.** Construit près d'Arques, sur le canal reliant l'Escaut à Dunkerque, ce merveilleux ouvrage d'art (ci-contre) a été inauguré en 1888 pour remplacer une échelle d'écluses du XVIIIe siècle (succession de plusieurs écluses très rapprochées). Il permettait aux péniches de franchir une dénivellation de 13,13 m, grâce à un système hydraulique à double caisson ; le tout actionné par une équipe de six hommes. Les travaux d'agrandissement du canal, décidés en 1959, condamnèrent les Fontinettes qui restèrent cependant en activité jusqu'en 1967.

## L'Audomarois : de bois et de coteaux

Autour de la cuvette du marais, à la rencontre des collines de l'Artois et de la plaine flamande, l'Audomarois n'est pas un plat pays ! Le relief parfois abrupt et les vallées sèches forment un pays de bois, de bocages et de coteaux calcaires, ceinturé par trois importants massifs forestiers : Clairmarais, Tournehem et Éperlecques.

**Le chou-fleur**
C'est le légume roi du marais audomarois. Les maraîchers en produisent aujourd'hui 9 millions de têtes en deux récoltes, de juin à septembre. L'hiver, ils cultivent l'endive.

**Se déplacer**
Les maraîchers ont inventé trois types de bateaux. Long de 9,50 m et à fond plat, le bacôve (ci-dessus) peut transporter jusqu'à 4 t de marchandises. Les maraîchers et les pêcheurs se déplacent sur un escute, bateau plus léger, aux extrémités effilées (ci-dessous) tandis que le bac à chaîne permet de traverser les larges «watergangs» grâce à une chaîne reposant sur le fond et amarrée sur chaque rive.

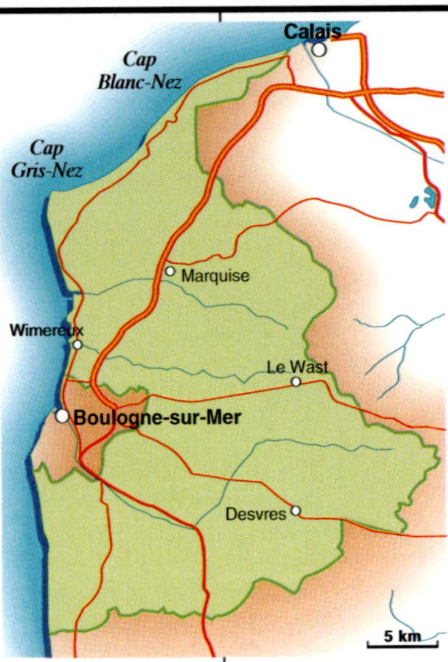


De la Côte d'Opale aux coteaux du haut pays, le bocage boulonnais déploie tous les charmes d'un terroir préservé. Dans ce paysage vallonné, que sillonnent chemins creux et ruisseaux, bois et forêts se mêlent aux prairies bordées de haies.

## LE SITE DES DEUX CAPS

La Côte d'Opale, entre Wimereux et Sangatte, fut la première à être classée grand site national, en 1987, sous le nom de site des Deux Caps. Cette falaise formant le rebord des collines du Boulonnais est attaquée par le violent courant marin sud-nord et recule de plusieurs dizaines de mètres par siècle. Dressés face aux blanches falaises d'Angleterre, les caps Blanc-Nez – en craie, haut de 134 m, ci-dessous – et Gris-Nez – en grès, argile et calcaire, haut de 45 m, ci-contre – enserrent la baie de Wissant. Cette dernière étire sa longue plage de sable blond, bordée d'un cordon dunaire suivis de marais. Au large, sur le détroit du Pas-de-Calais, le plus fréquenté du monde, le mouvement incessant des navires offre un étrange spectacle, orchestré par le grand radar du CROSS Gris-Nez (Centre régional d'opérations de secours et de sauvetage en mer). Au printemps, la mer d'Opale aux reflets changeants s'assombrit quand le plancton «fleurit» ; le gazon d'Olympe (*Armeria maritima*) couvre alors le sommet des falaises argileuses d'un tapis rose et fragile.

**LE BOULONNAIS**
76 communes
65 100 ha
75 600 hab.

**LE FLOBART**
Utilisé pour la pêche artisanale, il perpétue la vieille tradition de la marine d'échouage. Halé jusqu'à la mer à l'aide d'un tracteur, il peut affronter des vents de force 5 à 6, malgré sa petite taille. Il doit sa stabilité à sa forme : on dit qu'il «bouchonne» du creux à la crête des vagues…

**LE CAP GRIS-NEZ, UN SITE ORNITHOLOGIQUE PRIVILÉGIÉ.** Le cap Gris-Nez, à moins de 30 km des côtes anglaises, constitue avec la pointe de Dungeness, en face, un véritable «goulot d'étranglement» dans le Channel. C'est un lieu idéal pour l'observation des oiseaux marins, notamment en automne, lorsque les populations d'Europe du Nord et de Sibérie rejoignent l'océan Atlantique *via* la Manche et la mer du Nord. Fous de Bassan, sternes, labbes, puffins, mais aussi grands et petits échassiers, canards marins et alcidés défilent devant le cap, entre la mi-août et la mi-novembre. Plus tard, lorsque survient le premier coup de froid plus au nord, plongeons, oies et canards, fuyant les frimas pour le sud, passent eux aussi devant les falaises qui surplombent la mer.

Ci-dessous, un labbe parasite

## AU PAYS DU MARBRE

Extraite par les Romains dès le Ier siècle ap. J.-C, la pierre de Marquise (calcaire oolithique formé au secondaire) est exportée, au Moyen Âge, vers l'Angleterre et les Flandres – on la retrouve à l'abbatiale Saint-Augustin de Canterbury. Elle est tendre, donc facile à tailler et à sculpter, mais durcit à l'air libre, devenant alors solide et compacte. La guerre de Cent Ans porte un coup d'arrêt à son exploitation et elle est peu à peu supplantée par la pierre marbrière (calcaire dur, datant du primaire). Cette dernière est improprement appelée marbre de Marquise car, une fois tranchée et polie, elle présente l'aspect du marbre. Au XIXe siècle son commerce connaît un réel essor. Le bassin carrier occupe aujourd'hui 2 500 ha et jouit d'une réputation internationale. Un circuit permet de découvrir ses paysages minéraux quasi lunaires.

**LA MAISON DU MARBRE ET DE LA GÉOLOGIE.** Située à Rinxent, au cœur du bassin carrier, elle retrace plus de trois cents millions d'années de l'histoire géologique du Boulonnais.

**LA FAÏENCE**
Doté des matières premières indispensables (argile, eau et bois), le pays de Desvres fut une terre de potiers dès l'Antiquité. C'est en 1764 que la première faïencerie fut fondée par Jean-François Sta, notaire à Desvres. À partir de 1804, François Fourmaintraux fait prospérer cet art en réalisant des copies de modèles célèbres de Delft, Moustiers, Nevers, Strasbourg ou Rouen.

## LE BOCAGE

La dominance argileuse des sols et la topographie vallonnée entretiennent une humidité favorable à l'élevage. Le bocage est l'héritier de deux mille ans d'histoire agraire. Certaines haies portent encore la trace d'anciennes pratiques de tressage – les végétaux étaient pliés à l'horizontale afin que les haies soient également touffues au sol. Au Moyen Âge, des moines défrichent l'antique forêt de la Morinie mais ils conservent les lisières pour en faire des haies. À partir du XVIe siècle, de nouvelles haies sont plantées ; le mouvement s'accentuera à la faveur de l'édit royal de 1777 autorisant les «enclosures». Le bocage boulonnais se caractérise par un maillage relativement serré. Il est extrêmement diversifié grâce à la variété des essences (frêne, aubépine, hêtre, houx) et à la structure de ses linéaires qui vont de la haie basse taillée aux arbres de haut jet.

**LE CIRCUIT DU PAYS BOULONNAIS.** Aménagé par le parc à partir de Desvres, il traverse le cœur du bocage qui abrite manoirs du XVIIe siècle et villages aux maisons blanchies à la chaux.

# Parc naturel régional du Nord-Pas-de-Calais
# La plaine de la Scarpe et de l'Escaut

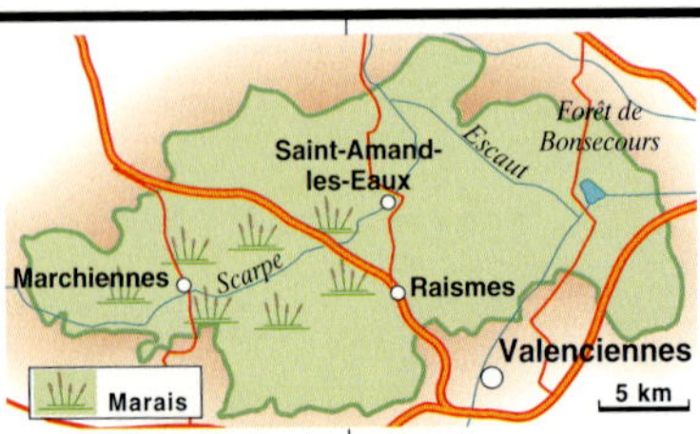


La plaine de la Scarpe et de l'Escaut a été mer puis terre, puis mer avant de devenir une plaine alluviale. La Scarpe et l'Escaut lentement ont creusé les sables et les argiles marins. Peu accidentées, ces terres s'étagent entre 16 et 45 m. Durant l'Antiquité, seuls les marécages disputaient le sol aux sombres forêts.

**La plaine de la Scarpe et de l'Escaut**
52 communes
43 240 ha
174 000 hab.

**Héritage monastique**
En se promenant, on en découvre peu à peu les signes : petits fossés formant, de part et d'autre de la Scarpe, une mosaïque de prairies, de cultures ; censes isolées dans la plaine ; réseau de fossés et de courants (fossés plus larges recevant les eaux des premiers), lieux-dits au nom évocateur comme le Grand-Vivier, le Chemin-de-l'Abbé.

## La vallée de la Scarpe

Au VIIe, puis XIIe siècle, les moines, désireux de mettre en valeur le pays, ont fondé de nombreuses abbayes au bord de la Scarpe. Ainsi, les villages de Saint-Amand-les-Eaux, Hasnon, Marchiennes, Wandignies-Hamage, Raismes-Vicoigne, Château-l'Abbaye, Flines-lez-Raches se sont-ils développés autour des communautés monastiques qui, peu à peu, ont organisé le défrichement de la forêt et l'assèchement de la plaine. De petits fossés délimitaient les champs et les prairies, la forêt était exploitée pour fournir combustible et bois d'œuvre, la plaine agricole a été maillée de «censes» (grandes fermes carrées dépendant à l'origine des abbayes). Abandonnées à la Révolution, les abbayes ont disparu. Seule la grande tour abbatiale de Saint-Amand-les-Eaux (ci-dessous), élevée dans la première moitié du XVIIe siècle en style baroque flamand, témoigne de ce passé. On visitera le musée d'Histoire locale de Marchiennes, situé dans le porche d'entrée de l'ancienne abbaye de cette petite ville, pour compléter la découverte de l'œuvre abbatiale dans la plaine de la Scarpe et de l'Escaut.

## Les forêts

Seuls quatre massifs forestiers demeurent témoins de ce milieu, qui, autrefois, couvrait une grande partie de la plaine. Aujourd'hui domaniales, les forêts de Marchiennes et de Raismes-Saint-Amand-Wallers ont été entièrement abattues lors de la Première Guerre mondiale pour répondre aux besoins des combats. Elles ont été replantées par l'ONF grâce aux réparations de guerre. Pour produire un bois d'œuvre

et d'ébénisterie de qualité, les boisements sont diversifiés par des coupes étalées dans le temps et disséminées dans l'espace. À Raismes, en lisière de forêt, la visite de la MAISON DE LA FORÊT retrace l'histoire du massif. Les forêts de Bonsecours-Condé et Flines-lez-Mortagne, épargnées, présentent de majestueux alignements de hêtres centenaires.

## MAGIE NOIRE DU MONDE MINÉRAL

À Raismes, un chemin mène au sommet du terril Sabatier. Du haut de cette «montagne» constituée de stériles (cailloux non combustibles), la vue s'étend sur la chaîne des terrils. L'exploitation des gisements de charbon a modelé le paysage. Des villages ruraux se sont transformés tandis que carreaux de fosses, chevalements et terrils jalonnaient le bassin houiller. Aujourd'hui, quelques anciens lieux de production connaissent une seconde vie. Ainsi, après la visite du CENTRE HISTORIQUE MINIER DE LEWARDE, la promenade sur les terrils de la plaine de la Scarpe et de l'Escaut réserve-t-elle plus d'une surprise. Reconquis spontanément par la nature, ces nouveaux milieux accueillent une faune et une flore spécifiques. Le séneçon d'Afrique, le machaon ou le criquet à ailes bleues en sont quelques représentants. Les étangs d'affaissement minier qui se sont constitués au pied des terrils hébergent de nombreux oiseaux. La mare à Goriaux, devenue réserve biologique domaniale, offre un abri aux migrateurs qui font halte sur ce site de 270 ha.

**LE CHÂTEAU DE L'ERMITAGE**
Dans la forêt de Bonsecours se cache un château construit au XVIII$^{e}$ siècle par le duc de Croÿ, grand amateur de botanique et d'architecture paysagère.

Maison de la forêt à Raismes

Paysage minéral

"Le marin tout au loin lugubre se désole / De naviguer si près du bout de l'infini, / Car il ne connaît pas le mineur endurci / Qui fonce aveuglément dans la fosse des nuits"
Raymond Queneau

# Parc naturel régional Normandie-Maine

Célèbre station thermale, Bagnoles-de-l'Orne, située au cœur de la forêt des Andaines, a connu un essor important à la fin du XIXe siècle grâce au développement du tourisme.

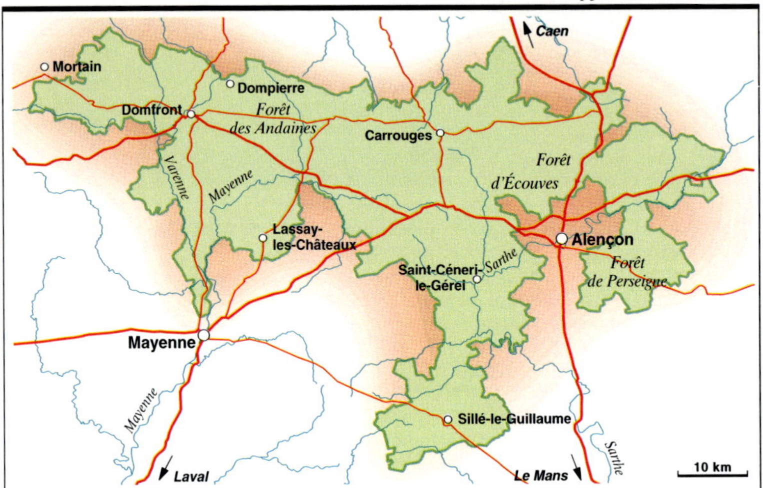


**Fiche d'identité**
Créé en 1975
sur les départements
de la Manche,
de l'Orne
(Basse-Normandie),
de la Mayenne
et de la Sarthe
(Pays de Loire).
234 000 ha
150 communes
90 000 hab.

Le bocage, parcelles encloses de haies d'arbres et d'arbustes au milieu desquelles sont disséminés hameaux et fermes isolées, est le résultat d'une longue et progressive occupation du sol. Les haies ne sont pas des vestiges forestiers ; plantées sur des talus de terre, elles sont une création paysanne. Sur ces terres comprises entre 200 et 400 m, considérées comme hautes en zone océanique, règne un climat rude. Les forêts primitives n'ont été éclaircies dans les régions schisteuses les plus basses que vers le Ve-X[e] siècle, autour de villages aux noms terminés en *-y*, *-ay*, *-é*. Sous le duché de Normandie sont créés des bourgs, des châteaux, quelques abbayes. Aux XIIe et XIIIe siècles, une vague de défrichements familiale submerge toutes ces régions, que l'on reconnaît à leurs toponymes formés d'un nom de personne précédé de l'article et terminé par une finale en *-ière* ou *-erie*. Autour des bâtiments s'étendait un îlot de champs de cultures enclos de haies pour les protéger du bétail qui pâturait dans les landes et les bois. La population y plante peu à peu des pommiers et des poiriers qui permettent de produire des boissons, puis du sarrasin qui pousse sur les sols pauvres. Elle vit aussi grâce aux industries du fer et du verre rendues possible par l'approvisionnement en bois. Entre la fin du XVe siècle et 1850, le partage et le défrichement géométrique des landes agrandissent l'espace cultivé toujours aménagé en bocage. Au début du XXe siècle, le labour est abandonné au profit de l'herbage et de l'élevage laitier. Mais à partir de 1960, la remise en labour, le remembrement, un certain débocagement, et les nouveaux bâtiments d'élevage des vaches noires et blanches modifient encore le paysage.

Sceau-de-Salomon

Digitale poupre

## Les hauteurs forestières

Les forêts couvrent un cinquième de la superficie du parc, 45 200 ha, dont la moitié en forêt domaniale. Si les petits bois sont nombreux, il y a aussi de grands massifs supérieurs à 1 000 ha : Écouves, les Andaines, Perseigne, Sillé-le-Guillaume, Multonne, la Motte, Monaye, Bourse, le plus souvent accrochés aux altitudes les plus

élevées et aux affleurements de roches siliceuses. Leur aspect actuel de futaies ou de taillis sous futaie est le résultat d'une régénération poursuivie depuis cent cinquante ans : vers 1840 ou 1850 ces forêts, dégradées par les droits d'usage et surtout par les coupes excessives pour les forges, les verreries, les tuileries et le chauffage des habitants des villes, étaient réduites à l'état de taillis souvent très jeunes.

**La forêt d'Écouves.** «Ses yeux étaient invinciblement retenus par une haute tache outremer... Écouves, avec son éperon formidable, la plus grande forêt normande et la plus sauvage» (La Varende). Culminant à 417 m, c'est la plus étendue avec 12 000 ha dont 8 200 en forêt domaniale. Quoique forêt royale depuis 1220, elle avait été très abîmée avant que l'aménagement commencé en 1863 ne la reconstitue en futaie. Sur les schistes, hêtres et chênes sessiles forment une forêt austère au sous-bois assez terne de myrtilles, digitales et sceaux-de-Salomon. Elle s'enrichit dans le fond des vallons d'aulnes, de frênes et d'un sous-bois plus coloré de ficaires, lamier, bugle et véronique. Sur les crêtes et les grès dominent les résineux (pin sylvestre, sapin pectiné, épicéa commun) aux sous-bois de callune, genêts et fougères. Au nord-ouest, dans le bois de Goult, les landes ont été reboisées plus récemment en conifères exotiques (sapin de Douglas, épicéa de Sitka, mélèze du Japon). Au sud-ouest, la Butte-Chaumont (378 m) offre un beau panorama, ainsi que de très vieux boisements d'ifs et de houx. Un circuit botanique partant du carrefour du Rendez-Vous permet de découvrir toutes ces plantes.

**Georges Lacombe (1868-1916)**
Il se joint au groupe des nabis vers 1890. Après son mariage, le peintre, également sculpteur, s'installe en 1897 au hameau de l'Hermitage, à l'orée méridionale de la forêt d'Écouves. Il y peindra une série de toiles aux touches tourmentées, pointillistes, sensibles au miroitement de la lumière, selon une technique qui rappelle celle de Bonnard (ci-dessus). L'atmosphère intimiste des sous-bois fait songer à Vuillard, avant qu'il n'introduise des couleurs plus vives à partir de 1907.

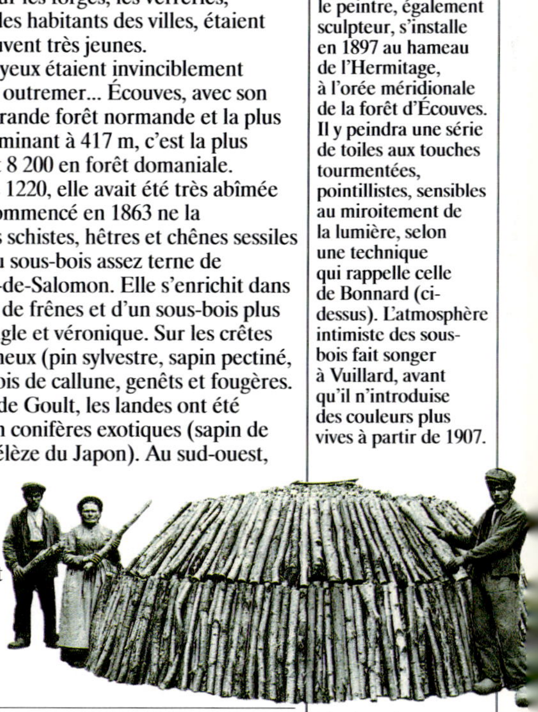
Charbonniers dans le massif d'Écouves

## Les Alpes mancelles

«Les coteaux élevés et abrupts de Saint-Céneri, Saint-Léonard [...] ce sont les Alpes de notre contrée» (J.-R. Pesche, *Dictionnaire de la Sarthe*, t. VI, 1842). À la suite de cette comparaison osée, le nom d'Alpes s'est affirmé à la fin du XIXe siècle pour désigner la région très accidentée située aux confins de la Sarthe et de la Mayenne. Le long de cette extrémité redressée du Massif armoricain, de hautes crêtes de grès entourent des dépressions encore assez encaissées et ouvertes vers l'est.

**Saint-Céneri-le-Gérei**
Le village aux maisons anciennes de granit, qui descend vers le vieux pont et le plan d'eau d'un barrage (ci-dessus), a attiré les peintres depuis le siècle dernier – Corot, Mary Renard…
Le chœur de l'église, construite à partir du XIe siècle, est couvert de fresques du XIVe siècle qui illustrent notamment la vie de saint Céneri, né au VIIe siècle à Spolète, en Ombrie, et qui acheva sa vie ici en ermite.

**Décor du châtelet de Carrouges**
Construit au XVe siècle, il présente un appareil en briques noires et roses et des fenêtres entouré de granit, finement travaillé.

Autour de gros villages, les fermes sont dispersées sans ordre au milieu d'un bocage très altéré par les remembrements mais qui conserve de nombreux vergers de pommiers. Au sud, dans le pays de Gaultier, le Merdereau, la Vaudelle et l'Orthe incisent le plateau schisteux. Les croupes portent des champs nus tandis que les vallées restent embocagées. Les bâtiments de schiste possèdent des toits d'ardoise.
**Les gorges de la Sarthe.** La Sarthe, qui s'écoule vers le sud, selon un tracé sinueux indifférent aux contacts géologiques, a profondément encaissé sa vallée dans les Alpes mancelles. Dès avant le confluent du Sarthon, elle s'enfonce de 100 m dans des méandres aux pentes escarpées.

## Les hautes terres de l'Ouest

Vers le nord-ouest, le parc s'avance telle une langue large de 20 km de hautes terres, toujours supérieures à 250 m, qui dominent au nord le bassin de Briouze et au sud la dépression du Passais. Les granites, les schistes métamorphisés et les grès qui la composent ont résisté à l'érosion et fournissent des matériaux qui nuancent l'aspect sévère des bâtiments. Le pays est plus accidenté à l'ouest dans le bassin de la Varenne et de l'Égrenne. Entre La Ferté-Macé et Carrouges, au cœur de la région granitique, une multitude de petites collines sont coiffées d'un chaos de boules à demi cachées dans des bosquets, tandis que s'insinuent entre elles des vallons embocagés. De nombreuses forêts subsistent, dont la principale est la forêt domaniale des Andaines (5 340 ha) où dominent les conifères, pins sylvestres et épicéas. Le peuplement de ce pays âpre et difficile a été long et incomplet. L'agriculture, dont les rendements étaient médiocres jusqu'au XIXe siècle, ne suffisait pas à faire vivre la population qui a toujours cherché des ressources dans d'autres activités, notamment autour des forges. Le fer a contribué à faire de la Normandie une des premières régions sidérurgiques françaises aux XVIIe et XVIIIe siècles.
**La forge de Varenne à Champsecret.** Les forges modernes apparaissent à la fin du XVIe siècle et fonctionneront jusqu'au Second Empire. Si elles ont ruiné les forêts

Mineurs à La Ferrière-aux-Étangs

Le haut fourneau des forges du Champ-de-la-Pierre, l'un des rares témoins avec celui de Varenne de la sidérurgie au bois.

qui les alimentaient en charbon de bois, elles ont vu naître des châteaux de grande beauté comme celui de Carrouges construit en briques et granit entre le XIVe et le XVIIe siècle. Dès 1586, la forge de Varenne possédait un haut fourneau au bois qui produisait la fonte, une affinerie qui la transformait en fer par martelage et une fenderie qui découpait celui-ci en bandes et baguettes. Vers 1800, elle livrait six mille quintaux de fonte, trois mille six cents quintaux de fer de fenderie et comptait près de cent vingt-cinq ouvriers. Au fond de la vallée de la Varenne sont toujours visibles depuis leur fermeture, en 1866, le haut fourneau, les trois cheminées de l'affinerie, la fenderie, les halles à charbon de bois et fer, le système hydraulique de retenues et canaux, une maison ouvrière ainsi qu'une chapelle avec les statues de saint Éloi et sainte Anne.

## Le bas Domfrontais

Cette région basse correspond aux bassins de la Mayenne et de la Sélune. Au milieu des molles ondulations schisteuses émerge la masse du mont Margantin (270 m). Vers le nord se dresse, rectiligne, l'escarpement coiffé de bois des grès armoricains, qui, de Mortain à Bagnoles-de-l'Orne, en constitue l'arrière-fond. Le bocage qui cerne les prairies et les champs de maïs est hérissé de vergers de poiriers ▲ *210*. Grâce à eux, la région paraît très arborée en dépit des remembrements récents qui ont supprimé nombre de haies.

**Fermes et forteresses.** Les fermes dispersées comprennent trois bâtiments répartis autour d'une cour irrégulière. Les maisons sont construites soit en pans de bois verticaux et écharpes en potence, soit en maçonnerie de granit ou de moellons de grès blancs. Elles sont couvertes de tuiles. Marche frontière entre le duché de Normandie, dans lequel il n'entra qu'en 1050, et le Maine, le Domfrontais comptait des forteresses – Domfront, perchée à 70 m au-dessus de la gorge de la Varenne, démantelée en 1608 mais d'où se découvre un magnifique panorama, et Lassay-les-Châteaux.

**Les activités complémentaires des paysans de l'Ouest**
Les bois alimentaient les forges, les verreries, les tuileries et fournissaient du travail aux bûcherons, charbonniers et sabotiers. La fabrication de petits objets, qu'on retrouvera au musée de l'Artisanat local et des Métiers d'autrefois de Dompierre, et le colportage apportaient leur contribution. L'industrie textile, au XIXe siècle, a procuré du travail à des dizaines de milliers de tisserands de coton à domicile.

Un tonnelier

# Poiriers, poires et poiré

**De l'histoire ancienne**

Production marginale par rapport au cidre, le poiré est la boisson ordinaire des paysans du Domfrontais depuis la fin du Moyen Âge. Sous la Révolution, le droit de commercialiser le poiré faisait partie des doléances des citoyens.

Dans le Domfrontais, aux confins de la Manche et de l'Orne, le poirier est l'arbre roi du bocage. Son implantation, plus ancienne que celle du pommier, remonte à la haute Antiquité. D'une longévité exceptionnelle, certains arbres plantés sous le règne de Louis XIV sont toujours là. S'il marque de son image le paysage verdoyant du bocage, le poirier est aussi source d'une activité économique liée à la transformation des fruits, sous la forme de poiré et de calvados du Domfrontais.

**Le poiré**

*«Quoiqu' Champenois, ce dont je m' flatte,*
*J' n'en suis pas pour ça moins gourmand*
*De cette boisson délicate*
*Qu'on nomm' le Champagne Normand.*
*Elle a certes plus de mérite,*
*Mais entr'autres, elle a celui-ci,*
*Qualité qui n'est pas petite,*
*Surtout au vingtième siècle !... Ainsi*
*Chaqu' fois qu' j'en prends, je r'marque*
*C'est qu'avec plus d' facilité [un' chose*
*Ma langu' marche, et qu' plus chouett'ment*
*Ah ! Si j'étais donc député ! [j' cause*
*En en pompant rien qu'un d'mi-litre,*
*F'rais un orateur épatant*
*J' causerais sur n'importe quel chapitre...*
*Mieux qu'avec vingt grogs n' f'rait Pell'tan.»*

A. Blacher

**La floraison**

Au printemps, au cours de la première quinzaine du mois d'avril, la floraison des poiriers offre un spectacle inoubliable. Comme les fleurs blanches du poirier s'épanouissent avant les feuilles, pendant deux à trois semaines le bocage associe alors le vert des prairies à la blancheur des poiriers.

**Des chiffres**

Avec plus de deux poiriers par hectare, le Domfrontais totalise le quart des poiriers du Grand Ouest et le tiers de ceux de Basse-Normandie.

Sept à la goulée

**Le poirier**

De silhouette arrondie, reconnaissable à son port dressé et élancé en forme de flèche, il peut atteindre 20 m de hauteur. Sa longévité peut dépasser deux siècles. La formule consacrée pour caractériser cette force de la nature se résume ainsi : un poirier met cent ans à venir, cent ans à produire et cent ans à partir !

Chènevrière

**Les poires à poiré**

Les poires du Domfrontais sont en général plus petites que les poires de table. Âpres au palais et astringentes, elles sont souvent immangeables. Mais pressées à maturité, elles libèrent un jus riche en sucre dont la fermentation aboutit au poiré. De nombreuses variétés entrent dans sa composition : les poires de fer, de cloche, de branche, de champagne ou encore les variétés faussey et rouge-vigny, les plus utilisées, avec une prédilection pour le plant de blanc. La production moyenne de fruits s'établit à 220 kg par arbre mais peut atteindre les 2 t pour la rouge-vigny. La maturation des poires s'étale dans le temps, en fonction des variétés, de fin août à novembre-décembre.

Williams

**Le poiré**

Le brassage des poires s'effectue juste après la récolte. Le moût est mis en tonneau. Après fermentation, à la différence du cidre qui est soutiré, le poiré est mis en bouteille pour devenir une boisson mousseuse. Son titre alcoométrique est de 5°.

Plant de blanc

**Le calvados**

La distillation, à l'aide d'un alambic à colonne (ci-dessous), d'un mélange de cidre et de poiré aboutit à l'élaboration du calvados du Domfrontais.

# PARC NATUREL RÉGIONAL DU PILAT

Au croisement du Dauphiné et du Forez, du Vivarais, du Velay et du Jarez, le Pilat est un carrefour d'échanges attesté dès l'Antiquité, une zone de passage entre Méditerranée, Atlantique et Europe centrale. Les ressources forestières de la montagne ont longtemps constitué la principale activité, doublée souvent d'un artisanat familial (tissage, sériciculture). Depuis plus d'un siècle, les montagnes se sont vidées, victimes d'un exode massif vers les vallées industrialisées.

**FICHE D'IDENTITÉ**
Créé en 1974
sur les départements
de la Loire
et du Rhône
(Rhône-Alpes).
47 communes
70 000 ha
46 000 hab.

## GÉOGRAPHIE ET PAYSAGES

Le Pilat est un massif de moyenne montagne (150 à 1 400 m), culminant au crêt de la Perdrix, à 1 432 m. Composé de crêts, de petits cols, de plateaux agricoles, couvert de forêts ou de landes, il doit son originalité à sa position de zone intermédiaire entre les montagnes du Mâconnais, du Beaujolais et du Lyonnais au nord, et les massifs plus élevés du Vivarais et des Cévennes au sud. Proche des villes de Saint-Étienne (5 km), de Lyon (40 km) et d'Annonay (10 km), il représente une zone d'attraction pour deux millions de citadins résidant dans un rayon de 50 km autour du parc. Ceinturé par les vallées de l'Ondaine, du Gier et du Rhône, le Pilat a en outre, depuis son origine, la réputation d'être un immense château d'eau, où sources, ruisseaux et barrages surprendront le randonneur.

**UN PAYS DE VIGNOBLES**
La bordure rhodanienne du parc est surplombée de vignobles en terrasses qui produisent des côtes-du-rhône réputés : côte-rôtie, condrieu, château-guillet et saint-joseph. Ce dernier, promu avec conviction par le viticulteur Alain Paret et par Gérard Depardieu, est un vin très corsé et que l'âge affine. Le Saint-Joseph blanc (roussane et marsanne) est, quant à lui, nerveux et parfumé.

**La drosera, une plante à protéger**
La drosera à feuilles rondes fait partie des espèces protégées à l'échelle nationale (interdiction formelle d'en cueillir). Cette plante carnivore de tourbières referme ses feuilles sur les insectes qui s'y sont aventurés, piégés par le liquide collant qu'elle sécrète.

**L'étagement de la végétation.** Le promeneur découvrira également une grande diversité de paysages, étagés selon l'altitude : les points les plus bas autour du couloir rhodanien abritent une végétation presque méditerranéenne (amandiers, micocouliers, chênes verts, cactus raquettes) ; jusqu'à 800 m environ, les collines sont couvertes de pâturages et de forêts de chênes, de châtaigniers et de pins sylvestres ; au-delà commence l'étage montagnard, domaine du hêtre et du sapin, mêlé d'épicéas dans les zones reboisées, et parsemé de landes à genêts ; sur les sommets (1 400 m), au climat subalpin, s'étendent les landes à bruyères et à myrtilles.
**Les cinq «pays».** Territorialement, le parc du Pilat est constitué de cinq «pays» : le piémont rhodanien qui, à l'est, offre un paysage de collines creusées de vallons ; le versant méridional à cheval entre la zone des crêts et les plateaux de l'Ardèche ; la pénéplaine ondulée du plateau du haut Pilat à l'ouest ; une zone de crêts au centre ; la bordure septentrionale du massif, enfin, entaillée par de nombreux cours d'eau, et qui surplombe la dépression de Saint-Étienne et les vallées industrielles de l'Ondaine et du Gier.

## Le pays rhodanien

Cette zone de piémont (300 à 500 m d'altitude) est la partie la plus chaude et la plus ensoleillée du massif ; ses coteaux, dégringolant vers le Rhône, sont couverts de vignes et de vergers. Au bord du fleuve, beaucoup de villages de mariniers proposent encore des joutes nautiques, qui attirent chaque année de nombreux amateurs. Ce «pays» a vu naître ou séjourner des personnalités comme Frédéric Mistral, Pascal, Mme de Sévigné, Jules Janin ou Bernard Clavel.

**Malleval**
En venant du Pélussinois, on découvre par surprise ce joyau d'architecture encastré dans le roc. Cette ancienne place forte des comtes du Forez gardait un des accès au Pilat, au plateau de Pélussin et à la région de Bourg-Argental. Le village, plus ou moins reconstruit au XVIe siècle, a conservé de cette époque nombre de maisons, un grenier à sel et un petit château. L'église est plus composite (XIe-XVII[e] siècle). Quelques mûriers, alentour, rappellent une activité de sériciculture tombée en désuétude depuis les années 1950.

**Le Pélussinois.** Avec l'élevage des chèvres, l'économie est ici surtout dominée par l'arboriculture : pommes, mais aussi cerises et pêches, poires, abricots et framboises. Depuis plus de dix ans, à l'initiative du parc, Pélussin (ci-contre, au début du siècle) célèbre d'ailleurs la Journée de la pomme (11 novembre). Ce pays de polyculture, au parcellaire morcelé, est ponctué de hameaux qui regroupent des fermes de granit, aux blocs irréguliers, grossièrement taillés.

# PARC NATUREL RÉGIONAL DU PILAT

## LE PAYS BOURGUISAN

Ce versant méridional du Pilat est une région contrastée, entre les deux bassins de la vallée de la Déome (Saint-Sauveur-en-Rue et Bourg-Argental) et la zone des crêts, le massif du Pyfara et le piémont rhodanien. L'économie y est tournée vers l'élevage des chèvres et l'exploitation forestière, notamment celle de la forêt de Taillard, réputée dans la région.
Le pays s'est attaché à soigner l'accueil touristique grâce au développement de gîtes, campings, tables d'hôtes fermières et bases de loisirs.

## LE HAUT PLATEAU

Le Pilat des plateaux, à l'ouest, domine le bassin stéphanois à 1 000 m d'altitude. Sa topographie de pénéplaine, où alternent sapinières, pâturages et prairies humides, est pourtant creusée de larges ondulations, plus marquées vers le sud, où le mont Chaussite atteint 1 240 m. À la porte même de Saint-Étienne, en direction du Bessat (station de ski de fond), les rochers abrupts du GOUFFRE D'ENFER surplombent un barrage construit sous le Second Empire (en cours de rénovation). Le versant de SAINT-GENEST-MALIFAUX, jusqu'aux limites de la Haute-Loire, offre un paysage moins tourmenté, façonné par les besoins de la production laitière (pâturages) et par la nécessité de fournir du bois de chauffe et d'étayage aux mines de charbon du bassin de Saint-Étienne (pins sylvestres notamment).
Les exploitations, exigeant de grands espaces pour le bétail (prim'Holstein et frisonne française essentiellement), sont dispersées, le bâtiment est installé au cœur du domaine, à la lisière des bois et des champs. La maçonnerie, soignée, est réalisée en blocs de granit taillés à joints très ajustés.
**UN PAYS DE PASSEMENTIERS** ▲ *216*. À Jonzieux, la MAISON DE LA PASSEMENTERIE rappelle cette activité artisanale qui fit les riches heures de Saint-Genest-Malifaux et Planfoy (pays natal de Charles Exbrayat).

**L'EAU, TRÉSOR DU PILAT**
Le Pilat est un véritable château d'eau, riche en sources et rivières, déjà utilisées à l'époque romaine (ci-dessus, la vallée du Gier). La faiblesse des ressources souterraines a conduit les villes environnantes à édifier des barrages dès le XIXe siècle, de manière à assurer la régularité de leur approvisionnement. La dizaine de lacs de barrage du Pilat servent donc à alimenter en eau potable les villes de Saint-Étienne, des vallées du Gier et de l'Ondaine. L'eau, force motrice, a par ailleurs déterminé de tout temps nombre d'activités artisanales : trempage de l'acier, filatures, moulinages, tissages ▲ *216*…

**LANDES DES HAUTEURS**
Dans le pays des Crêts, où se succèdent les plus hauts sommets du Pilat, alternent landes à genêts (ci-contre) et landes à callune, parsemées de myrtilles et de pensées.

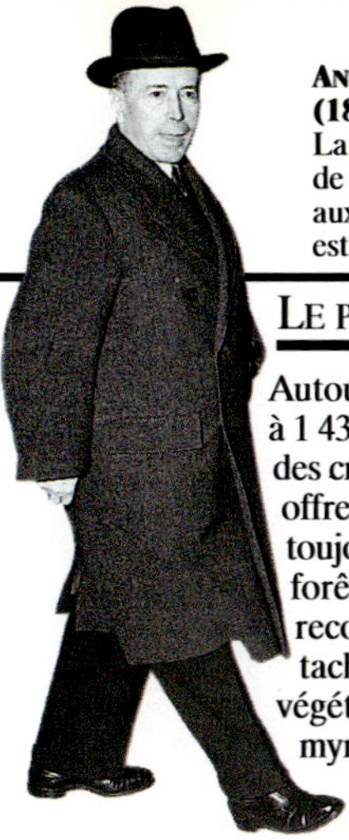

**ANTOINE PINAY (1891-1994)**
La petite ville de Saint-Chamond, aux portes du parc, est profondément marquée par le souvenir d'Antoine Pinay, qui en fut maire avant de gouverner la France sous la IVe République. Le parc du Pilat en a d'ailleurs fait, un temps, son président d'honneur.

## LE PAYS DES CRÊTS

Autour du crêt de la Perdrix, culminant à 1 432 m, et de celui de l'Œillon, la zone des crêts, royaume des pelouses d'altitude, offre un relief très accidenté, d'altitude toujours supérieure à 1 000 m. Dans la forêt, des amas de pierres granitiques non recouverts par les arbres forment des taches, colonisées progressivement par la végétation – lichens puis mousses et enfin myrtilles, bruyères, sorbiers et sapins : ce sont les chirats, présents presque partout sous la sapinière au-delà de 1 000 m. Si, certains jours, on peut apercevoir du col de l'Œillon l'ensemble de la chaîne des Alpes, du mont Blanc au mont Ventoux (ce qui est signe de pluie), côté Perdrix s'offrent à la vue les monts du Lyonnais et les cimes de l'Auvergne et des Cévennes.

**LA JASSERIE.** Entre les crêts de l'Œillon et de la Perdrix, la fameuse Jasserie (ancien refuge pastoral des chartreux de Sainte-Croix), devenue auberge-refuge, perpétue la tradition d'accueil avec les lits-cages et celle du repas campagnard à base de cochonnailles, de morilles et de myrtilles. Jean-Jacques Rousseau herborisa jadis dans les environs et c'est en ce lieu que furent implantés les premiers remonte-pentes. Aujourd'hui s'y pratique le parapente.

**UN BOTANISTE D'AVANT-GARDE**
Jean-Jacques Rousseau (1715-1778), botaniste passionné, aima herboriser le long des chemins du Pilat.

## LE PAYS DU GIER

La bordure septentrionale du massif (400 à 900 m), étroite, est profondément entaillée par les vallées qui rejoignent la dépression occupée par l'Ondaine et le Gier, fortement industrialisée. Cette région, malgré une économie agricole semblable à celle du plateau de Saint-Genest, présente des paysages très différents. Les vallées, souvent très encaissées et équipées de barrages, communiquent difficilement entre elles. Elles sont ponctuées de fermes de schiste isolées, accrochées aux pentes de ces reliefs accidentés.

**LA CHARTREUSE DE SAINTE-CROIX-EN-JAREZ**
Elle fut fondée en 1280 par une jeune veuve, Béatrice de la Tour, à la suite d'un rêve prémonitoire. La chartreuse fut occupée par les religieux jusqu'à la Révolution, période à laquelle le monastère et les propriétés furent vendus. Aujourd'hui, trente-cinq personnes habitent cette chartreuse, devenue un village du pays du Gier d'un genre nouveau.

# La passementerie dans le Pilat

La passementerie désigne ici la fabrication des rubans de soie. La technique de préparation du fil – le moulinage – s'est implantée dans le Pilat dès le XVIe siècle. L'abondance des cours d'eau et une main-d'œuvre féminine particulièrement bon marché entraînèrent au XIXe siècle l'essor d'ateliers familiaux, dans la région. Le travail, organisé en sous-traitance, a occupé à son apogée, au début de ce siècle, jusqu'à 2 000 ouvrières.

**La soie brute**
Venue des filatures cévenoles et, à la fin du XIXe siècle, d'Extrême-Orient, elle est moulinée pour lui donner une plus grande résistance.

**Le ruban**
Bordé de lisière, il ne dépasse pas 40 cm. Il peut être en laine, en coton de velours ou en soie ou encore mélangé. Il est uni, broché (plusieurs coloris qui composent un dessin) ou façonné (une seule couleur qui forme un motif). Motif et couleurs sont agencés d'après un modèle dessiné, puis le dessin est «mis en carte», c'est-à-dire transféré sur une carte perforée. Après avoir été tissé, le ruban est émoucheté (nettoyé de ses impuretés) et plié pour être vendu.

**Le métier**
Le métier à basse lisse du XVIIIe siècle a été remplacé par le métier «à la zurichoise» qui permet de tisser plusieurs rubans à la fois, puis, au XIXe siècle, par le métier Jacquard. Le système de cartes perforées, en haut du métier, programme la confection du ruban : le dessin est reporté sur un papier quadrillé, puis le liseur perfore les cartons en suivant le dessin. En actionnant la barre du métier, le passementier fait se mouvoir la mécanique qui actionne les fils.

**Vision idéalisée de la famille-atelier du passementier**

Le tissage était effectué à domicile, dans des fermes ou des ateliers de bourgs ruraux du Pilat. La Condition des soies de Lyon ou de Saint-Étienne fournissait la matière première ; les marchands-fabricants récupéraient ensuite la soie travaillée et tissée pour la vendre.

**Les usines de moulinage**
Elles étaient installées le long d'un cours d'eau qui fournissait la force motrice nécessaire. L'est du parc, des vallées, était surtout occupé par des usines de moulinage tandis que l'ouest, des plateaux, possédait une densité importante d'ateliers familiaux de passementiers.

**Aujourd'hui**
On tisse surtout du synthétique notamment des rubans d'usage paramédical.

# Parc naturel régional du Queyras

Forteresse minérale blottie dans l'océan des Alpes, isolé du monde par des crêtes hautes de 2 500 à 3 000 m, le Queyras offre aux amoureux des grands espaces ses paysages accidentés, sculptés par le temps, et ses vallées ouvertes, baignées par un ciel d'une exceptionnelle pureté.

**Fiche d'identité**
Créé en 1977 sur le département des Hautes-Alpes (Provence-Alpes-Côte d'Azur).
11 communes
65 000 ha
2 300 hab.

**Un pays instruit**
«Comme un petit pays de douze à quinze feux ne peut pas toujours nourrir un magister, ils ont des maîtres d'école payés par toute la vallée (au vrai par les communautés) qui parcourent tous les villages, passent huit jours dans celui-ci, deux jours dans celui-là. » (Victor Hugo, *Les Misérables*)

La vallée habitée la plus haute d'Europe : Saint-Véran

## Un bastion isolé

Région de haute altitude, le Queyras bénéficie, grâce à sa latitude méridionale, d'un très fort ensoleillement : c'est le pays de la lumière, une lumière intense que ne voile jamais la moindre brume. Le bassin du Guil, axe de convergence des vallées habitées les plus hautes d'Europe, forme le centre de ce bastion isolé : impétueuse à sa source, la rivière traverse nonchalante la haute vallée verdoyante, avant de s'enfoncer, sévère, dans son canyon inférieur, la combe du Queyras, puis roule en bouillonnant au fond des gorges de Guillestre. Dans la partie occidentale du massif, les paysages taillés dans des masses calcaires ocre, violettes et roses sont contrastés. À l'est, le haut Queyras, composé de schistes lustrés par les glaciers, s'adoucit en vallées largement ouvertes, vertes et accueillantes : c'est le Queyras historique, réduit au canton d'Aiguilles et à ses sept communes (Abriès, Aiguilles, Arvieux, Château-Ville-Vieille, Molines, Ristolas, Saint-Véran), jadis fédérées en escarton. En 1343, le dauphin Humbert II accorda à cinquante-deux communes du Briançonnais un certain nombre de libertés publiques, en particulier celle de répartir l'impôt (*escarter* en ancien français) : l'ensemble était divisé en cinq mini-républiques, ou escartons, dont le Queyras. On a conservé à Ville-Vieille ▲ *220* l'armoire aux huit serrures qui contenait les archives de la vallée. Elle s'ouvrait avec les huits clés détenues par les représentants des communautés et leur secrétaire général. Le reste du terroir est encore rattaché au canton de Guillestre.

**Ubacs et adrets.** L'habitat et les cultures se rassemblent sur les adrets (versants les plus ensoleillés des vallées), tandis que les ubacs

**L'ASTRAGALE QUEUE-DE-RENARD**
Les scientifiques pensent que cette grande plante queyrassine est venue des steppes orientales après le recul des derniers glaciers (10 000 ans). Ses fruits aisément déplacés par le vent auraient migré jusque dans les Hautes-Alpes. L'astragale est toujours accompagné du genévrier sabine dont le feuillage rampant, non piquant, rappelle celui des thuyas ou des cyprès.

(versants les moins exposés) se couvrent de vigoureuses forêts, qui poussent jusqu'à 2 500 m ; au-delà s'étendent les vertes pelouses alpines. Vert tendre au printemps, le mélèze devient or, ocre puis roux avant de perdre ses aiguilles en hiver. Le pin cembro conserve ses aiguilles groupées par cinq, d'un vert bleuté.

## HISTOIRE

Dès l'âge du bronze, le site minier de Saint-Véran connaît une activité intense et, aux Escoyères, des fragments de pierres gravées signalent la présence des Romains. Au Moyen Âge, le peuplement se met en place dans les vallées. L'organisation communautaire des vallées témoigne très tôt du civisme de la population et de son goût pour la liberté. La révocation de l'édit de Nantes (1685) voit une partie de l'élite quitter le pays pour s'établir et réussir en Suisse et en Allemagne. Plus tard, c'est vers l'Amérique latine que s'expatrient les Queyrassins, trop nombreux pour tirer d'un sol ingrat leurs moyens de subsistance. D'autres deviennent colporteurs ou enseignants pendant les longs mois d'hiver. Aujourd'hui le Queyrassin, agriculteur ou maçon l'été, se fait moniteur de ski ou commerçant l'hiver.

## DU CONFLUENT GUIL-DURANCE AU MONT VISO

**GUILLESTRE.** La bourgade a débordé les murs d'enceinte de la citadelle du Moyen Âge, dont subsistent de nombreux vestiges. Le torrent du Rif Bel, descendant de la Font Sancte (3 385 m), traverse la réserve de nature du VAL D'ESCREINS, créée en 1965 par la commune de Vars, pour protéger la flore et la faune alpines de ce beau vallon. À la sortie de Guillestre, la route, taillée dans les roches violettes d'origine volcanique des gorges du Guil, suit un étroit défilé aux pentes abruptes (ci-dessus). La MAISON DU ROY, auberge où s'est arrêté Louis XIII en 1629, marque l'entrée dans la combe du Queyras : le paysage s'élargit. Au lieu-dit l'Ange-Gardien, le MONUMENT AUX MORTS, construit après la Première Guerre mondiale, témoigne de l'unité des sept communes du canton d'Aiguilles.

**TRACES D'HISTOIRE**
De haut en bas, les mines préhistoriques de Saint-Véran, une borne frontière du début du XIXe siècle et la maison «Eiffel» d'Aiguilles ▲ *220*

# Parc naturel régional du Queyras

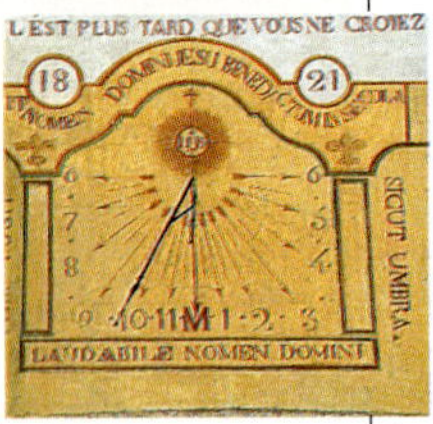


**Cadrans solaires**
Nombreux dans ce pays ensoleillé, ils étaient réalisés sur enduit frais, avec des pigments naturels (ocres ou oxydes). Si les cadrans du XVIIIe siècle restent assez simples, ceux du XIXe siècle sont extrêmement décorés. Certains sont assortis d'une sentence ou d'une devise morale, mettant en garde contre la brièveté de la vie.

**Château-Queyras.** La place forte médiévale fut réaménagée par Vauban à la fin du XVIIe siècle pour barrer la vallée de la Durance aux troupes venues du Piémont. Dans la vieille crypte de l'église, l'Espace géologique, mis en place par le parc, initie les visiteurs à cette vertigineuse découverte : les Alpes sont bien nées des mers chaudes disparues il y a 60 millions d'années sous l'effet de la collision de l'Afrique et de l'Europe. Des restes de sables marins, solidifiés en vaguelettes comme si l'eau venait de se retirer, en témoignent.

**Ville-Vieille.** Les artisans et les producteurs locaux ont établi une Maison de l'artisanat qui rassemble, en particulier, les œuvres des membres du Syndicat des artisans d'art des meubles et objets sculptés. À quelques pas de là commence le sentier écologique des Astragales, qui permet de découvrir la lande sèche à astragale, une pelouse particulièrement menacée des Alpes du Sud. Elle abrite une grande quantité de plantes endémiques et protégées : l'astragale queue-de-renard ▲ *219*, la campanule en épi, l'astragale d'Autriche, la nonnée noire, la vesce sainfrain. Cet ensemble, très sensible au feu, est menacé d'envahissement par le genévrier sabine depuis que les pratiques culturales traditionnelles ont été remplacées par un pâturage ovin et bovin d'intersaison.

**Aiguilles.** De retour des «Amériques», de nombreuses familles ont construit des maisons bourgeoises qui confèrent au chef-lieu du canton un air de sous-préfecture de début de siècle. Plus insolite encore, une maison en fer, ancien pavillon de style Eiffel acheté à l'Exposition universelle de Paris de 1889.

**Abriès.** Ancien carrefour commercial avec la maison de Savoie, le village, dévasté par la dernière guerre, ne possède plus que de rares témoignages du vieux bâti.

**La haute-vallée du Guil.** À l'extrémité de la vallée que barre le puissant mont Viso (3 841 m), la commune de Ristolas s'insère dans un magnifique écrin de verdure qui ambitionne de devenir Réserve naturelle. Des centaines d'espèces végétales caractéristiques de la haute montagne (rhododendrons, gentianes, saxifrages, génépi) y côtoient marmottes, mouflons, chevreuils, chamois et bouquetins. Le tétras-lyre, le lagopède (perdrix blanche relique des périodes glaciaires) et l'aigle royal voisinent avec plus d'une centaine d'espèces d'oiseaux, tandis que la très rare salamandre noire se faufile parmi les pierriers ou les gazons mouillés.

Grâce à son tunnel de la Traversette (ci-dessous), le premier du genre, percé à 2 915 m d'altitude en 1480, la vallée fut un axe commercial important entre le Dauphiné et la vallée du Pô, favorisant un intense trafic de sel dont on tente aujourd'hui de faire revivre la mémoire.

**Les pierre écrites d'Abriès**
Scellées dans les murs des maisons du village, des pierres gravées évoquent les événements ou les préoccupations de jadis (ici la victoire remportée contre les crues du torrent du Bouchet). Un itinéraire de visite est proposé pour découvrir ces témoignages du passé.

## La vallée du Cristillan

À hauteur de la Maison du Roy ▲ *218*, le Guil reçoit les eaux tumultueuses du Cristillan qui dévalent de Ceillac. La route s'élève en lacets serrés jusqu'au village blotti autour de l'église Saint-Sébastien (XVIe siècle) et des six cloches de son clocher-mur (ci-contre). Les vieilles bâtisses de pierre et de bois, robustes et trapues, se replient autour de leur cour intérieure.
**Les carrières de marbre.** Aux itinéraires de randonnée très fréquentés qui conduisent aux lacs Sainte-Anne ou Miroir, on peut préférer la «route de la carrière», dans la haute vallée du Cristillan, vers 2 700 m. L'activité d'extraction du marbre y a cessé depuis 1887.

**Les cloches de Ceillac**
Étagées sur un mur qui relie la chapelle des Pénitents et l'église Saint-Sébastien, elles sont sonnées à la main lors des grandes fêtes.

## La vallée de la Rivière

La route du col de l'Izoard (2 360 m), entré dans la légende du Tour de France, traverse la vallée d'Arvieux pour rejoindre Briançon.
**Arvieux.** Le village se caractérise par de belles maisons à arcades, tournant le dos au vent du nord et étirant leurs loggias en plein soleil. Celle des lointains descendants du peintre dauphinois Henri Fantin-Latour (1836-1904), ornée de décors en trompe l'œil, possède une des plus belles architectures peintes en milieu rural du département (XVIIIe siècle). À la Chalp d'Arvieux s'est créée, en 1920, la première coopérative ouvrière de France, «L'Alpin chez lui». Elle produit toujours des jouets en bois, vendus sur place et par correspondance. Au-dessus du val d'Azur, la route s'élève dans la forêt et traverse la Casse déserte. Dans ce site étrange et désolé, les roches déchiquetées, les pentes ravinées et les éboulis composent un paysage aride et surprenant.

## La vallée de l'Aigue

Avant la rua de Molines, la route longe une très belle «demoiselle coiffée», ou cheminée de fée : ce nom poétique désigne une colonne de roche tendre, ciselée par les eaux de ruissellement et surmontée par un bloc de pierre résistante.
**Saint-Véran.** C'est la plus haute commune d'Europe (2 000 m) ! L'architecture, l'habitat et la vie domestique de ce village très pittoresque sont remarquablement évoqués au musée du Soum, installé dans la plus vieille demeure du village (1641). Au-delà de Pierre-Grosse, la route monte vers de très beaux pâturages, où vivent de nombreuses marmottes.

**La maison de Saint-Véran**
Le rez-de-chaussée aux murs épais abrite l'habitation et l'étable. Il est surmonté de plusieurs niveaux édifiés en troncs de mélèzes : la fuste. Le lobbio est une sorte de balcon exposé plein sud où étaient mises à mûrir les récoltes après la moisson, que la rigueur du climat forçait à effectuer prématurément.
La circulation entre l'habitation et la fuste se fait par des coursières reliées entre elles au moyen d'escaliers ou d'échelles.
Jusqu'au milieu du siècle, hommes et bêtes partageaient l'étable pendant les longs mois d'hiver pour mieux résister au froid ▲ *222*.

Le Queyras voit se développer, du XVII$^{e}$ siècle au début du XX$^{e}$ siècle, un artisanat remarquable. Durant l'hiver, long et rigoureux, les habitants sont contraints de rester enfermés. Ils occupent ces «cinq mois d'enfer» à lire et à fabriquer meubles, menus objets et outils en bois. Si les meubles élaborés, comme les vaisseliers, sont réalisés par des menuisiers de métier, tout un chacun manie le couteau ou la gouge pour façonner et décorer les ustensiles de la vie quotidienne, véritables chefs-d'œuvre d'art populaire. Cet artisanat est devenu un point fort de l'économie.

**FERVEUR RELIGIEUSE**
Les Queyrassins sont des gens très instruits, qui lisent beaucoup, la Bible le plus souvent. C'est pourquoi tant d'objets portent des dédicaces ou des sentences, fortement marquées par l'esprit protestant. La religion réformée est d'ailleurs très pratiquée dans le Queyras.

**LE MATÉRIAU : LE BOIS DES MONTAGNES**
C'est avec les arbres qui couvrent les pentes du Queyras ▲ *219* que sont fabriqués meubles et objets. Le pin à crochet sert pour le fond, alors que le pin cembro, plus tendre, ou le mélèze sont utilisés pour les parties nobles et les décors.

**L'art du don**
La plupart des meubles ou des objets étaient destinés à être offerts et donc fréquemment signés «fait par moi…» et datés, afin de marquer l'événement. Le nom du ou des destinataires est également gravé dans le bois. Les coffres, contenant le trousseau de la mariée, sont donnés avec la dot. Les tambours à dentelles (à gauche) sont des présents d'amour.

**Transmission du savoir**
Leçon de sculpture sur bois dans une école primaire queyrassine, en 1943 : on se transmet les traditions de génération en génération.

**Abriter une matière précieuse : le sel**
Les très nombreuses boîtes à sel (ci-dessous) et le soin apporté à leur décoration signalent l'importance accordée, en ces régions de montagne, à cette denrée si rare. Ces boîtes servent également de baromètre : le bois laisse passer l'humidité qui imprègne le sel et annonce le mauvais temps.

**Le décor**
Chaque objet, chaque meuble est prétexte à une décoration personnalisée qui prouve l'intérêt porté à chacun. Les décors les plus courants sont la rosace (à gauche) ou les motifs floraux Renaissance ou Louis XIII (à droite), empruntés au vocabulaire classique.

**Ranger pour protéger**
Afin de se garantir du froid, les hommes cohabitent avec les bêtes dans la pièce principale durant l'hiver. Tout doit donc être rangé afin de ne pas être endommagé. C'est pourquoi presque tous les objets traditionnels sont des boîtes, du plus grand contenant au plus petit : coffre, boîte à missel, coffret à papiers, tambour à dentelle.

**Autour de l'économie pastorale**
La vie pastorale, activité économique principale en montagne, suscite les talents des sculpteurs : sonnailles pour les bêtes (à gauche) ou rouets destinés à filer la laine des moutons (ci-dessus) font l'objet de soins particuliers.

# Parc naturel régional du Vercors

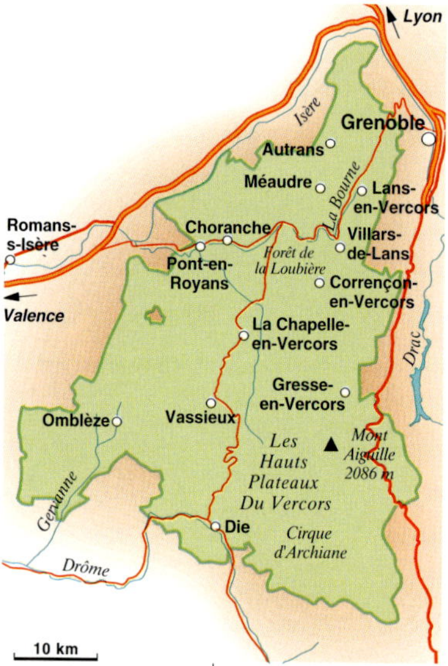


Le massif du Vercors est situé au cœur du Dauphiné. Les falaises abruptes qui le ceinturent en font une véritable citadelle naturelle, longtemps isolée des régions qui l'entourent, les vallées de l'Isère, du Drac et de la Drôme. L'eau a taillé dans cette masse de calcaire des gorges profondes, des cirques majestueux, des grottes et des gouffres parmi les plus célèbres d'Europe. L'intérieur du massif est constitué de plateaux boisés et de vallons verdoyants au paysage modelé par l'agriculture. Cette diversité géomorphologique et les nombreuses influences climatiques (continentale, méditerranéenne et alpine) en font un territoire au patrimoine culturel et naturel riche et varié. Sept régions naturelles composent le pays : au nord, les Quatre-Montagnes ; au nord-ouest, les Coulmes ; à l'ouest, le Royans ; au centre, le Vercors historique ; à l'est, le Trièves ; au sud-est, le Diois et au sud-ouest, la Gervanne.

**Fiche d'identité**
Créé en 1970
sur les départements
de la Drôme
et de l'Isère
(Rhône-Alpes).
63 communes
175 000 ha
30 000 hab.

## Les Quatre-Montagnes

Avec ses vallées synclinales bordées de falaises et de barres rocheuses, cette région tire son nom des quatre communautés paroissiales de Lans-en-Vercors, Villard-de-Lans, Autrans et Méaudre. Ce plateau qui domine Grenoble, les vallées de l'Isère et du Drac a su concilier agriculture de montagne, exploitation forestière et développement touristique du «climatisme» puis des stations de ski nordique et alpin.

**Le plateau du Sornin.** Cet espace très sauvage, sur les hauteurs de la commune d'Engins, se caractérise par son relief de lapiaz (crevasses issues de l'érosion de l'eau sur le calcaire) et par ses alpages accueillant plusieurs milliers de moutons chaque été. C'est aussi sur ce site que s'ouvre le fameux gouffre Berger, célèbre pour avoir été le gouffre le plus profond du monde. Son réseau de 1 200 m le relie aux cuves de Sassenage près de Grenoble.

**La forêt de la Loubière.** Cette forêt domaniale s'étend principalement sur les communes de Villard-de-Lans et de Corrençon-en-Vercors. La hêtraie sapinière cultivée en futaie jardinée permet de maintenir une forte diversité biologique. Les lichens barbus ont donné leur nom au hameau de Bois-Barbu. À Valchevrière subsistent les ruines du village, poste important de la Résistance détruit durant la Seconde Guerre mondiale.

**La villarde**
Cette race de vache locale a connu son apogée à la fin du XIXe siècle. Véritable bête à tout faire, elle subit après la Seconde Guerre mondiale la concurrence de la montbéliarde et de la blonde d'Aquitaine.

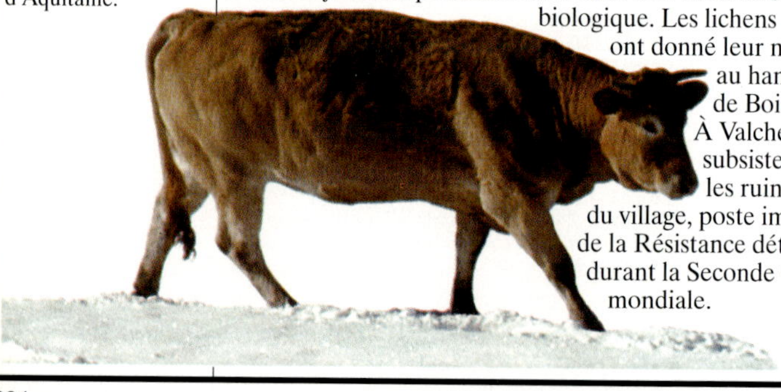

## LES COULMES

Ce massif forestier est coupé du Royans et du Vercors central par les gorges de la Bourne. L'intérieur des Coulmes, vallonné de combes et de «serres», est couvert de forêts de feuillus dont les feuillages verdoyants et luxuriants de l'été laissent la place en automne à une palette de couleurs chaudes et dorées. La rareté des sources permanentes et le climat difficile ont toujours limité l'installation de l'homme. C'est aujourd'hui encore la région la moins peuplée du Vercors et les villages habités – Presles, Malleval – sont rares. Le «Tour des Coulmes» permet de la découvrir de gîte en gîte.

**LES FALAISES DE PRESLES.** Les rochers de Presles dominent la Bourne et Choranche. Ces immenses parois ocre, célèbres dans le monde de l'escalade, constituent aussi un milieu privilégié pour les rapaces qui y recherchent les ascendances thermiques ou qui y nichent comme le faucon pèlerin.

**LE CIRQUE DE MALLEVAL.** Minuscule village, isolé du reste du Vercors par son cirque, Malleval n'a longtemps été accessible que par la route pittoresque des gorges du Nan, depuis la vallée de l'Isère. Haut lieu géologique, ces gorges permettent d'observer les phases historiques de la sédimentation du calcaire urgonien.

## LE ROYANS

Ce profond «golfe» s'étend de la plaine de l'Isère aux plateaux et pénètre le massif du Vercors par des combes et gorges impressionnantes. Dominé par les plateaux d'Ambel et de Font-d'Urle, recouvert en partie par l'immense forêt domaniale de Lente, le Royans bénéficie sur ses terrasses et ses collines d'un climat doux et agréable propice aux plantations de noyers. Il recueille, par les cours d'eau descendant du Vercors – la Bourne, la Vernaison, le Léoncel, la Lyonne –, une grande partie des précipitations du Vercors. Ces rivières, en fournissant l'énergie et en transportant le bois, ont contribué au développement des industries et artisanats traditionnels du Royans.

**LES PIGNONS LAUZÉS**
Les fermes traditionnelles du Vercors nord se caractérisent par leurs escaliers en lauzes (dalles plates de calcaire) le long des murs pignons. Ces «sauts de moineau» servaient à protéger des intempéries les toits autrefois couverts de chaume. Une pierre arrondie, la couve, posée sur la plus haute des lauzes, symbolise la fertilité.

**LES RÉSEAUX SOUTERRAINS**
Véritable gruyère, l'ossature calcaire du Vercors est sillonnée de gouffres, de galeries, de rivières souterraines et de grottes. Les plus belles, comme celles de Choranche (ci-dessus), de la Draye Blanche ou de la Luire, ont été aménagées pour l'accueil du public.

**LES CHARBONNIERS**
La superbe hêtraie des Coulmes est le fruit de l'exploitation des forêts pour la production de charbon de bois. Les bûches de «fayards» étaient brûlées à l'étouffée, en d'immenses meules, par les charbonniers italiens. Les traces de ces charbonnières sont encore nombreuses dans les forêts des Coulmes et du reste du Vercors.

**PONT-EN-ROYANS** Ses vieilles maisons claires accrochées aux rochers et suspendues au-dessus du lit de la rivière confèrent au bourg, situé au débouché des gorges de la Bourne, un cachet incomparable.

**LES PLATEAUX D'AMBEL ET DE FONT-D'URLE.** Dans le prolongement de la forêt de Lente, les grands alpages sauvages des plateaux d'Ambel et de Font-d'Urle surplombent la Gervanne et le Diois. La flore alpine est spectaculaire au printemps avant l'arrivée des chevaux, des moutons et des bovins.

## LE VERCORS CENTRAL, OU VERCORS HISTORIQUE

Fortement marquée par l'attaque allemande de 1944 mettant fin aux maquis du Vercors, cette zone reste une région authentique où les activités agricoles qui s'y maintiennent ont façonné un paysage ouvert et verdoyant. À l'origine le terme de Vercors ne s'appliquait qu'à cette région centrale et ce n'est qu'assez récemment qu'il s'est étendu à l'ensemble du massif. Un long sillon longitudinal traverse la table calcaire du col de Romeyère au col de Rousset par les communes de Saint-Julien, Saint-Martin et Saint-Agnan-en-Vercors. À l'est s'étendent les hauts plateaux du Vercors ▲ *228* et, à l'ouest, Vassieux et La Chapelle-en-Vercors.
**LE SITE NATIONAL HISTORIQUE DE LA RÉSISTANCE.** Réalisé au col de la Chau, le mémorial du Vercors domine le village martyr de Vassieux, entièrement détruit durant la guerre.

## LE TRIÈVES

Situé au pied des contreforts de l'est du Vercors, le Trièves est coincé entre les hautes falaises du Vercors qui l'isolent du reste du massif et la profonde vallée du Drac. Cette région, si appréciée par Giono, est découpée par de nombreux cours d'eau dont la Gresse. Seuls quelques pas muletiers et pédestres permettent d'accéder directement, depuis Château-Bernard, Chichilianne ou Gresse-en-Vercors, aux régions des Quatre-Montagnes ou du Vercors central.
**LE MONT AIGUILLE** ● *48*. Considéré comme l'une des sept merveilles du Dauphiné, le mont Aiguille, ou mont Inaccessible, a toujours excité la curiosité des hommes. Ses 2 086 m ont été gravis pour la première fois en 1492, à l'aide d'échelles et de cordes, par le capitaine Antoine de Ville, sur l'ordre de Charles VIII. Depuis, le mont est regardé comme le berceau de l'alpinisme.

**LES ROUTES EN ENCORBELLEMENT** Au XIX$^{e}$ siècle sont construites des routes audacieuses comme les «gorges» de Combe-Laval (ci-dessous, en 1896), du Furon, de la Bourne, des Grands-Goulets… Accrochées aux falaises et dominant le vide, elles ont permis au massif de s'ouvrir sur l'extérieur.

**LE BOUQUETIN**
Réintroduit en 1989 et 1990 par le parc, le bouquetin est observable sur les crêtes élevées du Vercors, entre le cirque d'Archiane et la Grande-Moucherolle.

**PAYSAGES DU VERCORS** (de haut en bas)
Crêtes de Font-d'Urle et cirque de Saint-Julien, vallée du Meaudret à Autrans, la route des Grands-Goulets, le cirque d'Archiane, Chichilianne et le mont Aiguille, le Diois.

## LE DIOIS

Dès le passage du col du Rousset, les traits déjà méridionaux du Diois offrent un contraste saisissant avec le climat montagnard du Vercors central. Sillonné par la Drôme et dominé par l'imposant massif du Glandasse, le Diois peut être considéré comme l'une des portes de la Provence. La lavande y est, avec la vigne, l'une des cultures traditionnelles.

**LE CIRQUE D'ARCHIANE.** Le site est accessible, depuis Châtillon-en-Diois ou le col de Menée, par une petite route en cul-de-sac. Il s'enfonce profondément dans le plateau du Glandasse, cerné par des falaises de calcaire.

**DIE.** Implantée au bord de la Drôme et dominée par le Glandasse, cette sous-préfecture et ancienne cité romaine existait déjà au IIe siècle. Au fil des siècles, elle devint le siège des évêques de la région et un fief du protestantisme en France. Plusieurs édifices religieux témoignent de ce rôle. L'abbaye de Valcroissant, fondée par les moines cisterciens en 1189, est l'un des fleurons de l'architecture romane dans le Diois. Mais c'est aussi par sa production vinicole, la fameuse clairette de Die, que la ville est connue dans toute la France.

## LA GERVANNE

Cette petite région qui porte le nom de la principale rivière la traversant est souvent rattachée au Diois. Elle constitue pourtant, avec ses communes de Gigors-et-Lozeron, Plan-de-Baix, Beaufort-sur-Gervanne, Combovin et Le Chaffal, une entité bien marquée. Davantage tournée vers Crest que vers les hauteurs du Royans, elle permet d'accéder en pente douce au Vercors depuis la vallée de la Drôme et la plaine de Romans.

**LES GORGES D'OMBLÈZE.** Leur canyon étroit parcouru par la Gervanne offre un environnement verdoyant et frais. Les nombreuses cascades ont créé un curieux phénomène de la nature : la formation du tuf, résultat de la pétrification des mousses par les dépôts de calcaire.

# Réserve naturelle des hauts plateaux du Vercors

Créée en 1985 à l'initiative des associations de protection de la nature et du parc, la réserve des hauts plateaux du Vercors est, avec près de 17 000 ha, la plus grande réserve naturelle de France. Territoire tabulaire situé en bordure est du Vercors, les hauts plateaux, formés par une épaisse couche de calcaire urgonien, dominent l'ensemble du massif. Ils comprennent quatre ensembles : les forêts montagnardes, la forêt subalpine, les pelouses alpines, les falaises et rochers. Si la dureté du climat, l'absence d'eau permanente et la difficulté d'accès n'ont jamais permis à l'homme de s'y installer durablement, cet immense espace préservé, secret et sauvage demeure un paradis pour les amoureux de la nature et des randonneurs.

**La flore**

Au printemps et au début de l'été, edelweiss, gentianes, trolles, tulipes sauvages, pensées, renoncules, lis martagons et orchidées sauvages tapissent les hauts plateaux. Cette richesse tient à la situation géographique intermédiaire des hauts plateaux, à leur dénivelé, aux glaciations du quaternaire et à l'ouverture de zones pâturées.

**Les lapiaz**
L'attaque de la dalle calcaire par les eaux de ruissellement a donné naissance à de vastes zones de lapiaz, cannelures profondes et parallèles. Certaines fractures évoluent en scialets ou en boyaux, constituant les fameux réseaux karstiques du Vercors.

**Emblèmes du parc**
Le tétras-lyre (ci-dessous) est, comme le lièvre variable, le lagopède alpin, la chouette de Tengmalm ou la chevêchette d'Europe, une des espèces nordiques abritées par la réserve. Sa densité y est assez importante. Avec la tulipe sauvage, il constitue l'emblème du Parc naturel régional du Vercors.

**La forêt de pins à crochets**
De 1 600 à 2 000 m environ, l'étage subalpin couvre une grande partie de la réserve et est occupé par le pin à crochets brièvement accompagné par l'épicéa dans sa partie inférieure. La forêt de pins à crochets du plateau, étroitement imbriquée à des pelouses subalpines et à des rocailles pentues, est une des plus remarquables et des plus grandes des Préalpes calcaires françaises.

**La transhumance**
Une activité économique a marqué les paysages et l'histoire des hauts plateaux : la transhumance et l'estive des moutons. Depuis le Moyen Âge, des milliers de moutons arpentent chaque été les alpages des hauts plateaux. Durant quatre mois, environ 14 000 bêtes sont conduites dans les onze bergeries réparties sur l'ensemble du territoire de la réserve.

**Le Grand Veymont**
L'est de la réserve est délimité par une ligne de crêtes élevées (ci-contre). Elle est dominée par le Grand Veymont, le plus haut sommet du Vercors avec ses 2 341 m (ci-contre, milieu). Ses crêtes ventées et ses pentes rocailleuses sont dépourvues d'arbres, c'est le seul milieu de la réserve situé à l'étage alpin du massif.

Ci-dessous, vue sur le mont Aiguille

# Parc naturel régional du Vexin français

**Fiche d'identité**
Créé en 1995
sur les départements
du Val-d'Oise
et des Yvelines
(Île-de-France).
94 communes
65 669 ha
66 491 hab.

**Le traité de Saint-Clair-sur-Epte**
Chef de guerre norvégien, le Normand Rollon (ci-dessus) conclut, en 911, avec le roi franc Charles le Simple un accord qui lui donnait Rouen et «plusieurs pays proches de la mer», correspondant à peu près à l'actuelle Haute-Normandie. L'Epte devint alors une frontière, le Vexin français situé entre Seine et Epte restant propriété du roi de France.

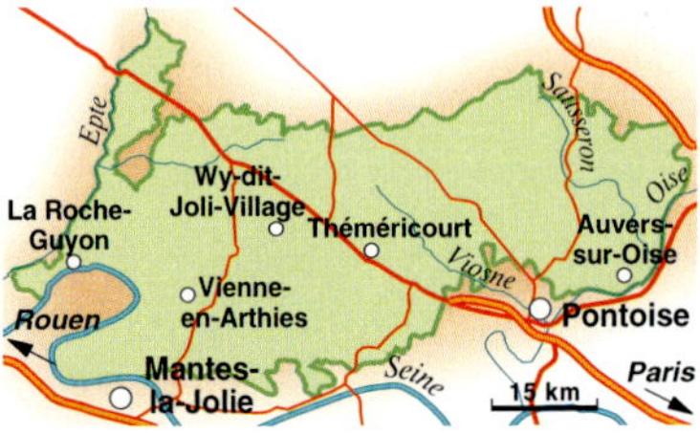


«Le pays Vequecin a chair et poisson, terre et eau, bois et vignes, bois et prés, estangs et rivières, petites montagnes et doulces vallées, chaulx et plastre, pierres et briques, villes et chasteaux, nobles et pasans, hommes en grand nombre et plusieurs espèces d'animaux ; bref il n'y a pays au monde plus commode à l'entretenement de la vie humaine, tant pour la sérénité de l'air que pour l'abondance des vivres qui y sont quand il court bon temps.» Ainsi Noël Taillepied décrit-il, en 1587, le Vexin – de Véliocasse, nom du peuple gaulois qui occupait le pays jusqu'à Rouen – dans *Recueil des Antiquitez et Singularitez de la ville de Pontoise*. Situé au nord-ouest de l'Île-de-France, le Vexin français assure la transition avec la Normandie. Il est nettement délimité par les rivières qui l'entourent : l'Oise à l'est, la Seine au sud et l'Epte à l'ouest, séparant le Vexin français du Vexin normand. Hiérarchisés en trois niveaux, le plateau, les buttes boisées et les vallées, les paysages s'articulent, d'ouest en est, autour d'entités géographiques. D'une altitude de 100 à 140 m, le plateau calcaire couvert de limons, aux espaces dégagés, est surmonté par un double alignement de buttes boisées, celles de Rosnes et celles d'Arthies. Cette étendue, dont le cœur est voué à l'agriculture, est liée par une multitude de cours d'eau : les vallées du Sausseron, de la Viosne, des Aubettes de Meulan et Magny, de la Montcient.

## La vallée de l'Epte

Rivière bordée de saules et d'aulnes, l'Epte traverse un paysage de bocage qui annonce la Normandie. Devenue frontière historique par le traité de 911, elle vit la construction de nombreux ouvrages militaires de part et d'autre de son cours. Le château de Dompont, situé sur la rive normande, en est un des derniers exemples.

**Villarceaux.** Ce domaine comprend deux châteaux bien distincts : le manoir et le château d'«en haut». Le premier, construit dans le fond de la vallée, était une maison forte dont l'origine remonte au XIIIe siècle. Le second, bâti au XVIIIe siècle sur la pente d'une petite vallée, constitue un exemple parfait de maison de plaisance. Le manoir est entouré par de magnifiques jardins comprenant terrasses, bosquets, bassins et sources, le tout articulé autour du tracé irrégulier d'un étang.

Contraste à la Roche-Guyon entre le donjon médiéval et le château classique

Quelques-unes des statues du parc (en bas) proviendraient de la villa Alteri à Rome et de la villa d'Este à Côme.

**La Roche-Guyon.** Sa position stratégique entre l'Epte, la Seine et la forêt royale d'Arthies explique la présence d'un donjon élevé dès 1190 sur les falaises calcaires. Il a servi de modèle pour la construction du fameux Château-Gaillard. Le château, en contrebas, a été remanié jusqu'au XVIII$^e$ siècle. La route des crêtes, vers Chérence, permet de l'approcher et de découvrir l'affleurement des corniches calcaires à 115 m d'altitude. Surplombant de nombreuses constructions troglodytiques, ce chemin offre un splendide panorama sur la vallée de la Seine et les alentours. L'église Notre-Dame-de-l'Assomption de Haute-Isle a été creusée dans la roche sur les ordres du neveu de Boileau, Nicolas Dongois, en 1670.

**Le bassier**
Les murs de cette maison de manouvrier (ouvrier agricole) du XVIII$^e$ siècle sont faits d'un blocage constitué de moellons sommairement taillés, extraits des proches carrières de grès ou de calcaire (Vigny, Cormeilles-en-Vexin…), et d'un mortier de chaux et de sable qui affleure à peine.

## Le plateau céréalier

Voué à la grande culture, le fertile plateau céréalier déroule à perte de vue de vastes horizons où se détachent les villages avec leurs ceintures de jardins. L'ancienne voie romaine qui le traverse, de Pontoise jusqu'à Saint-Clair-sur-Epte, est dite chaussée Jules-César, attestant l'importance du peuplement durant la période gallo-romaine : de très nombreux vestiges de villas romaines – souvent séparées par moins de 1 km – ont été mis au jour.

**Commeny.** Autour d'une boulangerie traditionnelle, la Maison du pain retrace l'évolution de l'art du boulanger par des objets, des photos et des animations.

Ci-dessus, une osmonde royale, fougère des milieux humides

**LA FÊTE DU PÉTILLON**
Le soir du 30 avril, les jeunes gens coupaient des branches d'arbre et les plaçaient sur les cheminées ou aux fenêtres des jeunes filles, chaque essence ayant une signification particulière. Aujourd'hui, la fête du Pétillon est restée vivace à Théméricourt, à Commeny et à Gouzangrez : lors de la fête du village, à la nuit tombée, un pétillon décoré – ici branche de genévrier – est placé au-dessus de la porte du dernier café du village, ci-dessous, à Théméricourt.

**WY-DIT-JOLI-VILLAGE.** Vers 1590, Henri IV, accompagné de sa maîtresse Gabrielle d'Estrées, se serait égaré à Wy, au cours d'une chasse, et aurait demandé : «Mais quel est ce joli village ?» On lui aurait alors répondu : «Vous l'avez nommé, Sire !» Le MUSÉE DE L'OUTIL est installé dans des thermes gallo-romains découverts au cours de travaux d'aménagement. Il abrite une collection d'outils artisanaux, d'ustensiles anciens et d'objets d'art populaire du XVIe siècle à nos jours. Un jardin de curé traditionnel y est reconstitué avec son verger, sa ruche, ses roseraies et ses étiquettes calligraphiées.

**THÉMÉRICOURT.** Au centre du village, traversé par l'Aubette, le château de Théméricourt, à la fois maison forte et demeure résidentielle, correspond au modèle de manoir rural du XVe siècle propre à la région. Réhabilité et aménagé en Maison du parc, il est devenu un lieu d'accueil et d'expositions et un centre de documentation.

## LE PAYS D'ARTHIES

L'ancienne forêt royale d'Arthies, aliénée et défrichée en partie au temps de Saint Louis, s'étend de part et d'autre de la vallée de la Montcient. Alentour se dressent les clochers en pierre et les toits d'ardoise des églises romanes des villages qui la cernent. C'est le secteur le plus boisé du parc et l'un des plus variés grâce à une alternance de prés, de bois, de vergers et de cultures. Les forêts sont surtout constituées de chênes et de charmes, mais aussi de quelques hêtres et de châtaigniers plantés à la fin du Moyen Âge. On y rencontre une flore peu commune en Île-de-France (myrtilles, bruyères à quatre angles, linaigrette) et une faune riche (chevreuils, blaireaux, hermines…).

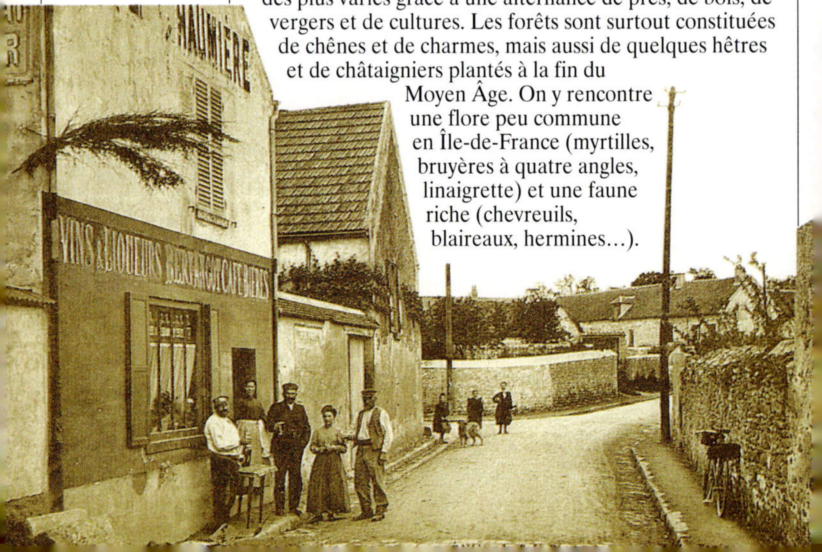

«RIEN N'A CHANGÉ NON PLUS DANS CE TRISTE PAYSAGE. TOUJOURS CE BEAU CROISSANT DE SEINE, TOUJOURS CE SOMBRE REBORD DE COLLINES, TOUJOURS CETTE VASTE NAPPE D'ARBRE»
VICTOR HUGO, LETTRE À ADÈLE ÉCRITE DE LA ROCHE-GUYON

## LA VALLÉE DE LA VIOSNE

Elle est constellée de tout un chapelet de marais où de nombreux batraciens (rainettes vertes, crapauds communs) trouvent refuge parmi les roseaux. Les orchidées sont une des particularités des bois de l'Épinette et de Chars. C'est près du village de Brignancourt que jaillit la source Saint-Jean d'où l'on tire les eaux de source La Valoise.

## LA VALLÉE DU SAUSSERON

La présence d'une vallée, d'un plateau et de buttes résume ici le paysage du Vexin français. En suivant la rivière, on parcourt les paysages qui ont séduit les peintres et les écrivains installés dans la région, notamment à Auvers-sur-Oise. Le réseau hydrographique complexe du Sausseron contribue au pittoresque des villages. Traversés par différents rus, ils offrent au promeneur le charme de leurs berges et de leurs ponts. L'omniprésence de l'eau a créé des ensembles écologiques intéressants. Dans le marais du Rabuais, par exemple, on observe orchidées, renoncules, joncs, roseaux et martins-pêcheurs, hérons, busards cendrés et busards saint-martin.
**LE MUSÉE DES TRANSPORTS DE LA VALLÉE DU SAUSSERON.** Situé dans une cour de fret de la gare SNCF de Valmondois, le musée réunit plus de 50 véhicules ayant circulé durant la période 1800-1950, du tramway à vapeur au chemin de fer de ligne locale.

## LES BUTTES BOISÉES DE ROSNE ET DE MARINES

Sur les flancs de ces buttes, des sources alimentent de petites tourbières de pentes, à sol acide composé de marne, de sable et de sphaignes en décomposition. À partir de ce sol se sont développés des boisements clairs à bouleaux, à aulnes et des sous-bois de saules. Des plantes rares comme la grande fougère osmonde royale (à gauche) ou la laîche lisse y poussent également. Des clochers et des pigeonniers se dressent ici et là ▲ *234*.

**LES ORCHIDÉES**
La goodyéra rampante fleurit dans les bois de conifères à sol moussu de Nesles-la-Vallée ou de Frouville, tandis que l'ophrys aux multiples variétés se développe plutôt sur les friches sèches et ensoleillées de Chérence ou d'Us. Mais les orchidées sont protégées, c'est pourquoi les promeneurs doivent se contenter de les admirer ou de les photographier.

**LES IMPRESSIONNISTES DANS LE VEXIN FRANÇAIS**
Les peintres, et particulièrement les impressionnistes, se sont inspirés des paysages du Vexin. Parmi les plus célèbres, on peut citer Pissarro à Ennery, Cézanne à Marines, Monet à Vétheuil, Van Gogh à Auvers-sur-Oise. Ils y ont trouvé une diversité de paysages et des variations de lumière. Aujourd'hui, le château d'Auvers propose un parcours impressionniste.

“Je suis entièrement absorbé par ces plaines immenses de champs de blé sur un fond de collines vastes comme la mer, d'un jaune très tendre, d'un vert très pâle, d'un mauve très doux avec une partie de terre labourée, tout cela pointillé de touffes de pommes de terre en fleurs, le tout sous un ciel bleu avec des tons blancs, roses et violets.”
Vincent Van Gogh à sa mère

Les petits édifices – moulins, pigeonniers, lavoirs, fontaines, croix – qui autrefois ponctuaient le paysage rural, animent encore aujourd'hui les villages. Même si la plupart ont perdu leur fonction originelle, les Vexinois sont soucieux de les préserver comme témoignages du passé, afin de conserver un lien avec les hommes et les femmes qui les ont bâtis.

### LES PIGEONNIERS

La construction d'un pigeonnier fut longtemps un privilège réservé à la féodalité. La prospérité du XVIe siècle obligea les seigneurs à consentir des conditions d'aménagement exceptionnelles à la classe émergente des riches agriculteurs. Cela explique la présence de pigeonniers dans de nombreuses fermes du Vexin. On note quatre types de pigeonniers : les pigeonniers ronds de pied (Berville, Frouville, Labbeville, Haravilliers, Ableiges…), les pigeonniers carrés de pied (Genainville, Maudétour-en-Vexin…), les pigeonniers-porches (Commeny, Chars…) et les pigeonniers octogonaux de pied (Arthies, Banthelu, Vigny, Menouville…).

## Les matériaux de construction

La plupart des monuments du Vexin sont en pierres régionales, le calcaire (la pierre de Vigny, notamment), protégées d'un enduit de plâtre et de chaux grasse passé à la taloche sur toute la hauteur du mur. Certains lavoirs ont des dalles provenant des carrières de Chérence, d'où ont été extraites les pierres nécessaires à l'édification de l'arc de triomphe et à celles des soffites de l'église de la Madeleine à Paris.

### Les moulins

Autrefois, chaque village possédait un ou plusieurs moulins à eau qui servaient surtout à moudre le grain. Il n'en reste plus que quelques-uns, comme à Brueil-en-Vexin ou Montalet-le-Bois. Le moulin à roue verticale est adapté aux cours d'eau lents et réguliers de la région ; la roue à pales plates ou aubes est assez fréquente. Ci-contre, le Blanc-Moulin à Rueil-Seraincourt.

### Les croix pattées

Les croix en pierre monolithique dressées pour commémorer un fait, souvent légendaire, sont une particularité du Vexin. Elles datent pour la plupart du XII^e^ ou du XIII^e^ siècle. Elles peuvent présenter diverses formes : fût très court à trois branches comme la croix d'Orléans à Longuesse, à quatre branches égales comme la croix Lançon à Saint-Gervais, la croix de l'Aumône à Vétheuil… Ci-dessus, Cléry.

### Les lavoirs

Outre leur fonction spécifique, ils étaient un des lieux de rencontre les plus prisés des femmes. Construits près d'une source ou d'un bassin, ils sont divisés en deux parties munies de vannes pour l'entrée et la sortie de l'eau. Le lavoir de Nesles-la-Vallée (en haut) a résisté à l'épreuve du temps.

# Parc naturel régional des Volcans d'Auvergne

**Fiche d'identité**
Créé en 1977
sur les départements
du Cantal
et du Puy-de-Dôme
(Auvergne).
395 068 ha
153 communes
90 000 hab.

Cet immense territoire vert, sculpté par les glaciers et le feu de la terre, constitue le plus vaste Parc naturel de France. Parsemés de lacs et de tourbières, troués de gorges et de cratères, ses paysages sont une véritable leçon de géologie pour qui sait les regarder. Ils comprennent quatre massifs volcaniques édifiés sur plusieurs millions d'années ▲ *240* (chaîne des Puys, monts Dore, Cézallier et monts du Cantal) et un vieux plateau granitique, l'Artense.

## Historique

**Histoire des sols...** Tout commence au tertiaire, lorsque surgissent les chaînes des Alpes et des Pyrénées : le vaste plateau granitique qui recouvre alors l'Auvergne craque et se fend. Le magma en fusion jaillit des fissures : les volcans du Cantal (de 20 à 4 millions d'années), puis les monts Dore (20 millions à 250 000 ans) entrent en activité, construisant par phases successives des volcans complexes. Troisième massif, la région du Cézallier (8 millions à 100 000 ans) devient à son tour le siège de gigantesques épanchements de lave très fluide. Les volcans sont en pleine activité lorsque survient, au quaternaire, une succession de périodes froides ; les régions les plus élevées se couvrent à plusieurs reprises de glaciers qui, rabotant les sommets, élargissant les vallées ou creusant de larges cuvettes, modèlent les paysages. Enfin, entre 95 000 et 6 000 ans, la Terre crache une dernière fois sa colère : ainsi naît la chaîne des Puys.

**... Histoire des hommes.** La présence des hommes est attestée dès la préhistoire.

**Rapaces**
Ils sont nombreux à survoler les volcans d'Auvergne : chouettes, moyen et grand duc ; buse variable, bondrée apivore, faucon crécerelle, milan noir (ci-dessus), milan royal et faucon pèlerin.

Mégalithes néolithiques, sanctuaires gallo-romains, nécropoles mérovingiennes, églises romanes ou villages médiévaux prouvent siècle après siècle leur attachement à la terre auvergnate. Au XIXe siècle, l'ère industrielle et ses besoins en bois provoquent le grand déboisement des montagnes. Jusqu'au début de ce siècle, la population, très dense, pratique l'élevage et la culture du seigle, mais les deux guerres et l'exode rural vident les villages. L'agriculture se spécialise alors dans l'élevage, surtout bovin.

## LES MONTS DÔMES

Ce secteur très hétérogène, au nord du parc, englobe trois zones entourant la majestueuse chaîne des Puys, où se succèdent les plus jeunes volcans de France. Les moutons (race rava) entretiennent depuis des siècles les pelouses rases des versants.

**LA CHAÎNE DES PUYS.** La beauté sauvage de cet alignement de quatre-vingts volcans sur 35 km (ci-dessous) est à contempler du sommet du puy de Dôme (1 465 m). La partie centrale est la plus spectaculaire (une journée à pied) : puys de Pariou, Clierzou, Suchet, Aumône, puy de Dôme. Chaque volcan raconte son histoire : le puy de Dôme possède un dôme arrondi sans cratère, la lave s'étant refroidie au fur et à mesure qu'elle se répandait à l'air libre. Le cratère du grand Suchet exhibe la cicatrice béante d'une violente éruption. Le puy de Côme montre son double cratère dû à deux éruptions successives. Les flots de lave ont entraîné des projections et ont empêché le cratère de se constituer de façon circulaire. Une visite préliminaire au siège du parc, le CHÂTEAU DE MONTLOSIER, est conseillée : un espace muséographique est consacré au volcanisme, et des sentiers de découverte des puys de la Vache et Lassolas y sont proposés.

**LA COMBRAILLE.** Ici, les paysages s'adoucissent en bocages et vallées. À VOLVIC, où l'eau est captée sous les coulées de lave, la Maison de la pierre rappelle que des carrières de pierres volcaniques y furent exploitées dès le XIIIe siècle.

**DÔMES OUEST ET VAL DE SIOULE.** En amont de Pontgibaud, la SIOULE serpente dans une belle vallée à fond plat. Le plateau qui la borde est parsemé de villages, prairies et petits châteaux.

**AUZON, VEYRE ET MONNE.** Au sud-ouest de Clermont-Ferrand, ces trois rivières entaillent le plateau granitique en profondes vallées. Les gorges de la Monne, spectaculaires, découpent d'impressionnants chaos rocheux. Les amateurs de belles pierres seront comblés : église romane et château médiéval de SAINT-SATURNIN, château classique de La Bâtisse.

**L'AUVERGNE ROMANE**
Sillonnée par les routes de grands pèlerinages, l'Auvergne se hérisse, aux XIe et XIIe siècles, de nombreuses églises romanes. D'allure robuste, les édifices se signalent par leur simplicité, leur austérité et certaines particularités, comme leurs déambulatoires destinés aux pèlerins et leurs absides très travaillées (ci-dessus, Orcival).

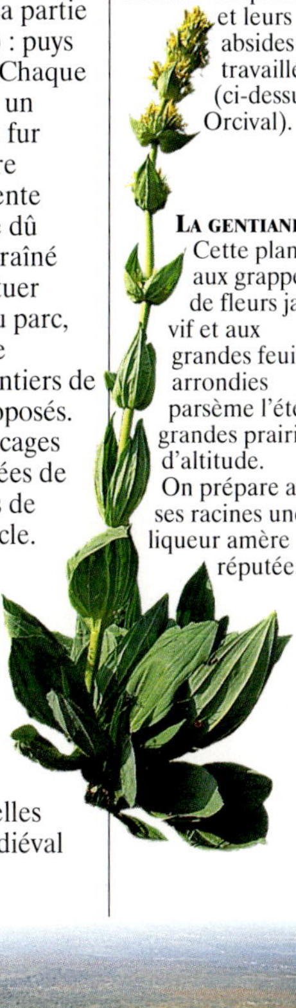

**LA GENTIANE**
Cette plante aux grappes de fleurs jaune vif et aux grandes feuilles arrondies parsème l'été les grandes prairies d'altitude. On prépare avec ses racines une liqueur amère réputée.

# Parc naturel régional des Volcans d'Auvergne

**Thermes et eaux minérales**
Réputée pour ses sources minérales (celles de Volvic sont mondialement connues ▲ *237*) et thermales, l'Auvergne, parcourue de rivières, sources et torrents, est parfois considérée comme le château d'eau de la France. Les qualités de ses eaux étaient connues des Romains mais il faudra attendre les XVIIIe et XIXe siècles pour que les cures thermales soient remises à la mode. Chacune a sa spécialité : les voies respiratoires et le lymphatisme pour La Bourboule, les reins pour Saint-Nectaire, l'asthme et les voies respiratoires pour le Mont-Dore.

La montagne de la Serre est un site privilégié pour l'observation ornithologique : elle est survolée, à l'automne, par les rapaces diurnes, les cigognes blanches et noires, les grues cendrées ou les pigeons ramiers venus d'Europe du Nord et migrant vers les terres d'hivernage méridionales.

## Les monts Dore

Ce massif, composé de vieux volcans entaillés par les glaciers, possède les plus hauts sommets du Massif central (1 886 m pour le puy de Sancy). Avec ses reliefs accentués, il prend parfois des allures de montagne alpine. Le randonneur attentif y observera le merle de roche, amateur d'éboulis, l'accenteur alpin et le milan royal, ou pourra entendre siffler la marmotte. Sur les hauteurs, où s'épanouissent en été l'anémone des Alpes et le lis martagon, ont été aménagées des stations de ski. Trois stations thermales et un lieu de baignade, le lac Chambon, complètent une infrastructure touristique assez dense.

**Le Guéry, site de nature.** Le lac de Guéry, le plus élevé d'Auvergne (1 247 m), est né du barrage créé par une coulée volcanique. Son allure est sévère, avec sa bordure d'épicéas et de roches sombres. Depuis la Maison des fleurs d'Auvergne, des sentiers de découverte accompagnent le visiteur à travers pâturages, tourbières, lacs et forêts.

**La vallée de Chaudefour.** Dominé par les crêtes du Sancy, ce cirque glaciaire, sculpté de ravins et d'aiguilles minérales, s'insère dans un décor d'une vigueur spectaculaire. Les gigantesques pics de roche sombre sont d'anciennes formations de laves lentement mises au jour par l'érosion ▲ *238*. Les plantes rares (lis, saxifrages, anémones…) et la faune de la vallée (mouflon, chamois, faucon pèlerin) sont protégées par une réserve naturelle.

## L'Artense et le pays de Riom

Entre monts Dore et Cantal s'étale ce vieux plateau granitique tourmenté, creusé de gorges par les glaciers. C'est un pays vert, tout en creux et bosses. Les pâturages, parsemés de rochers, alternent avec de vastes forêts de hêtres et de conifères. Sur les versants, les landes à genêts trahissent l'abandon des cultures. De nombreuses tourbières, domaine de la plante carnivore drosera, recouvrent les bas-fonds.

**Les gorges de la Rhue et de la Santoire.** Ces deux rivières sauvages ont taillé, de Saint-Bonnet-de-Condat à Bort-les-Orgues, des gorges tapissées d'épaisses forêts où abondent les grands mammifères (chevreuil, cerf…).

**Le puy Griou et le Griounou**
Les éruptions y ont débuté il y a 20 millions d'années ! Le vénérable massif du Cantal est le plus ancien massif volcanique d'Auvergne : dans ce stratovolcan ▲ *240* sont empilées des centaines de volcans.

## Le Cézallier

Hauts plateaux dénudés, dépressions occupées par des lacs et des tourbières, tel est ce pays, où les espaces s'ouvrent à perte de vue. Cet immense bouclier de basalte, recouvert à l'infini de verts pâturages, est le royaume de l'estive.

**LES TOURBIÈRES DU CÉZALLIER**
Des végétaux non décomposés s'y sont accumulés depuis des millénaires.

**LA FORÊT DE LA PINATELLE.** Cette vaste pinède d'altitude renferme la plus belle population de cervidés du parc. Le LAC DU PÊCHER est un lieu propice à l'observation d'oiseaux en migration (canards, cigognes…). ALLANCHE mérite une visite pour ses rues anciennes et ses remparts médiévaux.
**LES PAYS D'ARDES ET DE MASSIAC.** Le versant oriental de la région est sillonné de profondes gorges sauvages et boisées, paradis des grands rapaces. Le climat y est doux et les villages, charmants, abritent souvent de jolies petites églises romanes (Dauzat, Boslabert, Vèze ou Leyvaux).

## LES MONTS DU CANTAL

Cet impressionnant massif volcanique – le plus vaste d'Europe – est composé d'une zone centrale de crêtes et d'une douzaine de grandes vallées glaciaires rayonnantes ; leur fond plat est bocagé, les versants ont conservé de belles forêts de hêtres, qui alternent avec des plateaux élevés, les «planèzes», occupés par des estives à perte de vue : ces plateaux doivent leurs gras pâturages aux éléments fertilisants de la roche volcanique.
**LE «SANCTUAIRE».** Le cœur du massif est un ensemble de sommets de volcans ruinés par les glaciers. Les puys Mary, Violent, Peyre-Arse (1 806 m) et le piton rocheux du Griou (ci-dessous) offrent d'impressionnants panoramas. C'est un site protégé à respecter strictement pour sa flore d'altitude (anémone, lis, aconit, androsace…) et sa faune (chamois, marmotte, grand corbeau).
**MIGRATIONS D'AUTOMNE.** À l'est, les marais de la planèze de Saint-Flour, ainsi que le col de Prat-de-Bouc, voient passer en automne des milliers d'oiseaux migrateurs (rapaces, pigeons, passereaux…). Sur ce dernier site, un accueil permanent est organisé (observations, animations…).
**VIEILLES PIERRES.** Les vallées, pittoresques, abritent un patrimoine exceptionnel : maisons et fermes aux toits de lauzes, belles demeures, châteaux (Tournemire, Apchon, Bélinay…), villes médiévales (Salers, Murat). Les petits villages possèdent également des bâtis d'une grande qualité architecturale.

**LA SALERS**
Cette vache rouge, aux élégantes cornes en forme de lyre, est la reine des montagnes auvergnates. Lorsque fleurissent les jonquilles, en mai, elles montent dans les estives, ces pâturages qui s'étendent au-dessus des 1 200 m, et, en octobre, redescendent dans les vallées.

**DES FROMAGES RÉPUTÉS**
L'élevage bovin est la principale activité agricole et le lait est transformé à 95 % en fromages. L'Auvergne peut s'enorgueillir de posséder cinq AOC : le fromage de Salers et le saint-nectaire, produits fabriqués essentiellement dans le parc ; le cantal, le bleu d'Auvergne et la fourme d'Ambert dépassent en revanche largement son territoire (de gauche à droite : saint-nectaire, bleu, cantal et fourme).

# VOLCANISME AUVERGNAT

Remarquable par la variété de ses paysages, le parc des Volcans d'Auvergne est surtout marqué par son histoire géologique. On y dénombre pas moins de quatre grands massifs volcaniques : les deux plus anciens, le Cantal – le plus grand massif volcanique d'Europe avec 50 km de diamètre – et les monts Dore, sont tous deux des stratovolcans. Le troisième, le Cézallier, aux rares sommets, est constitué par un épanchement de coulées de lave sur plus de 400 km². Enfin, dernière-née, la chaîne des Puys aligne sur 35 km une succession de volcans de différents types : cônes de scories, dômes ou maars.

**LE LAC DE BARRAGE**
Il est formé par la mise en place d'un élément d'origine volcanique (coulée, cône de scories…) en travers d'une vallée. L'obstacle ainsi constitué provoque l'accumulation de l'eau, créant un lac de barrage (ici, le lac de Montcineyre).

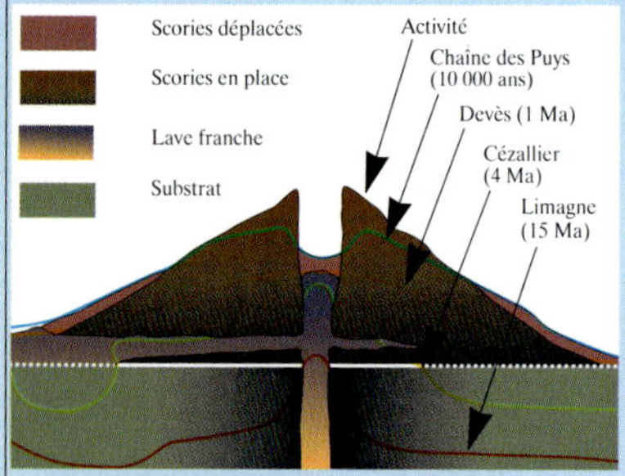


**COUPE D'UN CÔNE DE SCORIES**
Le cône de scories est le type de volcan le plus connu. Il se met en place à partir d'un magma fluide qui remonte à la surface. L'accumulation des projections forme un cône, creusé d'un cratère à son sommet. Le schéma ci-dessus montre l'évolution de son profil en fonction de son âge.

**LE MAAR**
Au contact du magma chaud, l'eau des nappes phréatiques présentes dans le sol se vaporise, provoquant une violente explosion. Cela donne naissance à un vaste cratère qui se remplit souvent d'eau (ci-dessus le lac Pavin).

**Le dôme**
Il se forme à partir d'un magma visqueux qui s'accumule à la surface, créant une masse rocheuse partiellement solidifiée (à gauche, le puy de Dôme ▲ *236*).

**Le cratère égueulé**
Dans le cône de scories ▲ *240*, le magma s'épanche parfois sous forme de coulées. Ces coulées peuvent entraîner l'apparition de cratères égueulés, comme les puys de la Vache et de Lassolas (ci-dessus), dans la chaîne des Puys ▲ *237*.

**Le dyke**
C'est un ancien culot de lave solidifié dans une fissure et que l'érosion a lentement mis au jour. Un dyke peut atteindre, voire dépasser, 50 m de haut (à droite, la dent de la Rancune, dans la vallée de Chaudefour ▲ *238*).

**Le stratovolcan**
Comme son nom l'indique, il est constitué par l'empilement de centaines de volcans de types différents (cône de scories, dôme, maar). Son édification se déroule sur plusieurs centaines de milliers, voire plusieurs millions d'années (ci-dessous, le massif du Sancy ▲ *238*).

# Parc naturel régional des Vosges du Nord

Le territoire des Vosges du Nord, situé entre Alsace et Lorraine, sur la partie gréseuse des Vosges, a parfois été appelé *Wasgau*, terre du Nord. Les premières traces humaines connues sont des outils paléolithiques datant de 8000 av. J.-C. L'homme, depuis le plateau «lorrain» ou le côté est des Vosges, occupe peu à peu tout le massif. Les peuples gaulois comme les Médiomatriques et les Trévires sont rejoints au Ier siècle av. J.-C. par les tribus germaniques, Triboques et Némètes. Vers 58 av. J.-C., les Romains colonisent la région, développant l'agriculture et les voies de communication. Cette période prospère dure jusqu'au milieu du Ve siècle où les tribus germaniques envahissent la région, luttant entre elles pour s'approprier ces terres ; finalement les Francs l'emportent. Au VIIe siècle commencent à s'installer des monastères qui évangélisent la région et deviennent propriétaires de grands domaines. Les Vosges du Nord font partie du Saint Empire romain germanique lors de sa fondation, par Otton Ier, en 962. Dès cette époque, une multitude de seigneuries et de domaines appartenant à des ordres religieux composent le territoire. Au XIIe siècle, de nombreux châteaux sont bâtis sur les pitons de grès de la région ▲ *246*. Les industries du verre et du fer se développent à partir du XVIe siècle. Elles font vivre une population importante, du charbonnier au souffleur de verre, et transforment notablement les paysages ▲ *245*. Dans la première moitié du XVIe siècle, la Réforme s'implante dans cette région rhénane, inaugurant une période de troubles. En 1555, la paix d'Augsbourg accorde la liberté de culte aux protestants, selon le principe «À tel prince, telle religion» : la population ne choisit pas sa religion mais adopte celle de son souverain. Les Vosges du Nord deviennent majoritairement protestantes. Le soulèvement des paysans, durement réprimé en 1525, puis la guerre de Trente Ans (1618-1648) ensanglantent la région et marquent la fin de sa prospérité. Par le traité de Münster, en 1648, une partie de l'Alsace devient française, mais c'est Louis XIV qui réunira l'ensemble du territoire à la France vers 1680. Les combats de la guerre franco-allemande de 1870 embrasent la région, et à la suite de la défaite française, l'Alsace et la Lorraine, et donc les Vosges du Nord, redeviennent terres allemandes. La région connaîtra encore des changements d'appartenance nationale : la Première et surtout la Seconde Guerre mondiale apporteront leur lot de malheurs et de destructions. Aujourd'hui, les forêts, les villages et les vergers ont retrouvé leur sérénité. L'enjeu pour cette zone rurale est de relever le défi économique tout en respectant ses richesses culturelles et naturelles.

**Fiche d'identité**
Créé en 1975 sur les départements du Bas-Rhin (Alsace) et de la Moselle (Lorraine).
102 communes
122 000 ha
76 000 hab.

**Vaches rustiques «Highland Cattle»**
Pour stopper l'avancée de la forêt dans les fonds de vallée abandonnés par l'agriculture et pour réduire l'intervention de l'homme, une race rustique de bovins, les Highland Cattle, entretient désormais ces espaces. Leur cuir épais et leurs longs poils leur permettent de vivre dehors par tous les temps. Peu difficiles, elles se nourrissent même des espèces végétales dédaignées par les autres bovins. Ce pâturage extensif maintient un paysage ouvert autour de certains villages que la forêt menaçait d'encercler de trop près.

## MASSIF FORESTIER

D'une altitude moyenne de 350 m (point culminant 381 m), le massif forestier, qui occupe le centre du parc, se caractérise par ses grandes forêts, ses pitons de grès et ses zones humides. La richesse de la faune et de la flore tient à l'omniprésence du grès qui favorise un couvert végétal varié et équilibré entre feuillus et résineux, mais aussi à la diversité des milieux naturels – étangs, tourbières, roselières.

**FORÊTS.** Dans cette partie du parc, les forêts couvrent jusqu'à 90% du territoire de certaines communes. Une population peu nombreuse habite des villages nichés dans les vallées et les clairières ou établis sur des pitons rocheux. Typiques des sols gréseux, les immenses forêts des Vosges du Nord sont composées de hêtres, de pins sylvestres et de chênes. La majesté de certains arbres justifie l'appellation de forêts-cathédrales. Une faune sauvage y vit, notamment le prestigieux cerf élaphe, le plus grand mammifère des Vosges du Nord, dont le brame retentit certaines nuits d'automne, à la période des amours. Parmi ces forêts, exploitées surtout en futaies régulières, subsistent certains écosystèmes remarquables comme les pinèdes sur tourbe du pays de Bitche, les forêts de ravin, les aulnaies marécageuses et les bétulaies (bouleaux) tourbeuses en fond de vallée.

**LE PARC, RÉSERVE DE LA BIOSPHÈRE**
En 1989, l'Unesco a attribué au parc le label de «Réserve de la biosphère». Les Vosges du Nord ont ainsi acquis une notoriété mondiale et rejoint un réseau de près de 320 sites reconnus pour la richesse de leur patrimoine.

**18 MUSÉES EN FAVEUR D'UN TERRITOIRE**
Dans le cadre de la Conservation du Parc naturel régional des Vosges du Nord, 18 salles d'expositions permanentes et musées travaillent en réseau pour mettre en valeur les sites et les collections.

Ci-dessus, le siège de la Maison du parc au château de La Petite-Pierre

**VERGERS, CHOUETTES ET AUTRES OISEAUX**
Les vergers traditionnels constituent des ceintures compactes autour des villages de l'Alsace Bossue, mais sont plus diffus sur le plateau lorrain. Ils recèlent nombre de variétés locales de pommes, poires, mirabelles, quetsches, cerises et noix. Ils permettent aux oiseaux de trouver de la nourriture toute l'année (fruits, graines, insectes, petits rongeurs, vers de terre, larves…) et offrent également des cavités indispensables pour la nidification de certains oiseaux comme le torcol fourmilier, la pie-grièche à tête rousse, la huppe fasciée et la chouette chevêche (ci-dessus).

**CITADELLE DE BITCHE**
La construction de ce chef-d'œuvre de l'art militaire français a été confiée par Louis XIV à Vauban en 1680. Remaniée au XVIII^e siècle par Cormontaigne, la citadelle a été le théâtre de terribles combats lors de la guerre de 1870. Les souterrains renferment, taillés dans le roc, de vastes abris casematés, une étable, un hôpital, la cuisine et la boulangerie. Deux musées, l'un dans la chapelle et l'autre dans la boulangerie, retracent l'histoire du pays de Bitche.

**ROCHERS.** Le grès, qui constitue une caractéristique des Vosges du Nord, est présent sous de multiples aspects : falaises, rochers, et bien sûr dans l'architecture. En plein cœur de la forêt, il se dresse parfois sous la forme de pitons aux formes torturées par le vent. Certaines parois ressemblent aux rayons d'une ruche ; cette érosion qualifiée d'alvéolaire est due à des phénomènes climatiques.
**TOURBIÈRES.** La plupart des tourbières se sont développées en bordure d'étangs où prolifèrent faune et flore. Parmi les espèces les plus remarquables, on notera les sphaignes, capables de se reproduire dans un milieu très pauvre en éléments nutritifs et d'absorber jusqu'à vingt-cinq fois leur poids en eau, et les droseras, plantes carnivores capturant les insectes qui restent collés aux poils visqueux de leurs feuilles. Sur le bord des étangs, les pins de Hanau, variété locale du pin sylvestre, créent un milieu forestier original : la pinède sur tourbe où abonde la myrtille des marais.

## PLATEAU OUVERT

Regroupant une partie de l'Alsace Bossue dans le Bas-Rhin et le pays de Volmunster en Moselle, ce secteur au caractère très ouvert et agricole marque la transition entre le massif forestier et le plateau lorrain. En plus de ses vastes horizons, le paysage se signale par une alternance de vergers, de cultures et de villages s'étirant le long de la rue principale. L'eau, très présente, a favorisé l'implantation de moulins, à huile ou à blé, mais aussi de forges et autres industries. Au bord de la Schwalb, on peut visiter le moulin à céréales d'Eschviller dont la roue en bois a été restaurée.
**ALSACE BOSSUE, OU «KRUMMES ELSASS».** Entourés de collines, certains villages possèdent un patrimoine remarquable comme LORENTZEN, ancien bourg fortifié. Parmi ses maisons alignées le long de l'unique rue se détachent le château du XIV^e siècle, modifié au XVIII^e siècle, auquel sont accolés la grange dîmière et le moulin.

Le façonnage d'une pièce à 1 400 °C, qu'elle soit soufflée bouche ou pressée, requiert la maîtrise technique d'un artiste (ci-contre, atelier de la cristallerie Lalique).

**LA MAISON À SCHOPF.** Elle doit son nom au vaste appentis, généralement en bois, formant une avancée sur la façade : le schopf. La partie habitable est construite exclusivement en grès des Vosges, à l'exception des planchers et cloisons intérieures, des charpentes et parfois des pignons en pans de bois. La disposition de l'édifice en maison-bloc, avec son mur-gouttereau parallèle à la rue, est déjà d'inspiration lorraine, tout en évoquant la maison alsacienne.

**PAYS VERRIER.** Située entre l'Alsace Bossue et le pays de Volmunster, la région a été complètement modelée par l'industrie verrière. Les premières verreries étaient itinérantes avant de se fixer, au début du XVIII^e^ siècle, dans cette région qui disposait de toutes les matières premières indispensables : le bois pour le combustible, le sable, composant du verre, et les cendres de fougères utilisées comme fondant.

## LE PIÉMONT

Orienté suivant une direction sud-ouest/nord-est, le piémont marque la rupture entre le massif montagneux boisé et la plaine d'Alsace. Il doit son charme à la douceur du paysage : la forêt, les villages pittoresques, les coteaux plantés de vergers et parfois de vignes, puis les prés et cultures en plaine se succèdent de haut en bas. Les châtaigniers, souvent en lisière de forêt, rappellent l'importance de cette essence qui fournissait les piquets pour les vignes alors nombreuses. Aujourd'hui, leurs fruits sont prisés comme dans le boudin aux châtaignes, spécialité culinaire d'Oberbronn. Certains villages construits en bordure de forêt ont des maisons à colombages dont le soubassement est en grès, avec des portes de caves vigneronnes. Toutes ces petites maisons aux toits pentus et rouges sont serrées les unes contre les autres, pignons vers la rue, potagers à l'arrière.

**LES TAPISSERIES DE NEUWILLER-LÈS-SAVERNE.** Dans la chapelle Saint-Sébastien de la majestueuse abbaye de Neuwiller sont conservées les tapisseries de saint Adelphe, offertes probablement par le comte Philippe III de Hanau-Lichtenberg à l'abbaye au début du XVI^e^ siècle. Ces magnifiques tapisseries content la vie du saint.

**VERRERIES ET GRANDS MAÎTRES**
De nombreuses familles de verriers sont venues du Tyrol, de Bourgogne ou de Bohême dès le XVI^e^ siècle. Les Daum et les frères Muller se sont installés à Meisenthal au XIX^e^ siècle. Émile Gallé (1846-1904), chef de file de l'école de Nancy, y a également séjourné et mis au point plusieurs de ses techniques de décoration. René Lalique (1860-1945) a choisi de construire son usine à Wingen-sur-Moder.

**NIEDERBRONN-LES-BAINS**
Son histoire est liée au thermalisme : dès le I^er^ siècle av. J.-C., les Romains profitaient des vertus curatives de ses sources à 18 °C. Au XVI^e^ siècle, le comte de Hanau fit restaurer les bains puis, à partir du XVIII^e^ siècle, la famille de Dietrich, dont les usines métallurgiques occupaient les rives de la Zinsel du Nord, s'employa à faire connaître le site.

# Les châteaux forts des Vosges du Nord

Fenêtre géminée du château du Nouveau-Windstein

La trentaine de châteaux forts situés dans le parc constitue la partie septentrionale des quelque cinq cents châteaux qui émaillent la plaine, les collines et les contreforts des Vosges d'Alsace et du Palatinat voisin. Ces installations défensives de la vallée du Rhin ont été élevées entre 1100 et 1350. Si la première campagne de construction (XIIe-début XIIIe siècle) a permis de conforter la position de la Burg de Haguenau, résidence des empereurs du Saint Empire, les châteaux bâtis entre 1250 et 1350 furent le fait de propriétaires qui ne reconnaissaient aucune autorité.

**Utilisation du terrain**
Nids d'aigle perchés sur d'impressionnantes falaises, les châteaux utilisent les escarpements de grès coiffant les chaînons montagneux des Vosges du Nord. Ce choix permet une économie de travail et explique l'absence quasi générale de donjon. Le grès, matériau de construction, est extrait à proximité.

Le château du Nouveau-Windstein

**De l'apogée au déclin**
Après une période faste de plus de deux siècles, certains châteaux sont détruits, d'autres abandonnés. Quelques forteresses s'adaptent aux armes à feu mais elles perdent peu à peu de leur utilité à partir du milieu du XVe siècle. Le coup de grâce est donné par Louis XIV qui les déclare sans intérêt. Seuls celles ayant une position stratégique sont reconstruites, aménagées et agrandies pour servir de garnisons : Schoeneck, Fleckenstein, Bitche, Lichtenberg et La Petite-Pierre.

**Le mur-bouclier**
Épais, plat (1) ou à facettes, il assure la défense du côté le plus exposé, c'est-à-dire du seul côté qui ne soit pas protégé par la déclivité des pentes. Un fossé sec (2) creusé dans le substrat rocheux pour séparer le château du front d'attaque peut renforcer le dispositif.

Bossage caractérique des Vosges du Nord

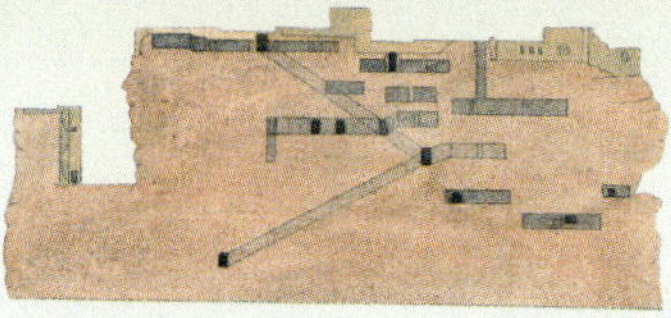

**Organisation intérieure**
Le logis seigneurial occupe souvent le niveau le plus élevé. Salles, citernes, escaliers sont taillés à même le socle rocheux.

**Aménagements**
Des travaux d'aménagement du support rocheux sont réalisés pour accroître la verticalité des parois et permettre une utilisation maximale des plates-formes rocheuses. Une partie des bâtiments de fonction sont édifiés dans la basse cour au pied du château, souvent protégé par un fossé ouvert dans le rocher.

**L'eau**
La réalisation de puits dans ces châteaux étant souvent impossible, on eut recours aux citernes. Au Fleckenstein, elles sont situées sur la plate-forme (1) et dans la basse cour (2). Creusées dans le grès, tapissées d'argile pour l'étanchéité et remplies de sable pour le filtrage, elles reçoivent les eaux de pluie.

**Le morcellement, une des causes du déclin**
À partir du XIVe siècle, les châteaux sont donnés en gage, hypothéqués, échangés en bloc ou en partie. Les partages successoraux compliquent la situation. On achète un 1/8[e] de château.

**Vie quotidienne**
Les fouilles effectuées depuis la fin des années 1950 ont mis au jour un matériel abondant et varié qui donne une image réaliste de la vie quotidienne des habitants durant les différentes périodes d'occupation. Elles ont permis de trouver vaisselle, armement, jeux, monnaie…

# Dernier Parc naturel régional Loire-Anjou-Touraine

**Fiche d'identité**
Créé en 1996
sur les départements
d'Indre-et-Loire
(Centre)
et de Maine-et-Loire
(Pays de Loire).
136 communes
235 000 ha
175 000 hab.

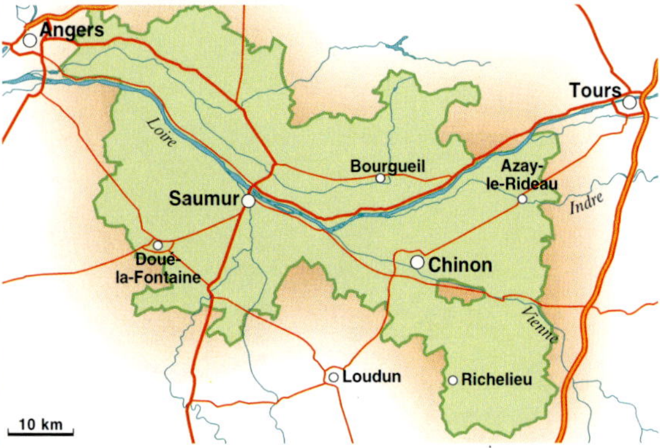


**Les châteaux de la Loire**
Le parc regroupe sept prestigieux châteaux bâtis au Moyen Âge ou à la Renaissance : Villandry, Azay-le-Rideau, Chinon, Ussé (ci-dessous), Montreuil-Bellay, Montsoreau et Saumur.

Le premier parc ligérien s'est construit autour d'une entité naturelle, culturelle et historique forte. Il fut, par exemple, envisagé lors de la division du royaume, le 22 décembre 1789, de regrouper Saumur, Bourgueil, Chinon, Richelieu… en un seul département.

## Val de Loire et confluences

Ces terres des confins de l'Anjou et de la Touraine sont reliées depuis le Moyen Âge par la Loire, grand axe économique, qui fut jadis le siège d'une batellerie prospère (ci-dessous, la Loire à Saumur). L'architecture en pierre de tuffeau et en ardoise bleue s'harmonise avec les bancs de sable blond et l'eau des rivières. Les terres des vallées inondables sont vouées à l'élevage ou au maraîchage, tandis que les coteaux sont plantés de vignes.

## Forêts ligériennes

Elles sont situées de part et d'autre de la Loire, sur les terres ingrates. Les grands massifs du Bourgueillois, du Saumurois et du Chinonais abritent des trésors écologiques comme la gentiane pneumonanthe ou la parisette à quatre feuilles, qui poussent habituellement en montagne. Ces plantes côtoient également des espèces plus méditerranéennes comme le chêne vert.

**Les vins de Loire**
La tradition culinaire, dont Rabelais fut le célèbre porte-parole, a toujours été associée aux vins. La région, peignée de vignobles aux noms prestigieux comme Saumur-Champigny ou Saint-Nicolas-de-Bourgueil, peut s'enorgueillir d'une dizaine d'AOC.

## Richelais et plateau de Doué-la-Fontaine

Ces espaces ouverts voués aux grandes exploitations essentiellement céréalières occupent surtout le sud du parc. Aujourd'hui véritable arbre symbole de ces paysages, le noyer était autrefois planté pour son huile et son bois.

**Maisons troglodytiques.** Creusées dans la roche, elles sont habituellement situées le long des coteaux de la Loire. Mais, dans la plaine du Sud-Saumurois, surtout autour de Doué-la-Fontaine, on rencontre des habitations troglodytiques édifiées entre le XVe et le XVIIe siècle dans le tuffeau et le falun (pierres calcaires).

# ANNEXES

# ◆ Quelques conseils pour les randonneurs

Avec leurs nombreux sentiers balisés, souvent commentés, les parcs naturels régionaux offrent de multiples possibilités de randonnées à pied, à VTT, à cheval... En quelques heures ou quelques jours, le rythme paisible de la marche permet d'apprécier la beauté des sites naturels, de découvrir la richesse du patrimoine architectural et de rencontrer les habitants. Les novices mettront leurs mollets à l'épreuve sur les sentiers du Nord-Pas-de-Calais ou des étangs de la Brenne, avant d'affronter le tour du Queyras. Voici quelques conseils pour que leur balade reste une fête.

## Choisir sa randonnée

**Le site**
Préférer le Luberon au Haut-Jura, les monts du Livradois-Forez aux marais de Camargue relève de choix personnels. Néanmoins, l'altitude, les sentiers escarpés, les conditions atmosphériques changeantes font de la randonnée en moyenne ou haute montagne une activité réservée aux marcheurs expérimentés.

**La période**
Si le randonneur fait son miel de tous les mois du calendrier, c'est au printemps et en automne, quand la nature se réveille ou jette ses derniers feux, que son plaisir est au maximum. D'autant que les chemins sont, à ces moments-là, beaucoup moins courtisés.

**La documentation**
La Maison du parc ◆ *252* est un lieu d'accueil et d'information à votre service. Chaque parc édite des brochures explicatives, parfois des topo-guides de randonnée, qui complètent ceux de la Fédération française de la randonnée pédestre (FFRP).

**Quel sentier ?**
Dans chaque parc, des kilomètres de sentiers balisés, «nature» ou à thème ◆ *252* emmènent à la découverte de paysages préservés. Pour sa part, la FFRP répertorie trois types de sentiers : «GR», «PR» et «GR de pays». Les sentiers de grande randonnée (GR), balisés en rouge et blanc, peuvent courir sur plusieurs centaines de kilomètres. Plus faciles, les sentiers de promenade et de randonnée (PR), balisés en jaune, permettent de s'évader pour quelques heures en toute sécurité. Enfin, les «GR de pays», balisés en rouge et jaune, proposent en quelques jours une découverte des richesses naturelles d'une région.

## Vêtements et équipement

Quel que soit le temps, prévoir un coupe-vent imperméable.

**S'il fait chaud**
Préférer des vêtements amples et aérés. Éviter certaines matières synthétiques, qui favorisent la macération.

**S'il fait froid**
Ne pas gêner la circulation du sang et surtout maintenir de l'air sec au contact de la peau ; plusieurs couches de vêtements valent mieux qu'une seule, même épaisse. Au rayon «accessoires indispensables» : les moufles et le bonnet (c'est par la tête que s'échappe le plus rapidement la chaleur). Enfin, préférer le Gore-Tex et autres matières microporeuses : elles font barrage aux molécules d'eau de pluie, mais permettent l'évaporation de la sueur.

**La chaussure**
Sur 10 km de balade, le pied vient talonner le sol environ 3 000 fois ! La chaussure devra donc être confortable, adaptée au terrain et à la morphologie du pied, nantie d'une semelle amortissante, antidérapante et semi-rigide, d'une tige assez haute pour maintenir la cheville, et être, de surcroît, imperméable et «respirante». Autant de qualités qui imposent de ne pas mégoter sur le prix. Les chaussettes seront suffisamment épaisses, sans plis, lavées ou changées tous les jours.

**Le sac à dos**
Crucial ! Ses atouts pour faire bon ménage avec le dos : bon renfort dorsal, armature épousant la forme du dos, ceinture ventrale, rappels de charge. Veiller à une bonne répartition du poids et à ce qu'aucun objet dur n'entre en contact avec le dos. Une fois en route, il faut boucler sa ceinture et régler avec soin les bretelles. En principe, pour une randonnée à la journée, un sac de 30 à 40 l suffit.

## Adresses utiles

**Fédération des parcs naturels régionaux de France**
4, rue de Stockholm
75008 Paris
Tél. (1) 44 90 86 20
Minitel
3615 Parcs naturels

**Fédération française de randonnée pédestre**
9, rue Geoffroy-Marie
75009 Paris
Tél. (1) 48 01 80 80
Minitel 3615 Rando

**Fédération française de cyclisme**
5, rue de Rome
93561 Rosny-sous-Bois Cedex
Tél. (1) 49 35 69 00
Minitel 3615 FFC

**Fédération française de cyclotourisme**
8, rue Jean-Marie-Jégo
75013 Paris
Tél. (1) 44 16 88 88

**Fédération française d'équitation**
30, avenue d'Iéna
75016 Paris
Tél. (1) 53 67 43 43
Minitel 3615 FFE

**Gîtes de France**
35, rue Godot-de-Mauroy
75439 Paris Cedex 09
Tél. (1) 49 70 75 75
Minitel
3615 Gîtes de France

### Ampoules

Tout bon randonneur a le devoir sacré de bichonner ses pieds. Hygiène rigoureuse, ongles bien coupés, soins attentifs dès le premier échauffement, dès la plus petite ampoule. Les «pieds-tendres» pourront se durcir préalablement la plante des pieds avec une pommade à base de formol.

## La sécurité

Avant chaque sortie, consulter les prévisions météorologiques (36 68 02, suivi du numéro du département).

**Dans le brouillard**
Une seule recette : demeurer sur le sentier.

**Sous l'orage**
S'éloigner de toute éminence, quitter les crêtes, se délester de tout objet métallique. Et surtout, ne pas faire halte sous un rocher, un arbre isolé, ni dans une faille ou une niche, pas plus que sur un terrain désert, sous peine de se transformer en paratonnerre. En montagne, en attendant l'accalmie, s'asseoir sur son sac ou sur une corde lovée à quelque distance de la paroi.

**L'assurance**
Indispensable, car un accident est vite arrivé et peut s'avérer très coûteux. S'adresser à la FFRP.

## Bonne conduite, les règles d'or

◆ Pour découvrir les parcs, empruntez les circuits aménagés, en ayant toujours à l'esprit que vous êtes un hôte parmi les hommes, les animaux et les végétaux.

◆ Bien des sites que vous pourrez visiter ont beau avoir résisté à l'épreuve du temps, ils n'en sont pas moins fragiles. Veillez au maintien de leur intégrité.

◆ Ne laissez aucun déchet ou détritus, ils risqueraient de polluer et d'altérer la santé des animaux.

◆ La nature est généreuse mais pas inépuisable. Pratiquez la cueillette avec modération ; informez-vous sur les espèces protégées.

◆ Respectez les animaux que vous croiserez en chemin, contentez-vous d'observer. Ne touchez pas à un animal blessé, aux réactions parfois agressives, ni aux petits, qui peuvent être exclus du groupe si leurs parents reniflent votre odeur.

◆ Chaque année, les incendies font de terribles ravages. Soyez très, très vigilant.

◆ L'eau est un bien précieux, préservez sa pureté.

## Maux et bobos : comment les éviter

**Gare au soleil !**
Où que l'on soit, sous un soleil de plomb, le couvre-chef s'impose. De couleur claire, il en réfléchira d'autant mieux les rayons. Protéger aussi la nuque : mouchoir, feuille de chou... À défaut, gare aux brûlures, insolations, coups de chaleur accompagnés d'effets secondaires : maux de tête, frissons, élévation de la température, voire évanouissement. Noter qu'en altitude, le rayonnement solaire augmente en intensité. Dans tous les cas, une exposition progressive s'impose. Les produits solaires, qui préviennent le risque de brûlure, favorisent aussi la réhydratation de la peau. Enfin, ne pas oublier les lèvres, maltraitées par le soleil et le vent...

**Attention aux yeux !**
En randonnée, on en prend souvent «plein la vue», mais ce n'est pas toujours sans conséquence. Spécialement en altitude, et même par temps couvert, quand 50 % des UV traversent encore les nuages. Indispensables, les lunettes seront dotées de verres teintés à forte capacité absorbante (catégorie C). Si nécessaire, des protections latérales (type lunettes de glacier) feront barrage aux UV latéraux et au vent, porteur de poussières et facteur d'irritations supplémentaires.

**La déshydratation**
Lorsqu'on éprouve une sensation de soif, il est déjà trop tard. Il faut savoir qu'une perte en eau de 2 % du poids corporel entraîne une baisse de 20 % du potentiel musculaire. Or, par plus de 30° C à l'ombre, on peut perdre en transpirant jusqu'à 1 l par heure ! Une bonne hydratation (3 à 4 l par jour) permet une meilleure récupération, et réduit le risque de tendinites et de «coups de pompe». Boire en petites prises régulières (toutes les demi-heures), sans attendre d'avoir soif.

**La fringale**
Pour éviter le «petit creux» qui peut dégénérer en coup de fringale (hypoglycémie), on prévoira de petits en-cas sous forme de barres énergétiques, fruits secs ou autres reconstituants. Des pauses et un copieux petit déjeuner devraient ôter toute envie au «petit creux» de se manifester.

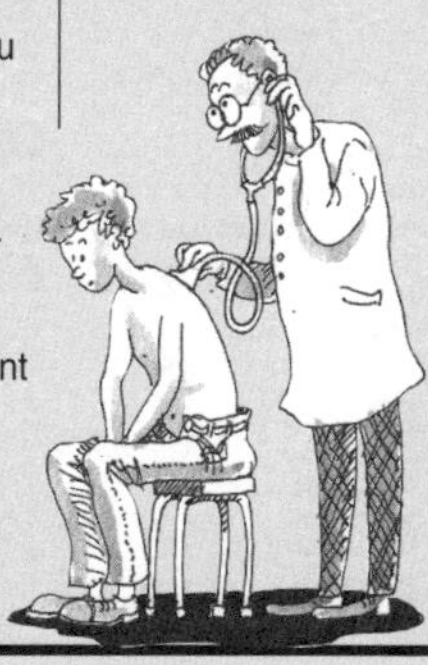

## Hébergement

**Gîtes Panda**
Labellisés par le WWF-France et la Fédération des Parcs naturels régionaux, ces gîtes se situent en pleine nature ● *38*.

**Gîtes d'étapes et gîtes de groupe**
Hébergement simple permettant de faire une halte d'un jour ou deux avant de repartir, le gîte de groupe accueille des familles ou des groupes à l'occasion d'un séjour ou d'un week-end. La plupart sont gardés. A ne pas confondre cependant avec un hôtel : on fait soi-même son repas et sa vaisselle, sans oublier de respecter les règles de vie en communauté.

# ◆ Informations pratiques

À compter du 18 octobre 1996, la numérotation téléphonique change. Le code régional indiqué entre parenthèses est à composer avant les huit chiffres actuels. Pour les DOM, le 19 est remplacé par le 0.

**Informations**
La première adresse de chaque parc est celle de la Maison du parc ou celle du centre d'informations touristiques du parc.
*CDT* : Comité départemental de tourisme
*ADT* : Agence départementale de tourisme
Nombre de gîtes Panda
Nombre de km de sentiers à thème
Nombre de km de sentiers balisés pour la randonnée pédestre
Nombre de km de sentiers balisés pour le VTT
Nombre de km de sentiers balisés pour le cyclotourisme
Autres sports pratiqués sur le territoire du parc
Musées et écomusées gérés par le parc

## ARMORIQUE

Balaneg Huella
BP 35
29460 Daoulas
Tél. (02) 98 21 90 69

*CDT Finistère*
11, rue Théodore Le Hars
29000 Quimper
Tél. (02) 98 53 09 00

4 gîtes, 4 chambres d'hôtes

15 km

590 km

Nautisme, croisière, dériveurs, planches, plongée, équitation, jeux et sports bretons

- Écomusée d'Ouessant
- Musée des Phares et des Balises, Ouessant
- Centre ornithologique d'Ouessant
- Maison des minéraux, Crozon
- Musée de l'ancienne abbaye de Landévennec
- Musée de l'École rurale, Trégarvan
- Maison du recteur, Loqueffret
- Musée des Champs, Saint-Ségal
- Menez-Meur, domaine animalier, Hanvec
- Écomusée des monts d'Arrée, Saint-Rivoal et Commana
- Maison de la rivière, Sizun
- Maison du lac, Sizun
- Maison des artisans, Brasparts
- Centre permanent de tourisme et de découverte de l'environnement, Brasparts
- Maison de la faune sauvage et de la chasse, Scrignac
- Moulin du Chaos, Huelgoat
- Conservatoire botanique national de Brest
- Musée du Loup, Le Cloître-Saint-Thégonnec

## BALLONS DES VOSGES

1, cour de l'Abbaye
68140 Munster
Tél. (03) 89 77 90 20

*ADT Haut-Rhin*
Maison du tourisme
1, rue Schumberger
BP 351
68006 Colmar Cedex
Tél. (03) 89 20 10 68
*CDT Haute-Saône*
Maison du tourisme
6, rue des Bains
BP 117
70002 Vesoul Cedex
Tél. (03) 84 75 43 66
*CDT Vosges*
7, rue Gilbert, BP 332
88008 Épinal
Tél. (03) 29 82 49 93
*ADT Territoire de Belfort*
Hôtel du Département
Place de la Révolution-Française
90020 Belfort Cedex
Tél. (03) 84 36 90 42

11 gîtes, 7 chambres d'hôtes

75 km

7 000 km

1 750 km

Ski de fond, alpin, de randonnée, surf, escalade, parapente, montgolfière, voile, planche à voile, équitation

- Maison du parc, Munster

## BRENNE

Hameau du Bouchet
36300 Rosnay
Tél. (02) 54 28 12 13

*CDT Indre*
1, rue Saint-Martin
BP 141
36003 Châteauroux Cedex
Tél. (02) 54 22 91 20

9

5,5 km

1 400 km

400 km

Équitation, escalade, vol à voile, parachutisme, canoë-kayak, spéléologie

- Écomusée de la Brenne, Le Blanc
- Maison de la pisciculture, Mézières-en-Brenne

## BRIÈRE

Rond-point de la Perrière
44410 La Chapelle-des-Marais
Tél. (02) 40 66 85 01
3615 Brière

*CDT Loire-Atlantique*
2, allée Baco
44000 Nantes
Tél. (02) 51 72 95 30

2

1,8 km

200 km (certains également pour VTT)

100 km, non balisés, mais avec fiches-itinéraires

Randonnée équestre, randonnées guidées à thème

- Village de Kerhinet, Saint-Lyphard
- Maison de l'éclusier, Rozé, Saint-Malo-de-Guersat
- Parc animalier, Rozé
- Chaumière briéronne, Saint-Joachim

## BROTONNE

76940 Notre-Dame-de-Bliquetuit
Tél. (02) 35 37 23 16

*CDT Eure*
Hôtel du Département
Boulevard G.-Chauvin
BP 137
27000 Évreux Cedex
Tél. (02) 32 31 51 51
*CDT Seine-Maritime*
6, rue Couronne
76420 Bihorel
Tél. (02) 35 59 26 26

2 gîtes, 2 chambres d'hôtes

150 km

586 km

120 km

170 km

Équitation, planche à voile, voile, golf, tennis, canoë-kayak, escalade, tir à l'arc, base de plein air

- Le Cedena, Sainte-Opportune-la-Mare
- Maison de la pomme, Sainte-Opportune-la-Mare
- La Forge, Sainte-Opportune-la-Mare
- Musée de la Nature, Allouville-Bellefosse
- Maison des métiers, Bourneville
- Le Four à Pain, La Haye-de-Routot
- Musée du Sabotier, La Haye-de-Routot
- Maison du lin, Routot
- Moulin, Hauville
- Musée de la marine de Seine, Caudebec-en-Caux

## CAMARGUE

Centre de Ginés
Pont de Gau
13460 Saintes-Maries-de-la-Mer
Tél. (04) 90 97 86 32

*CDT Bouches-du-Rhône*
13, rue Roux-de-Brignoles
13006 Marseille
Tél. (04) 91 13 84 13

15 km

Planche à voile

- Musée camarguais, Arles

### CHARTREUSE

Place de la Mairie
38380 Saint-Pierre-de-Chartreuse
Tél. (04) 76 88 75 20

*ADT Chartreuse*
Place de la Mairie
38380 Saint-Pierre-de-Chartreuse
Tél. (04) 76 88 64 00

5 km

1 100 km

Ski nordique, ski alpin, raquettes, escalade, spéléologie, équitation, randonnées avec ânes, parapente, deltaplane

### CORSE

2, rue Major Lombroschini, BP 417
20184 Ajaccio Cedex 1
Tél. (04) 95 51 79 10

*Agence du tourisme de la Corse*
17, bd Roi-Jérôme
20000 Ajaccio
Tél. (04) 95 51 77 77
*CDT Haute-Corse*
11 *bis*, bd du Fango
20200 Bastia
Tél. (04) 95 34 00 55

20 km

1 500 km

Escalade, parapente, randonnée équestre, ski de randonnée, ski de fond

- Sites archéologiques de Lévie, Lévie

### FORÊT D'ORIENT

10220 Piney
Tél. (03) 25 43 81 90

*CDT Aube*
34, quai Dampierre
10000 Troyes
Tél. (03) 25 42 50 91

2

8 km

150 km

120 km

Sports nautiques (mononautisme, voile, pêche...), équitation, golf

- Écomusée de la Forêt d'Orient, Brienne-la-Vieille
- Musée des Trésors des églises, Brienne-la-Vieille
- Musée Napoléon, Brienne-la-Vieille
- Parc de vision animalier, Mesnil-Saint-Père

### GRANDS CAUSSES

71, bd de l'Ayrolle
BP 145
12101 Millau Cedex
Tél. (05) 65 61 35 50

*CDT Aveyron*
33, av. Victor-Hugo
12000 Rodez
Tél. (05) 65 73 63 15

4

170 km

Équitation, deltaplane, parapente, canoë-kayak, rafting

### HAUTE-VALLÉE DE CHEVREUSE

Château de la Madeleine
BP 73
78460 Chevreuse
Tél. (01) 30 52 09 09

*CDT Yvelines*
Hôtel du Département
2, place André-Mignot
78012 Versailles Cedex
Tél. (01) 39 02 78 78 poste 31 22

45 km

200 km

### HAUT-JURA

39310 Lajoux
Tél. (03) 84 34 12 30
3615 HT JURA

*CDT Jura*
88, rue Louis-Bousseau
39000 Lons-le-Saunier
Tél. (03) 84 24 57 70

9

4, soit 20 km

1 000 km

VTT 500 km

400 km

Randonnée équestre, pêche à la truite, spéléologie, escalade

### HAUT-LANGUEDOC

13, rue du Cloître
34220 Saint-Pons-de-Thomières
Tél. (04) 67 97 38 22

*CDT Tarn*
Moulins albigeois
BP 225
81006 Albi Cedex
Tél. (05) 63 77 32 10
*CDT Hérault*
Avenue des Moulins
BP 3067
34034 Montpellier Cedex 1
Tél. (04) 67 84 71 70

13

9 km

1 200 km

VTT 390 km

Canoë-kayak, escalade, ski de fond, randonnée équestre

- Pailler de Prat Alaric, Fraisse-sur-Agout
- Pavillon d'Adélaïde, Burlats

### LANDES DE GASCOGNE

22, av. d'Aliénor
33830 Belin-Béliet
Tél. (05) 56 88 06 06

*Maison du tourisme de la Gironde*
21, cours de l'Intendance
33000 Bordeaux
Tél. (05) 56 52 61 40
*CDT Landes*
22, rue Victor-Hugo
BP 407
40012 Mont-de-Marsan Cedex
Tél. (05) 58 06 89 89

12 chambres d'hôtes, 3 gîtes ruraux

5, soit 15 km

Environ 200 km

VTT Environ 100 km

500 km, non balisés mais avec fiches-itinéraires

Canoë-kayak

- Écomusée de la Grande-Lande, Sabres
- Écomusée Marquèze, Sabres
- Atelier des produits résineux, Luxey
- Musée des Croyances populaires et du Patrimoine religieux, Moustey

### LIVRADOIS-FOREZ

BP 17
63880 Saint-Gervais-sous-Meymont
Tél. (04) 73 95 57 57

*CDT Haute-Loire*
12, rue Philippe-Jourde
43005 Le Puy-en-Velay
Tél. (04) 71 09 26 05
*CDT Puy-de-Dôme*
24, rue Saint-Esprit
63000 Clermont-Ferrand
Tél. (04) 73 42 21 23

4

7, soit 25 km

1 200 km

VTT 800 km

Ski de fond, raquettes, ski de descente, randonnée équestre, randonnée avec ânes, escalade, deltaplane

- Maison-musée des couteliers, Thiers
- Musée historique du Papier, moulin Richard-de-Bas, Ambert
- Musée des Vieux Métiers, Olliergues
- Musée paysan, jasserie du Coq-Noir, Saint-Anthème
- Musée de l'École 1900, Saint-Martin-des-Olmes
- Musée des Pénitents-Blancs, Marsac-en-Livradois
- Musée Louis-Terrasse, Viverols
- Musée de la Dentelle, Arlanc
- Musée de Cire, historial La Chaise-Dieu, La Chaise-Dieu
- Centre d'art contemporain, Thiers
- Musée-maison des Fromages, Ambert
- Musée de la Machine agricole à vapeur, Ambert

### LOIRE-ANJOU-TOURAINE

L'Abbaye de Seuilly
37500 Seuilly
Tél. (02) 47 95 93 15

*CDT Touraine*
9, rue Buffon
37000 Tours
Tél. (02) 47 31 42 60

*CDT Anjou*
1, place du Président-Kennedy
49100 Angers
Tél. (02) 41 23 51 51

4 km

VTT 1 000 km

350 km

Canoë-kayak, équitation, planche à voile, boules de fort

### LORRAINE

Domaine de Charmilly
Chemin des Clos
BP 35
54702 Pont-à-Mousson Cedex
Tél. (03) 83 81 12 77

*CDT Meurthe-et-*

*Moselle*
48, rue du Sergent-Blandan
54000 Nancy
Tél. (03) 83 94 51 90
*CDT Meuse*
4, rue de la Résistance
55000 Bar-le-Duc
Tél. (03) 29 45 78 40
*CDT Moselle*
Hôtel du Département
1, rue du Pont-Moreau
57000 Metz
Tél. (03) 87 37 57 80

12

20 km

1 500 km

200 km

Sports nautiques (voile, planche à voile, canoë, kayak, pêche), golf, équitation, tir à l'arc, escalade, tennis, sport en salle (hand-ball, volley, basket)

## LUBERON

60, place Jean-Jaurès
BP 122
84404 Apt Cedex
Tél. (04) 90 04 42 00
3615 Luberon

*CDT Vaucluse*
Quartier la Balance
BP 147
84008 Avignon Cedex
Tél. (04) 90 86 43 42
*CDT Alpes-de-Haute-Provence*
19, rue Docteur-Honnorat
04000 Digne-les-Bains
Tél. (04) 92 31 57 29

12 km

2 000 km

1 200 km

100 km

Équitation, tir à l'arc, tennis, baignade, activités nautiques, escalade

- Musée de Paléontologie, Apt

## MARAIS DU COTENTIN ET DU BESSIN

Cantepie
BP 282
50500 Les Veys
Tél. (02) 33 71 61 90
3615 Cotentin Bessin

*CDT Calvados*
Place du Canada
14000 Caen
Tél. (02) 31 86 53 30
*CDT Manche*
Maison du Département
50008 Saint-Lô Cedex
Tél. (02) 33 05 98 70

11

9, soit 22 km

435 km

160 km (VTT), 58 km (VTC)

65 km

Canoë-kayak, char à voile, golf, voile, randonnée équestre, équitation

## MARAIS POITEVIN

43, rue de l'Église
17170 La Ronde
Tél. (05) 46 27 82 44
ou (05) 49 35 86 77

*CDT Charente-Maritime*
11 *bis*, rue des Augustins
17008 La Rochelle Cedex
Tél. (05) 46 41 43 33
*CDT Deux-Sèvres*
15, rue Thiers
79000 Niort
Tél. (05) 49 24 76 79
*CDT Vendée*
8, place Napoléon
85000 La Roche-sur-Yon
Tél. (02) 51 05 45 28

8 gîtes, 15 chambres d'hôtes

200 km

370 km

Randonnée nautique (barque, canoë)

- Maison des Marais mouillés, Coulon
- Maison de la mytiliculture, Esnandes
- Maison de la meunerie, Nieul-sur-l'Autise
- Maison du baudet du Poitou, Dampierre-sur-Boutonne
- Maison du Petit Poitou, Chaillé-les-Marais
- Maison du protestantisme poitevin, La Couarde
- Maison de l'eau et de la forêt, La Mothe-Saint-Héray

## MARTINIQUE

BP 437
Domaine de Tivoli
97200 Fort-de-France Cedex
Tél. 19 596 64 42 59

*OT Martinique*
Rue Ernest-Deproge
BP 520
97206 Fort-de-France Cedex
Tél. 19 596 63 73 60
*Agence régionale de développement touristique Martinique*
Anse Goureaud
97233 Schoelcher
Tél. 19 596 61 61 77
*Fédération martiniquaise, Office du tourisme et syndicats d'initiative*
Maison du tourisme vert
9, bd du Général-de-Gaulle, BP 437
97200 Fort-de-France
Tél. 19 596 73 19 30

7 km

170 km

Randonnée équestre, deltaplane, voile, activités nautiques, canyoning, parachutisme

- Ruines du château Dubuc, Trinité
- Maison de la nature, Morne-Rouge

## MASSIF DES BAUGES

Place Grenette
73630 Le Châtelard
Tél. (04) 79 54 86 40

*ATD Savoie*
Maison du tourisme
24, bd de la Colonne
73000 Chambéry
Tél. (04) 79 85 12 45
*ATD Haute Savoie*
56, rue du Sommeiller
BP 348
74012 Annecy Cedex
Tél. (04) 50 51 32 31

5 km

350 km

50 km

Ski (piste, fond, rando), escalade, spéléologie, randonnée équestre, parapente, canyoning, baignade

## MONTAGNE DE REIMS

Chemin de Nanteuil
51480 Pourcy
Tél. (03) 26 59 44 44

*CDT Marne*
2 *bis*, bd de Vaubécourt
51000 Châlons-en-Champagne
Tél. (03) 26 68 37 52

3

250 km

- Maison du bûcheron, Germaine

## MORVAN

58230 Saint-Brisson
Tél. (03) 86 78 79 00
3615 Parc Morvan

*CDT Côte-d'Or*
Hôtel du Département
BP 1601
21035 Dijon Cedex
Tél. (03) 80 63 66 00
*CDT Nièvre*
3, rue du Sort
58000 Nevers
Tél. (03) 86 36 39 80
*CDT Saône-et-Loire*
389, av. du Maréchal-de-Lattre-de-Tassigny
71000 Mâcon
Tél. (03) 85 21 02 20
*CDT Yonne*
1-2, quai de la République
89000 Auxerre
Tél. (03) 86 52 26 27

4

1 km

1 500 km

1 400 km

Canoë-kayak, raft, hydrospeed, escalade, randonnée équestre, ULM, montgolfière, natation, pêche, orientation, quad

- Maison de la Galvache, Anost
- Maison du seigle, Ménessaire
- Maison Vauban, Saint-Léger-Vauban

## NORD-PAS-DE-CALAIS

17, rue Jean-Roisin
59800 Lille
Tél. (03) 20 12 89 12

*CDT Pas-de-Calais*
24, rue Désille
62200 Boulogne-sur-Mer
Tél. (03) 21 83 32 59
*CDT Nord*
15/17, rue du Nouveau-Siècle
BP 135
59027 Lille Cedex
Tél. (03) 20 57 00 61
*CRT Lille*
6, place Mendès
59800 Lille
Tél. (03) 20 14 57 57

**Audomarois**
Le Grand Vannage
BP 24
62510 Arques
Tél. (03) 21 98 62 98

1

5, soit 16 km

133 km

150 km

Canoë-kayak

◆ Grange-Nature, Clairmarais
◆ Maison du papier, Esquerdes
◆ Ascenseur à bateaux des Fontinettes, Arques

**Boulonnais**
Manoir du Huisbois
62142 Le Wast
Tél. (03) 21 83 38 79

550 km

260 km

310 km

Randonnée équestre (115 km)

◆ Maison du marbre et de la géologie, Rinxent
◆ Musée Transmanche, Escalles

**Plaine de la Scarpe et de l'Escault**
357, rue Notre-Dame-d'Amour
59230 Saint-Amand-les-Eaux
Tél. (03) 27 27 88 27

160 km

76 km

200 km

Randonnée équestre (150 km)

◆ Maison de la forêt, Raismes
◆ Maison du terril, Rieulay
◆ Musée de la Colombophilie, Bouvignies

### NORMANDIE-MAINE

Le Chapitre
BP 5
61320 Carrouges
Tél. (02) 33 81 75 75

*CDT Orne*
88, rue Saint-Blaise
BP 50
61002 Alençon
Tél. (02) 33 28 88 71
*CDT Sarthe*
Hôtel du Département
72000 Le Mans
Tél. (02) 43 81 72 72
*CDT Mayenne*
84, av. Robert-Buron
53018 Laval Cedex
Tél. (02) 43 53 18 18
*CDT Manche*
Maison du Département
50008 Saint-Lô Cedex
Tél. (02) 33 05 98 70

8

30 km

2 000 km

650 km

Escalade, canoë-kayak, randonnée équestre

◆ Maison de la pomme et de la poire, Barenton

### PILAT

Moulin de Virieu
BP 57
42410 Pélussin
Tél. (04) 74 87 52 00
3615 Pilat

*CDT Loire*
5, place Jean-Jaurès
42000 Saint-Étienne
Tél. (04) 77 43 24 42
*CDT Rhône*
99, cours Gambetta
BP 3033
69396 Lyon Cedex 03
Tél. (04) 72 61 78 90

5

3, soit 7,5 km

600 km

650 km pédestres

Randonnée équestre (450 km), ski de fond, ski de piste, escalade, canoë-kayak, vol libre et parapente, cyclotourisme, baignade et plan d'eau

◆ Site archéologique, Saint-Romain-en-Gal
◆ Maison de la béate, Marlhes
◆ Maison de la passementerie, Jonzieux
◆ Maison des tresses et lacets, La Terrasse-sur-Dorlay

### QUEYRAS

BP 3
05600 Guillestre
Tél. (04) 92 45 06 23

*CDT Hautes-Alpes*
5, rue du Capitaine-de-Bresson
05000 Gap
Tél. (04) 92 53 62 00

2

3, soit 15 km

240 km

102 km

Alpinisme, escalade, raft, canoë-kayak, tennis, parapente, ski alpin, ski de fond, ski de randonnée, raquettes

◆ Espace géologique, Château-Queyras
◆ Musée cyclotouristique, col d'Izoard, Arvieux
◆ Maison de l'artisanat, Ville-Vieille

### VERCORS

BP 2
Chemin des Fusillés
38250 Lans-en-Vercors
Tél. (04) 76 94 38 26

*CDT Isère*
Maison du tourisme
14, rue de la République
38000 Grenoble
Tél. (04) 76 44 26 81
*CDT Drôme*
31, av. du Président-Herriot
26000 Valence
Tél. (04) 75 82 19 26

16 gîtes, 4 chambres d'hôtes

18 km

3 000 km

1 000 km

275 km

Ski alpin, ski nordique, chiens de traîneau, raquettes, escalade, parapente, canyoning, spéléologie

◆ Musée de la Préhistoire, Vassieux
◆ Mémorial de la Résistance, Vassieux

### VEXIN FRANÇAIS

95450 Théméricourt
Tél. (01) 34 66 15 10

*CDT Val-d'Oise*
Château de La Motte
Rue François-de-Ganay
95270 Luzarches
Tél. (01) 34 71 90 00
*CDT Yvelines*
Hôtel du Département
2, place André-Mignot
78012 Versailles Cedex
Tél. (01) 39 02 78 78

3

350 km

Randonnée équestre, deltaplane, planeurs, parapente, ULM, montgolfière, canoë, tir à l'arc

◆ Maison du pain, Commeny

### VOLCANS D'AUVERGNE

Montlosier
63970 Aydat
Tél. (04) 73 65 64 00
*CDT Cantal*
28, av. Gambetta
15000 Aurillac
Tél. (04) 71 46 20 20
*CDT Puy-de-Dôme*
24, rue Saint-Esprit
63000 Clermont-Ferrand
Tél. (04) 73 42 21 23

15

9, soit 20 km

3 300 km

1 200 km

Ski de descente, ski de fond, sorties raquettes, parapente, deltaplane, golf, équitation, escalade

◆ Maison des fromages, Égliseneuve-d'Entraigues
◆ Maison de la gentiane, Riom-ès-Montagnes
◆ Maison du buronnier, Laveissière
◆ Maison des tourbières, Saint-Alyre-ès-Montagnes

### VOSGES DU NORD

Château La Petite-Pierre
BP 24
67290 La Petite-Pierre
Tél. (03) 88 70 46 55
3615 Vosges du Nord

*CDT Moselle*
Hôtel du Département
1, rue du Pont-Moreau
BP 1096
59036 Metz Cedex
Tél. (03) 87 37 57 80
*ODT Bas-Rhin*
BP 53
9, rue du Dôme
67061 Strasbourg Cedex
Tél. (03) 88 15 45 88
ou (03) 88 15 45 80

5

Environ 60 km

1 500 km

170 km

Environ 350 km

Escalade, équitation, natation

◆ L'Aventure des Vosges du Nord, Maison du parc La Petite-Pierre
◆ 18 équipements en réseau au sein de la Conservation des musées

*Divers ouvrages spécialisés (guides, topo-guides pour les randonneurs, revues …) sont publiés par les parcs naturels régionaux. Contacter la Maison du parc ◆ 252 pour tous renseignements.*


◆ **ARMORIQUE** ◆

◆ BOURNIÉRAS (M.), POMEROL (C.), TURQUIER (Y.) : *La Bretagne, de la pointe du Raz à l'estuaire de la Loire*, Guides naturalistes des côtes de France, Delachaux et Niestlé, Lausanne, 1986
◆ COLL. : *Bretagne*, Éd. Bonneton, Paris, 1991
◆ DURAND (S.), LARDEUX (H.) : *Bretagne*, Guides géologiques régionaux, Masson, Paris, 1985
◆ MEYNIER (A.) : *La Bretagne*, Flammarion, Paris, 1976

**BALLONS ◆ DES VOSGES** ◆

◆ BARBERY (J.) : *Forêts vivantes d'Alsace et des Vosges*, Éd. du Rhin, Mulhouse, 1995
◆ COUCHOURON (J.), GÉHIN (J.) : *Vivre les Vosges en pente douce*, J. Couchouron, 1989
◆ FOURNIER (A.), FRANCK (V.) : *Les Vosges du Donon au Ballon d'Alsace*, Est Libris, Valmont, 1994
◆ GÉHIN (E.), VAUTRIN (C.) : *Tourbière, philtre de vie*, Éd. Gérard Louis, Remiremont, 1991
◆ GISSY (M.) : *Grand Tétras, la dernière balz ?*, Éd. Gérard Louis, Remiremont, 1995
◆ LACOUMETTE (G.), SCHNEIDER (M.), LESER (G.) : *Marcaires d'hier, fermiers d'aujourd'hui*, Éd. du Rhin, Mulhouse, 1991
◆ SAUR (M.) : *Massif vosgien, 50 sites pour grimper*, Éd. Franck, Annecy, 1994

◆ **BRENNE** ◆

◆ COULON (G.), MIALON (R.) : *La Brenne des années 50*, Éd. Pirot, Saint-Cyr-sur-Loire, 1988
◆ DE TARADE (F.-X.) : *Mémoires d'un pisciculteur*, éd. écomusée, 1993
◆ GUILLEMOT (H.) : *Des étangs et des hommes*, éd. écomusée, 1992
◆ HELLIO (J.-F.), VAN INGEN (N.) : *Les Oiseaux de Brenne*, Éd. de La Nouvelle République, Tours, 1992 ; *Pêcheurs de Brenne*, auto-édition, 1994

◆ **BRIÈRE** ◆

◆ COLL. : *La Brière*, CRDP, Pays de la Loire-Parc de Brière, 1992
◆ COLL. : *Cartes ornithologiques des marais briérons*, PNRB, 1986
◆ VISSET (L.) : *8 000 ans en Brière*, Éd. Ouest-France, Rennes, 1990

◆ **BROTONNE** ◆

◆ DANNENBERG (L.), LE VEC (P.) et MOULIN (P.) : *L'Art de vivre en Normandie*, Flammarion, Paris, 1989
◆ GAUTHIER (H.) : *Haute Normandie*, Archives de la Commission des monuments historiques, ministère de la Culture et de la Francophonie/Direction du Patrimoine, 1994
◆ LESPINASSE (F.) : *La Seine*, Édita, Lausanne, 1993
◆ MABIRE (J.) et RAGACHE (J.-R.) : *Histoire de la Normandie*, France Empire, Paris, 1994

◆ **CAMARGUE** ◆

◆ COLL. : *La Camargue, protection et développement d'un delta*, CRDP Éd., Marseille, 1995
◆ MARTIN (C.) : *L'Île de Camargue, histoire d'un pays singulier*, Presses du Languedoc, Montpellier, 1989
◆ MOLINA (J.) : *Flore de Camargue*, PNRC, 1996
◆ NAUDOT (C.) : *Camargue et gardians*, PNRC, 1988

◆ **CHARTREUSE** ◆

◆ ANONYME : *La Grande Chartreuse par un chartreux*, Chartreuse Diffusion,1984
◆ BILLET (J.) : *Le Guide de la Chartreuse*, La Manufacture, Lyon, 1987
◆ DA COSTA (A. ET F.) : *La Chartreuse*, Éd. Curandera, 1994
◆ GARNIER (J.-C.) : *Découverte de la Grande Chartreuse, pays de charme et de mystère*, Éd. GAP, La Ravoine, 1995
◆ ROUGER (A.), URARD (P.) : *Les Randonnées du parc de Chartreuse*, Éd. Glénat, Grenoble, 1994

◆ **CORSE** ◆

◆ COLL. : *La Réserve de Scandola* ; *Mammifères de Corse* ; *L'Art de la fresque en Corse* ; *La Chasse en Corse* , PNRC

◆ **FORÊT D'ORIENT** ◆

◆ COLL. : *Aube*, Éd. Bonneton, Paris, 1994
◆ COLL. : *Les Oiseaux de Champagne-Ardenne*, Délégation régionale de la ligue pour la protection des oiseaux, DRAE, 1991
◆ RIO (J.-L.), STRITT (P.) : *L'Aube en ses pays*, Siloë, Laval, 1989
◆ WIEDERMANN (J.-L.) : *Lacs, forêts et rivières de Champagne*, Mars et Mercure, 1975

◆ **GRANDS CAUSSES** ◆

◆ ENJALBERT (H.) : *Histoire du Rouergue*, Privat, 1987
◆ FABRE (J.-M.) : *Souvenirs entomologiques*, Laffont, Paris, 1989
◆ FRAYSSENGE (J.) : *Les Êtres de la brume et de la nuit*, Éd. de Paris, 1994
◆ JULIEN (B.) : *Aveyron : terra nostra*, Éd. du Rouergue, 1990

◆ **HAUTE-VALLÉE DE CHEVREUSE** ◆

◆ COLL. : *Les Communes du Parc naturel régional de la Haute-Vallée de Chevreuse* ; *Inventaire général des monuments et richesses artistiques de France*, Association pour le patrimoine de l'Île-de-France, 1987
◆ DELARGE (A.), GIVRY (J.), GONTIER (Y.) : *La Haute-Vallée de Chevreuse – Parc naturel régional*, Édition JDG, 1992
◆ MONTHÉARD (T.) : *Le Guide de la Vallée de Chevreuse et de Port-Royal*, La Manufacture, Lyon, 1992

◆ **HAUT-JURA** ◆

◆ À LA GUILLAUME (G.), LABANDE (F.) : *Haut-Jura*, Olizane, Genève, 1994
◆ COLL. : *Guide des curiosités géologiques du parc : le Haut-Jura… de crêts en combes*, PNRHJ
◆ JOVENIAUX (A.) : *Atlas des oiseaux nicheurs du Jura*, Éd. Groupe ornithologique du Jura
◆ *Métiers d'art en Franche-Comté*, publ. de la SEMA, 1993
◆ SPICHER (A.) : *Le Jouet jurassien : d'hier à aujourd'hui, une passion, des hommes*, Armand Spicher, 1995

◆ **HAUT-LANGUEDOC** ◆

◆ ARNAL (J.) : *Les Statues-menhirs, hommes et dieux*, Éd. des Hespérides, Toulouse, 1976
◆ COLL. : *L'Hérault, de la préhistoire à nos jours*, Bordessoules, Saint-Jean d'Angély, 1993
◆ COLL. : *Tarn*, Éd. Bonneton, Paris, 1991
◆ COLL. : *À la découverte de la flore du Haut-Languedoc montagnard*, PNRHL, 1988
◆ LAUTIER (J.) : *Les Mégalithes*, Fédération tarnaise de spéléo-archéologie, 1981
◆ *L'Art roman à Saint-Pons-de-Thomières*, Lacour, Nîmes, rééd., 1995
◆ MASSOL (G.) : *Haut pays Languedocien*, Éd. méridionales, Saint-Jean-de-Védas, 1987

**LANDES ◆ DE GASCOGNE** ◆

◆ AUDINET (E.) : *La Descente de la Leyre*, Éd. Sud-Ouest, Bordeaux, 1988
◆ DUPUY (F.), AUDINET (E.) : *Les Landes*, Éd. Sud-Ouest, Bordeaux, 1992
◆ FÉNIÉ (J.-J.) : *Connaître les Landes*, Éd. Sud-Ouest, Bordeaux, 1990
◆ MANCIET (B.) : *Le Triangle des Landes et le Golfe de Gascogne*, Arthaud, Paris
◆ SARGOS (J.) : *Les Landes, naissance du paysage*, Éd. Horizon chimérique, 1989

◆ **LIVRADOIS-FOREZ** ◆

◆ BOITIHAS (J.-L.), MONDIN (C.) : *Les Moulins à papier et les Anciens papetiers d'Auvergne*, Éd. Créer, Nonette, 1981
◆ BOY (M.) : *Ambert, 2 000 ans d'histoire*, Limoges, 1983
◆ BREUILLE (L.), DUMAS (R.), ONDET (R.), TRAPON (P.) : *Maison paysanne et vie traditionnelle en Auvergne*, Éd. Créer, Nonette, 1981
◆ COLL. : *Les Monts du Forez – le milieu et les hommes*, Centre d'étude forézienne, université Jean-Monet, Saint-Étienne
◆ GAUSSIN (P.-R.) : *Huit siècles d'histoire, l'abbaye de La Chaise-Dieu*, Watel, Brioude, 1967
◆ RICARD (M.-C.) : *Le Pays de Sauxillanges*, coll. Voir et Savoir, Éd. Chamina, 1988 ; *Thiers*, id., 1990

◆ **LORRAINE** ◆

◆ FRANÇOIS (J.), PROVIN (F.), THOMASSIN (S.) : *Découvrir les oiseaux dans le parc naturel régional de Lorraine*, PNRL, Éd. de l'Est, Éd. Jarville, 1993
◆ FRÉCAUT (R., sous la dir. de) : *Géographie de la Lorraine*, PUN, Éd. Serpenoise, Nancy, 1983
◆ GEML : *Atlas des mammifères de Lorraine*, PNRL, Éd. de l'Est, Éd. Jarville, 1993
◆ GIRAULT (S., sous la dir. de) : *Guide des balades*, PNRL, Éd. Serpenoise, 1993
◆ MICHOT (F.), PROVIN (F.), DELOR (P.) : *La Mare salée*, CRDP, PNRL, Nancy, 1992

◆ **LUBERON** ◆

◆ BARROUL (G.) : *Provence romane*, Zodiaque, Saint-Léger-Vauban, 1977
◆ BEC (S.) ET BRUNI (R.) : *Luberon, votre guide en Luberon*, Édisud, Aix-en-Provence, 1986
◆ BRUNI (R.) : *Villages du Luberon*, Éd. Équinoxe, Marguerittes, 1992

◆ Clébert (J.-P.) : *Mémoire du Luberon*, Aubanel, Lyon, 1995
◆ Coll. : *Bibliographie des Pays du Luberon* ; *Les Ocres* ; *Les Bories* ; *Géologie* ; *Flore*, PNRL en coéd. avec Édisud, Aix-en-Provence
◆ Giffon (P.) : *Randonnée pédestre en Luberon*, Édisud, Aix-en-Provence, 1989
◆ Morénas (F. et C.) : *Circuits de découverte, Luberon, Monts de Vaucluse, Saignon*, Ed. Regain, Saignon

### Marais du Cotentin et du Bessin

◆ Berteaux (J.-J.) : *Les gens du Cotentin*, G. Monfort, 1993
◆ Desile (A.) : *Gens de la mer, des rivières et des marais, Gens et choses de Normandie*, t. III, Éd. OCEP, La Manche libre , 1986
◆ Lacotte (D.) : *Traditions et légendes en Normandie*, Éd. OCEP, 1980
◆ Lejeune (M.) : *Marais du Cotentin et du Bessin*, Éd. Ouest-France, Rennes, 1992
◆ Pezeril (C.) : *Le Bessin oublié, 1991. Les mineurs de Littry*, 1972, autoéditions
◆ Pinel : *Lessay et son canton à travers les siècles*, Éd. Corlet, Condé-sur-Noireau, 1984

### Marais poitevin

◆ Billaud (J.-P.) : *Marais poitevin-Rencontre de la terre et de l'eau*, L'Harmattan, Paris, 1984
◆ Coll. : *Le Marais poitevin entre deux eaux*, Geste, Mougon, 1993
◆ Coll. : *Guide pratique du Marais poitevin*, Éd. La Nouvelle République, Tours, 1992
◆ Errath (C.), Le Quellec (J.), Mar (D.) : *Le Marais poitevin, de l'eau et des hommes*, Geste, Mougon, 1991
◆ Perceau (L.) : *Contes de la Pigouille*, Geste, Mougon, 1993

### Martinique

◆ Benito-Espinal Haucastel, Guerin : *À l'écoute des oiseaux de Martinique et de Guadeloupe*, Éd. Igeroc, 1988
◆ Coll. : *Réserve naturelle de la Caravelle* (1996) ; *Réserve ornithologique des Îlets de Sainte-Anne* (1996), PNRM

### Massif des Bauges

◆ Dubois (Y.) : *La Vallée des cyclamens*, Éd. du Cerf, Paris, 1983
◆ Exhertier (G.), Menant (B.) : *Bornes-Bauges*, 143 itinéraires de randonnée, Éd. Didier Richard, Grenoble, 1993
◆ Gallice (A.) : *Souvenirs d'un paysan de Savoie*, Éd. La Fontaine de Siloé, Montmélian, 1994
◆ Gex (F., abbé) : *Les Bauges, chemins et vie d'autrefois*, Éd. Caédita, 1996
◆ Gex (F., abbé) : *Les Vallées des Bauges -1925-*, Bauges Diffusion, 1984

### Montagne de Reims

◆ André (M.) : *L'Homme et la Forêt en Montagne de Reims*, La Manufacture, Lyon, 1985
◆ Bonal (F.) : *Le Livre d'or du champagne*, Éd. du Grand-Pont, Lausanne, 1984
◆ Marx (O.) et Grasso (P.) : *Les Faux de Verzy*, Éd. de l'ORCCA, 1995
◆ Pérouse de Monclos (J.-M., sous la dir. de) : *Le Guide du patrimoine de Champagne-Ardenne*, Hachette, Paris, 1995
◆ Prache (A.) : *Les Églises romanes de la vallée de l'Ardre*, Zodiaque, Saint-Léger-Vauban, 1988
◆ Rossignol (G.) : *Le Guide de la Champagne*, La Manufacture, Lyon, 1995

### Morvan

◆ Baudiau (J.-F.) : *Le Morvan*, Éd. La librairie Guénégaud, 1965
◆ Bonnamour (J.) : *Le Morvan, la Terre et les Hommes*, PUF, Paris, 1966
◆ Cannaud (J.) : *Les Maquis du Morvan*, Académie du Morvan, Château-Chinon, 1995
◆ Coll. : *Nivernais-Morvan*, Bonneton, Paris, 1989
◆ Dupin (A.-M.) : *Le Morvan*, Éd. La librairie Guénégaud, 1984
◆ Goudineau (C.), Peyre (C.) : *Bibracte et les Éduens*, Errance, Paris, 1993
◆ Olivier (L.) : *Le Haut Morvan romain. Voies et sites*, Académie du Morvan, Château-Chinon, 1983
◆ Régnier (C.) : *Les Parlers du Morvan*, Académie du Morvan, Château-Chinon, 1979
◆ Séverin (J.) : *Morvan du cœur et de la mémoire*, Éd. de l'Armançon, Précy-sous-Thil, 1995
◆ Sirugue (D.) : *Les Mammifères sauvages du Morvan*, PNRM, 1995
◆ Vigreux (M.) : *Paysans et notables du Morvan au XIXe siècle*, Académie du Morvan, Château-Chinon, 1987

### Nord-Pas-de-Calais

◆ Arabian (G.) : *La Flandre gourmande*, Éd. Albin Michel, Paris, 1995
◆ Bellet (S.), Waterlot (B.), Marcq (T.) : *Cuisine et paysages Nord-Pas-de-Calais*, Duquesne, Paris, 1993
◆ Carton (J.-C.) : *Ambiances*, Éd. Jean-Claude Carton, 1990
◆ Coll. : *Géants et Dragons*, Casterman, Paris, 1996
◆ Coll. : *Histoires et secrets du Nord*, Minerva, 1994
◆ Coll. : *Les Pays du Nord*, Éd. Bonneton, Paris, 1994
◆ Delpal (J.-L.) : *Merveilles du Nord-Pas-de-Calais*, Éd. de la Martinière, Genève, 1995
◆ Mercier (P.) : *Terre d'images*, Éd. Diaphor la photothèque, 1995

### Normandie-Maine

◆ Boithias (J.-L.), Mondin (C.) : *La Maison rurale en Normandie*, Éd. Créer, Nonette, 1980
◆ Breau (J.) : *Aimer la Sarthe*, Éd. Ouest France, Rennes, 1988
◆ Coll.: *Orne*, Éd. Bonneton, Paris, 1995
◆ Foubert (J.-M.) : *Bois et forêts de Normandie*, C. Corlet, 1985
◆ Herriot (E.) : *Sous la forêt normande*, Éd. Monfort, Paris, 1984
◆ Pelatan (J.) : *Guide de l'Orne et du Perche*, La Manufacture, Lyon, 1993
◆ Reze (J.) : *Aimer la Mayenne*, Éd. Ouest-France, Rennes, 1988

### Pilat

◆ Andersson (J.) : *À l'ombre de la perdrix*, Éd. Créer, Nonette, 1986 ; *Le Pilat des quatre saisons*, Éd. Aspect, 1990
◆ Dubesset (M.) et Zancarini-Fournel (M.) : *Parcours de femmes*, Presses universitaires de Lyon, 1993
◆ Plessis (B.) : *Le Forez de pages en paysages*, Éd. lyonnaises d'Art et d'Histoire, 1994

### Queyras

◆ Antoine (M. et S.) : *Le Queyras*, guide été/hiver, PNRQ, 1995
◆ Coll. : *De l'habitation au musée : mobilier de Queyras*, PNRQ, 1989
◆ Coll. : *Les Images du patrimoine-Queyras*, DRAC Service de l'inventaire, 1994
◆ Coll. : *Les Pierres écrites, livret de découverte du village d'Abriès*, PNRQ, 1993
◆ Coll. : *Queyras, circuits de découverte*, coédition PNRQ/CAUE, 1991
◆ Coll. : *Un jardin secret dans l'adret, sentier écologique des Astragales*, PNRQ, 1987
◆ Guillaume (G.) : *Le Queyras*, Société d'études des Hautes-Alpes, 1985

### Vercors

◆ Bach (J.-J.) : *Vercors, 186 itinéraires de randonnée pédestre*, Éd. Didier Richard, 1993
◆ Collavet (J.-M.) : *Chroniques du Vercors*, Éd. Peuple libre, 1994
◆ Da Costa (F.), Mazais (P.) : *Le Vercors*, Éd. Curandera, 1990
◆ Dreyfus (P.) : *Histoire de la résistance en Vercors*, Arthaud, Paris, 1975
◆ Dupont (M.) : *Le Guide du Vercors*, La Manufacture, 5e éd., 1994
◆ Joseph (G.) : *Combattants du Vercors*, Éd. Curandera, 1994
◆ *Un siècle de routes en Vercors*, Éd. CPIE, PNRV, nouv. éd., 1995
◆ Wullscheger (M., sous la dir. de) : *Vercors, terre monastique et canoniale*, Éd. CPIE, PNRV, 1995

### Vexin français

◆ Coll. : *Guide des départements : Les Yvelines*, Projets Éditions, 1990
◆ Lachiver (M.), Rivière (P.), Vasseur (R) : *Le Vexin à travers les âges*, Pontoise,1990
◆ Coll. : *Guide du Vexin français*, Les Amis du Vexin français, Éd. du Valhermeil, 1991

### Volcans d'Auvergne

◆ Barnagaud (J.-M.) : *Minéraux et roches d'Auvergne*, Éd. de Borée, 1995
◆ Joberton (G.) : *Auvergne, Terre de volcans*, Éd. de Borée, 1993 ; *Découvrons le volcanisme*, id., 1996
◆ Joberton (G.), Perret (Y.), Dalbarie (T.) : *Arbres et fleurs d'Auvergne*, Éd. de Borée, 1991
◆ Coll. : *La Dépêche scientifique du Parc des Volcans* ; *Les Oiseaux du Parc des Volcans* (1991) ; *Le Puy Griou* (1977) ; *Les Puys de la Vache et de Lassolas* (1978) ; *Nature et enfant* ; *Volcanologie de la Chaîne des Puys* (carte et notice, 1991), Éd. PNRVA

### Vosges du Nord

◆ Coll. : *Encyclopédie d'Alsace*, Éd. Publitotal, Strasbourg, 1993
◆ Genot (J.-Cl.), *Vosges du Nord, grandeur nature*, Éd. COPRUR, 1995
◆ Trendel (G.) : *Le Guide des Vosges du Nord*, La Manufacture, 1989
◆ Toursel-Harstel (D.), Beck (J.-P.), Bronner (G.) : *Dictionnaire des monuments historiques d'Alsace*, La Nuée bleue, 1995

### Guides

Guides Gallimard (Éd. Gallimard) ; Guides bleus (Hachette) ; Guides verts (Michelin) ; Les plus Belles ballades (Les Créations du Pélican)

**Couverture** Pas de l'Aiguille (Vercors). © Geneviève Rouillon.
Frénod, montagne de Banges (Massif des Bauges). © Médialp/Monique Nesbit.
Phare du Creac'h (Ouessant). © Hoa-Qui/Jean Roignant.
Enseigne (Ballons des Vosges). © Hoa-Qui/X. Richer.
Loriot d'Europe, dessin de F. Desbordes.
Mas camarguais, dessin de S. Simier.
Noisetier, dessin de J. Wilkinson.
Étiquette de truffe en conserve. Coll. part. © DR.
*J.-H. Fabre observant des insectes.* © Boyer-Viollet.
Coquelicot, dessin de C. Felloni.
Dessin de Frédéric Bony.
**Dos** *Pomme à cidre.* BM de Caen. Cl. P. Dartiguenave.
Borie, dessin de B. Lenormand, couleur de J.-. Héron.
Végétale, dessin de C. Felloni.
**4° plat** Cartes : dessin de Dominique Duplantier, mise en couleur de Marc Lagarde.
Canoë sur la Cure (Morvan). © PNR, Morvan/V. Pompon.
Atelier d'observation en Lorraine. © PNR, Lorraine/Walterfaugle.
Chalets d'alpage (Queyras). © Médialp/P. Adenis.
Chaussures de randonnée(détail d'ujne affiche), illustration de Denis Ducros. Coll. PNR, Montagne de Reims.
Vache highland, dessin F. Desbordes.
**1** *Ramassage de branchages dans la forêt des Landes*, vers 1935. © Roger-Viollet.
**2-3** *Ascension à dos d'âne en route pour le pic du Sancy*, photo de M.-Th. Jouve, début XXe. Collections des musées de Cavaillon.
**4-5** *Schlitteur vosgien descendant un chargement de bois*, 1935. © Boyer-Viollet.
**6-7** *Environs des Rousses. La Tranchée Neveu en arrivant à La Cure*, début XXe. Coll. part.
**9** Paysage du Luberon, Hoa-Qui/E. Valentin.
**13** Logotype de la Fédération.
**14-15** Dessin de Dominique Duplantier, mise en couleur de Marc Lagarde.
**16** Logotype de la Fédération.
Articles des journaux : *Les Échos*, 3 mars 1969 ; *Dernières nouvelles d'Alsace*, 27 mars 1967. © Fédération.
Lac du Clot-Sablé. © PNR, Queyras/M. Blanchet.
Guerquesalles (Normandie-Maine). © Scope/J. Guillard.
Grandfontaine-le-Donon (Vosges du Nord). © Scope/J. Guillard.
La Camargue, le marais. © Altitude/Daniel Philippe.
Cap Blanc-Nez (Nord-Pas-de-Calais). © Scope/J. Guillard.
**17** Alpage de Pravonte du Roc de l'Aiguille (Chartreuse). © Médialp/B. Pambour.
Puys de la Vache et de Lassolas (Volcans d'Auvergne). © Joël Damase.
Lourmarin (Luberon). © Jacques Sierpinski.
Kerfeuille, commune de Saint-Joachim (Brière). © Hoa-Qui/D. Reperant.
Phare du Creac'h (Ouessant). © Hoa-Qui/Jean Roignant.
**18-19** Chartreuse vers l'Aupt du Seuil. © Médialp/A. Campargue.
**18** Lecture de paysage dans le parc des Ballons des Vosges. © PNR, Ballons des Vosges/Brigitte Cuny.
Présentation aux élus du travail des agents du parc. © PNR, Luberon.
Affiches d'information et de prévention d'espèces sauvages dans le parc du Vercors. © CPIE, PNR, Vercors.
**19** Observation des oiseaux en forêt d'Orient. © S. Combelles/PNR, Forêt d'Orient.
**20** Revues *Parcs.* © Fédération.
Carte de situation des parcs, et logotype du service télématique des parcs. © Fédération.
**21** Chalets d'alpage, près de Brunissard. © Médialp/P. Adenis.
Canoë-kayak. © PNR, Haut-Languedoc.
Ouessant. © Hoa-Qui/P. Plisson.
Sentier d'interprétation en Livradois-Forez. © PNR, Livradois-Forez/Photo-Contact.
**22-23** L'alpage de l'Alpette (Chartreuse). © Hoa-Qui/N. Thibaut.
**23** Panneau de la réserve de Scandola (Corse). © PNR, Corse/R. Maupertuis.
**24** Roseaux en séchage. © PNR, Brière.
Réfection d'un toit en chaume. © PNR, Brière.
Cheval de Camargue, baudet poitevin, pie noire, mouton boulonnais, dessins de François Desbordes.
**25** Chouette chevêche, dessins de Jean Chevallier.
Couple de chouettes chevêches. © PNR, Vosges du Nord/Michel Rauch.
Loutre, dessin de Jean Chevallier.
Vergers, conservatoire de Marquèze. © PNR, Landes de Gascogne/J. Tucoo-Chala.
Vache ferrandaise, vache Highland, dessins de François Desbordes.
Moutons des Causses. © PNR, Grands-Causses.
**26** Emblème de la Réserve de la biosphère.
**27** Ferme Hutter munie de capteurs solaires. © Diapothèque CPIE, PNR, Vercors.
Aire de stockage. © PNR, Montagne de Reims.
Flekenstein (Vosges du Nord). © Scope/J. Guillard.
Plantation d'épicéas. Forêt de la Pelaisse. © PNR, Haut-Jura/P. Léchine.
Grottes de Choranche. © Médialp/Daniel Murier.
**28** Pont-en-Royans. © Médialp/R. Hémon.
Façade de Roussillon (Luberon). © Hoa-Qui/N. Thibaut.
Stage d'initiation à la production du torchis. Coll. Parc de Brotonne.
Restauration d'une maison en terre crue. © PNR, Marais du Cotentin et du Bessin/P.Y. Le Meur.
Restauration du four de la Bughe, Nébouzat. © PNR, Volcans d'Auvergne.
**29** Village du Causse-Noir. © Sylvain Grandadam.
Maison de gardian. © Bios/Bruno Pambour.
Chaumière bretonne. © Scope/B. Galeron.
Maison en terre crue des Marais du Cotentin et du Bessin © PNR, des Marais du Cotentin et du Bessin.
Ferme. © PNR, Marais du Cotentin et du Bessin.
Four à Thiezac. © PNR, Volcans d'Auvergne.
Grange en Chartreuse. © Médialp/B. Pambour.
Corps de ferme baujue. © Médialp/Campbell.
Four à pain en Corse. © Hoa-Qui/A. Périgot.
Lavogne sur les Causses. Sylvain Grandadam.
**30-31** *L'Hiver dans la forêt* (Massif des Bauges). Coll et © Musée savoisien, Chambéry.
**30** La cité de l'abeille. Cl. Gérard Benoît A La Guillaume.
**31** Travail du verre et du cristal. © PNR, Vosges du Nord.
Bobines pour la passementerie. Musée d'Art et d'Industrie, Saint-Étienne. Cl. N. Pachkevitch/Fédération.
Dépliant des sites historiques de la résistance en Vercors. © CPIE, PNR, Vercors.
**32-33** Course de yoles en Martinique, dessin de Jean-Philippe Chabot.
**32** Méandres de la Seine. Coll. PNR, Brotonne. Cl. Delu.
**33** Transbrieronne. © PNR,Brière.
Enseignement bilingue en Armorique. © École Diwan de Commana.
**34** Forêt. © PNR, Vosges du Nord/Y. Meyer.
Baie des Veys à la pointe de Brevands. © Scope/Noël Hautemanière.
**35** Vignoble du Pilat. © PNR, Pilat.
Vendanges. © PNR, Montagne de Reims.
Le Mont-Beuvray. © PNR, Morvan/A. Millot.
Frénod, montagne de Banges (Massif des Bauges). © Médialp/M. Nesbit.
Traite dans les alpages à Brion (Volcans d'Auvergne). © Damase/Lutra.
**36-37** Restauration de la chapelle Sainte-Croix-en-Jarez (Pilat), dessin de F. Bony, d'ap. une photo du PNR, Pilat.
**36** Entretien de rivière en Luberon. © PNR, Luberon/Hervé Vincent.
**37** Etiquettes de produits labelisés du Vercors et des Ballons des Vosges. © CPIE/PNR, Vercors et © PNR, Ballons des Vosges.
Chantier à Valchevrière (Vercors). © CPIE/PNR, Vercors.
**38-39** Chaussures de randonnée (détail d'une affiche), illustration de Denis Ducros. Coll. PNR, Montagne de Reims.
**38** Couverture du catalogue *Voyager au naturel.* © Fédération.
Logotypes : Panda/WWF. © WWF ; Gîtes de France. © Fédération nationale des gîtes de France ; Parcs naturels de France. © ministère de l'Environnement.
Voile à Jumièges. Coll. Parc de Brotonne. Cl. Huon, Caudebec-en-Caux.
**39** Cyclotourisme. © PNR, Landes de Gascogne/J.-Y. Rossignol.
Randonnée équestre. © PNR, Livradois-Forez.
Randonnée équestre en forêt d'Orient. © PNR, Forêt d'Orient.
Ski de fond dans le Ballon d'Alsace. © PNR, Ballons des Vosges/Marc Paygnard.
Balade en chariot. Coll. Parc de Brotonne. Cl. Huon, Caudebec-en-Caux.
Canoë sur la Cure. © PNR, Morvan/V. Pompon.
Croisière fluviale sur l'Escaut. Coll. PNR, Nord-Pas-de-Calais. Cl. Samuel Dhote/ENR.
Randonneurs. Coll. Parc de Brotonne. Cl. Huon/Caudebec-en-Caux.
**40-41** Réserve de Chérine (Brenne). © Hellio/Van Ingen.
Atelier d'observation en Lorraine (détail). © PNR, Lorraine/Walterfaugle.
**40** Livrets de découverte du sentier du Mas du Pont-de-Rousty. © PNR, Camargue et du sentier de Beauregard en Brenne. © PNR, Brenne.
Brochure d'informations sur les randonnées équestres en Livradois-Forez. © PNR, Livradois-Forez.
Panneau pédagogique en Brière. © PNR, Brière.
**41** Dessins de F. Bony.
**42-43** Dessin de Jean-Philippe Chabot.
**42** Sauvetage des crapauds en Haute Vallée de Chevreuse. © PNR Haute-Vallée de Chevreuse/Gaël Cotonnec.
**43** Pose de nichoir à hulotte en Haute Vallée de Chevreuse. © PNR, Haute Vallée de Chevreuse.
Moulin Hauville . Coll. Parc de Brotonne. Cl. Huon, Caudebec-en-Caux.
Respect de l'environnement en Corse. © PNR, Corse/R. Maupertuis.
Écologie du Brel/Mer. © PNR, Martinique.
**44** Logotype de la Fédération.
**45** *La Savane* (détail), d'après Valdo Barbey, Manufacture des Gobelins 1939-1945. Mobilier national, Paris. Cl. Françoise Baussan.
**46-47** *Habitants des Landes*, Jean-Louis Gintrac (tableau à restaurer). Coll. et cl. musée des Beaux-Arts, Bordeaux.
*Retour des champs*, François Corbellini, huile/toile. Coll. part. Cl. Stéphane Pennequin/Photo Hall, Ajaccio.
**46** *Solitude*, Paul Sérusier, huile/toile. Musée des Beaux-Arts, Rennes. Cl. Louis Deschamps.
**48-49** *Le Mont-Aiguille*, Bonnot, huile et acrylique, 1992. Coll. part. © Bonnot.
**48** *Le Cristallan*, Gaston Tanc, huile/toile. Musée dép. de Gap. Cl. Jean Bernard.
*Vue de la Dent du Marais*, Charles Jaffeux . Coll. part.
**49** *Combe dans le Jura*, E.-J. Templeux, huile/toile. Musée des Beaux-Arts, Lons-Le-Saunier.
**50** *L'Automne*, Charles Peccate, huile/toile. Musée des Beaux-Arts, Nancy. Cl. G. Mangin.
*Ferme en Morvan*, Édouard Pail. Musée Rolin, Autun. Cl. Stéphane Prost.
**51** *L'Arbre*, Nicolas de Staël, huile/toile, 1953. Galerie Jeanne-Bucher. Cl. Seibu. © ADAGP.
*Sermiers*, Guillaume-Ernest Pellus. Musée des Beaux-Arts de Reims.
**52** *Après-midi d'été au Marais poitevin, la Venise verte*, J.-L. Moreteau, 1933. Musée vendéen, Fontenay-le-Comte. Cl. CDMV.
*La Seine à la Bouille*, Alfred Sisley, huile/toile. Musée des Beaux-Arts, Rouen.
**53** *Quatre hommes auprès d'un bros bâché, Lüe*, photo de Félix Aranudin. Musée d'Aquitaine, Bordeaux. Cl. A. Béguerie.
**54-55** *Gorges du Taravo.* Coll. part.
**56-57** *Pâtre gardant un troupeau de chèvres, Sabres*, photo de Félix Arnaudin. Musée d'Aquitaine, Bordeaux. Cl. A. Béguerie.
**58-59** Berger et ses chiens, photo de Jean-Loup Trassard. © Éd. Le Temps qu'il fait, Cognac.
**60** *Saint-Pol-Roux.* Musée de la Poste, Paris.
*Château de Saint-Pol-Roux.* © Ed. Jos Le Doaré, Châteaulin.
**61** *Scieurs de long* (détail), 1908. © Boyer-Viollet.

**62-63** Le Roc'h Trévezel. © Scope/J.-L. Barde.
**62** *Paysans des monts d'Arrée*, début XXe. © Éd. Le Doaré, Châteaulin.
**63** Maison à Saint-Rivoal, dessin de B. Lenormand.
*Notre-Dame du Relec*, gravure/bois coloriée, Quimper, XVIIIe. ATP, Paris. © RMN/A. Pelle.
Sainte-Marie du Menez-Hom. © Scope/B. Galeron.
**64** *Pêcheurs dans le port de Camaret*, J.-M. Le Doaré, photo, vers 1924. © Éd. Le Doaré, Châteaulin.
Camaret, la tour Vauban. © Y. Sacquépée/Gallimard.
**65** *À la mémoire des résistants de l'île de Sein*, timbre-poste, 1962. Musée de la Poste, Paris.
Maison sur l'île d'Ouessant. © Altitude/Yann Arthus-Bertrand.
*Ramasseurs de goémon*, aquarelle de Mathurin Méheut. © MNAM, centre Georges-Pompidou, Paris.
**66** *Le Petit Journal illustré*, 1905. Coll. part.
*Construction du phare de la Jument*, vers 1910. Écomusée Niou-Huella, Ouessant.
La lentille de Fresnel, dessin de B. Lenormand.
*Installation d'un appareil pour éclairer la chaussée de Sein*, L. Sabbatier, in *L'Illustration*, 1897.
**67** *Ravitaillement au phare de la Jument*, in *Album de photographies de Melle Duchemin*. © Musée des Phares et Balises, Ouessant.
Le phare de Camaret. © Hoa-Qui/H. Lesêtre.
Phare de l'île d'Ouessant. © Altitude/Yann Arthus-Bertrand.
*Phare et sémaphore du Créach*, début XXe. Coll. part.
*Le Transbordement d'un gardien au phare d'Armen*, début XXe. Archives Gallimard.
Le phare d'Armen. © Éric Guillemot/Gallimard.
**68-69** Le Grand Ballon d'Alsace, monument des Diables Bleus. © Altitude/Yann Arthus-Bertrand.
**68** *Intérieur d'une marcairie*, début XXe. © Arch. de la ville de Munster.
*La Vallée de Munster*, affiche de H. de Renaucourt. Coll. part. Cl. L. de Selva/Gallimard.
**69** *Le Chemin de schlittage*. Bibl. Forney, Paris.
*La Rouge Mine, Saint-Nicolas. La Croix-aux-Mines*. Heinrich Gross, 1530. B. M. de Colmar.
**70** *Le Théâtre du Peuple à Bussang, fondé en 1895*, photo de V. Franck. © Archives Larousse/Giraudon.
*Plombières-les-Bains, Vosges*, affiche d' Hugo d'Alesi. Coll. part. Cl. L. de Selva/Gallimard.
Chapelle de Ronchamp. © Hoa-Qui/B. Rieger.
**71** Turckheim. © C. Meyer.
Enseigne. © Hoa-Qui/X. Richer.
Plateau des Mille Étangs. © PNR, Ballons des Vosges/Y. Kohler.
**72-73** Infographie de Nicolas Grégoire.
**72** Le Schaefferthal. © Philippe Genay.
Forêt primaire d'épicéas. © Claude Michel.
Forêt sur éboulis. © Jacques Martin.
**73** Lac de Longemer. © Claude Michel.
Tourbière. © Claude Michel.
Hêtraie culminale. © Claude Michel.
Cirque glaciaire du Kastelberg et Hautes chaumes. © Jacques Martin.
**74-75** La Brenne des étangs. © Hellio-Van Ingen.
**74** Grèbe à cou noir. © Hellio-Van Ingen.
Morillon. © Hellio-Van Ingen.
**75** Le hameau du Bouchet. © Hellio-Van Ingen.
*Pèlerinage à la fontaine Saint-Sulpice* (détail), début XXe. Coll. part.
Machaon, dessin de B. Duhem.
**76-77** Château de Romefort sur la Creuse. © Hellio-Van Ingen.
**76** *Abbaye de Fontgombault, les religieux au travail*, début XXe. Coll. part.
**77** Château Guillaume. © Hellio-Van Ingen.
Fromage Pouligny-saint-Pierre (AOC). © PNR, Brenne.
**78-79** Le «pays des Mille Étangs». © Hellio-Van Ingen.
**78** *Pêcheur de Brenne*, in *Esquisses pittoresques du département de l'Indre*, 1882.
Bonde d'un étang. © Hellio-Van Ingen.
**79** Pêcheurs de Brenne. © Hellio-Van Ingen.
**80** *La Coupe de la motte en Brière*, début XXe. Coll. part.
**81** Canards de Brière. © Hoa-Qui/E. Valentin.
Canaux de la Grande Brière. © Hoa-Qui/C. Vaisse.
**82-83** *Pêcheurs d'anguilles*, début XXe. Coll. part.
**82** La maison de l'éclusier. © Hoa-Qui/E. Valentin.
Couronne de mariée. Maison de la mariée, Saint-Joachim. © Hoa-Qui/E. Valentin.
**83** Anguilles du Marais. © Hoa-Qui/E. Valentin.
*Vanniers de Mayun*, début XXe. Coll. part.
**84-85** Chaumières briéronnes, dessin de D. Héron.
Grande Brière, île de Fédrun. © É. Guillemot/Gallimard.
**84** Chaumière à Kerhinet. © Hoa-Qui/C. Vaisse.
**85** Chaumière de l'île de Fédrun. © Scope/N. Hautemanière.
Plan d'une maison de Brière, dessin de P. Candé.
Gestion de l'espace de la Brière humide. *Idem.*
Roseau, dessin de Jean Chevallier.
**86** Cloître de l'abbaye de Saint-Wandrille. © G. Rigoulet.
*Abbaye de Jumièges*, anon., vers 1830. Musée Victor-Hugo, Villequier. Cl. musées dép. de Seine-Maritime.
**87** *Caudebec-en-Caux* (détail), E. Boudin. Musée des Beaux-Arts André-Malraux, Le Havre.
*Ferme normande*, début XXe. Coll. part.
**88-89** Pommes à cidre. B. M. de Caen. Cl. P. Dartiguenave.
**88** Fixation de la Croix au feu de Saint-Clair à La Haye-de-Routot. © Hoa-Qui/B. Chemin.
**89** *Le Pressage des pommes*, début XXe. Coll. part.
Le lin en fleur. © H.Guermonprez.
Le lin, capsule. © E. Benard.
Filasse. Coopérative linière du Roulois. © PNR, Brotonne.
**90-91** *Premier bateau pilote à vapeur*, E. Le Mettayer. Coll. part.
**90** *La Forêt de Brotonne*, plan de Pierre de La Vigne, 1665. BN, Paris.
*Remorqueurs à Rouen*, Charles-Albert Lebourg. Musée d'Orsay, Paris. © RMN/G. Blot.
*Caudebec-en-Caux, le Mascaret en 1904*, début XXe. Coll. part.
**91** *Chantier de construction d'une Gribanne à Dieppedalle*. © PNR, Brotonne.
Pont de Normandie. © Altitude/Yann Arthus-Bertrand.
*Le Bac à Grand-Couronne*. © PNR, Brotonne.
**92-93** Grande Camargue, dessin de François Desbordes.
**92** Gardian. © Icône/Hoa-Qui/Martel.
**93** *Arlésienne*, aquarelle anon. Museon Arlaten, Arles. Cl. M. Delgado/Gallimard.
Mas camarguais, dessin de M. Simier.
**94** Flamants roses. © Hellio-Van Ingen.
*Mas à Saintes-Maries*, V. Van Gogh. Christie's, Londres. © Bridgeman-Giraudon.
**95** Salin-de-Giraud, cristallisoirs. © Altitude/F. Jourdan.
*Marie Salomé et Marie Jacobé*. Église des Saintes-Maries-de-la-Mer. © D. Faure/Gallimard.
*Gitans aux Saintes-Maries*, photo de Carle Naudot, début XXe. Coll. Musée camarguais.
**96-97** *Gardian*, début XXe. Coll. part.
**96** Marques des manades. © Icône / Hoa-Qui/Martel.
Trident, fer forgé, hampe de châtaignier. Museon Arlaten, Arles. Cl. M. Delgado/Gallimard.
**97** La fête des gardians. © Icône /Hoa-Qui/Martel.
*Triage et départ d'une course de taureaux*, début XXe. Coll. part.
Course à la cocarde. © Hellio-Van Ingen.
Taureaux camarguais et espagnol, dessins de F. Desbordes.
**98** Chamois. © Médialp/Bruno Gouilloux.
Notre-Dame de Chalais (détail). © Médialp/Lionel Amans.
**99** Désert d'Entremont. © Médialp/Serge Coupé.
Boîte de biscuits de Chalais. © Notre-Dame de Chalais.
Borne de 1822 délimitant la France et la Savoie (hauts plateaux de la Chartreuse). © Médialp/B. Pambour.
**100** Le Guiers, pont Saint-Bruno. © Médialp/Bruno Gouilloux.
Hameau de la Grenery, artisan fabriquant des «seilles». © Médialp/Roland Thievenaz.
**101** Vulnéraires. © Médialp/D. Macherel.
Tannerie d'Attignat-Oncin, dégraissage de la peau. © Antoine Rougy.
Château et jardins du Touvet. © Médialp/R. Hemon.
Vignoble à Apremont. © Médialp/R. Hemon.
**102** *Vue de la Grande-Chartreuse*, gravure par J. A. Treillard, 1770. Bibl. munic., Grenoble.
*Saint-Bruno*, huile/toile. Propriété du monastère de la Grande Chartreuse.
*Le Couvent de la Grande-Chartreuse et la chaîne du Grand-Som*, affiche de Roger Soubie. Coll. part. Cl. L. de Selva/Gallimard. © PLM/ACCOR.
**103** *Le Maréchal d'Estrées*, gravure,1655. © Chartreuse-Diffusion.
La distillerie. © Chartreuse-Diffusion.
Manuscrit de l'élixir végétal. © Chartreuse-Diffusion.
*Liqueurs de la Grande Chartreuse*, affiche de G. Favre. Bibl. Forney, Paris.
Élixir végétal, bouteille et son étui en bois d'aulne. © Chartreuse-Diffusion.
Bouteilles de chartreuse jaune et verte. © Chartreuse-Diffusion.
**104-105** Alentours du lac de Melo. © Hoa-Qui/A. Périgot.
**104** Gypaète barbu, dessin de J. Chevallier.
*Berger à Corscia*, in *Corsica Tandu*, début XXe. Coll. Rigolu Grimaldi
**105** La Santa di u Niolu. © C. Andréani.
Renard roux, dessin de J. Chevallier.
Magasin de produits corses. © Hoa-Qui/A. Périgot.
**106** Chêne vert, dessin de J. Wilkinson.
Le fortin de Girolata, dessin de J.-M. Guillou.
La tour de Gargalo. © Hoa-Qui/A. Périgot.
**107** Orgues basaltiques de Scandola, dessin de F. Desbordes.
*Visitez la Corse*, affiche de J. Jacquelin.Coll. part. Cl. L. de Selva/Gallimard.
**108-109** Jean-Paul Quilici, agent du PNR, Corse et guide de haute montagne aux Pinzi Corbini. © Hoa-Qui/A. Périgot.
**108** Casgile, ancienne cave à fromages. © Hoa-Qui/A. Périgot.
Balise du GR 20 en forme de Corse. © J.-P. Brighelli.
**109** Sanglier, aigle royal et mouflon corse, dessins de J. Chevallier.
Pozzi. © Hoa-Qui/P. Royer.
**110-111** Lac de la forêt d'Orient. © Altitude/Yann Arthus-Bertrand.
**110** Colombage, Larivour. © LPA/J.-N. Michalik.
**111** Fuligules milouins et oie des moissons, dessins de F. Desbordes et J. Chevallier.
*Épicerie Berthelot, Géraudot*, début XXe. Coll. part.
**112-113** Paysage de l'Aube. © Hoa-Qui/X. Richer.
*Le Moulin, Brienne-la-Vieille*, début XXe. Coll. part.
**112** *Le Général Bonaparte au pont d'Arcole*, Gros. Château de Versailles. © RMN/G. Blot.
**113** Écomusée de la Forêt d'Orient. © PNR, Forêt d'Orient.
**114-115** Grues cendrées, dessins de J. Chevallier et F. Desbordes (grue cendrée en vol).
**114** Grues sur un lieu de gagnage. © Bios/F. Cahez.
**115** Cartographie de P. Merienne.
**116** Lavogne aux Rives. © S. Grandadam.
**117** Toit de lauzes, région de Roquefort et gorges de la Jonte. © S Grandadam.
**118** Causse du Larzac. © S. Grandadam.
La Couvertoirade, moulin et stèle discoïdale. © Scope/J.-L. Barde.
**119** *J.-H. Fabre observant des insectes*. © Boyer-Viollet.
Gants de Millau. © *Madame Figaro*/P. Dowell.
**120-121** Caves du roquefort Société. © S. Grandadam.
**120** Roquefort. © P. Léger/Gallimard.
*Roquefort Société*, affiche, 1932. Coll. part. © DR.
**121** Causse noir. © S. Grandadam.
Étiquette de roquefort.
**122** Port-Royal, le puits de Pascal. © J. de Givry.
Saint-Rémy-les-Chevreuse, Château de Coubertin. © J. de Givry.
**123** *Port Royal*, école française du XVIIIe. Conservé à Port-Royal. © RMN/G. Blot.
Chevreuse, les petits ponts sur l'Yvette. © J. de Givry.
Chevreuse, le lavoir, le château de la Madeleine. © J. de Givry.
Fresque du Skit du Saint-Esprit. © Père Barsanuphe.
**124-125** Château de Breteuil, dessin de J.-M. Kacédan.
**124** Les bouillons des Vaux de Cernay. © J. de Givry.
Abbaye des Vaux de Cernay. © J. de Givry.
**125** *Forêt de Rambouillet*, affiche de Henri Polart, 1907. Coll. part. Cl. L. de Selva/Gallimard.

Cernay-la-Ville, fontaine Saint-Thibault. © J. de Givry.
**126-127** *Après la pluie, souvenir de Cernay*, Léon-Germain Pelouse. Musée d'Orsay, Paris. © RMN/H. Lewandowski.
*Léon-Germain Pelouse*, photo fin XIXe. Coll. part.
*Les Glaneuses à Cernay*, Jules Breton. Coll. du château-musée de Boulogne-sur-Mer. Cl. B. Devos.
**127** *Daphnis et Chloé*, François-Louis Français. Musée de la Ville de Strasbourg.
*Avril en fleurs*, Maurice-Emmanuel Lansyer. Musée Lansyer, Loches.
**128** Le grand tétras, dessin de J. Chevallier.
Lynx. © Bios/C. Ruoso.
**129** La Chapelle des Bois, ferme écomusée. © Bios/Klein/Hubert.
*Saint-Claude et la route de la Faucille*, affiche de Roger Soubie. Coll. part. Cl. L. de Selva/Gallimard.© PLM/ACCOR.
*Morez, course de bob, «Le Tourbillon»*, photo, début XXe. Coll. part.
**130-131** *Les Rousses, Courses de skis, départ des enfants*, 1922. Coll. part.
**130** Chapeau de gendarme, pli anticlinal. © Bios/B. Pambour.
**131** Lajoux. © Hoa-Qui/B. Chemin.
Morbier au lait cru, bleu de Gex, comté. © P. Léger/Gallimard.
**132** *La polisseuse de pipes de Saint-Claude*, photo, début XXe. Coll. part.
**133** Artisanat traditionnel du Haut-Jura. © Gérard Benoît A La Guillaume.
*Atelier familial de lapidaires*, photo, début XXe. Coll. part.
**134** Feuilles de châtaignier et châtaignes, dessin de C. Lachaud.
Gorges d'Héric. © A. Aigoin.
**135** *Saint-Pons, tour du Comte Pons*, début XXe. Coll. part.
Grange, Fraisse-sur-Agout. © A. Aigoin.
**136-137** *Le Sidobre*, début XXe. Coll. part.
**136** Lac du Laouzas. © A. Aigoin.
Le Sidobre, enseigne des Sept Faux. © Scope/J.-L. Barde.
**137** *Pierre-Paul Riquet et le Canal* in *L'Illustration*, 1843. Bibl. Arts déco, Paris. © J.-L. Charmet.
Mazamet, délainage. © Scope/J.-L. Barde.
**138** L'Objet (baudrier). © A. Aigoin.
Statue-menhir, le moulin du Louat (Moulin Mage). © A. Aigoin.
**139** Menhir gravé. © Bios/M. Gunther.
Statue-menhir, le Cantoul (Moulin Mage). © A. Aigoin.
Édification d'un menhir, dessin d' E. Prigent.
Menhir gravé. © Bios/D. Heuclin.
Statue-menhir de Paillemalbiau (Murat-sur-Vèbre). © A. Aigoin.
**140-141** *Bergers devant un parc, Commensacq*, photo de Félix Arnaudin. Musée d'Aquitaine, Bordeaux. Cl. A. Béguerie.
**140** La forêt des Landes. © A. Béguerie.
**141** Palombe, dessin de J. Chevallier.
*Le berger Jean*, photo de Félix Arnaudin. Musée d'Aquitaine, Bordeaux. Cl. A. Béguerie.
**142** L'Airial de Marquèze. © A. Béguerie.
Fontaine Saint-Clair. © A. Béguerie.
**143** *Pèlerins allemands arrivant à Compostelle*, in *Das Wallfahrtsbuch des Hermannes Künig vor Vach und die Pilgenseisen des Deutschen nach Santiago de Compostelle*, Konrad Häbler, 1899. BN, Paris.
*L'église de Moustey*, photo de Félix Arnaudin. Musée d'Aquitaine, Bordeaux. Cl. A. Béguerie.
Oiseaux du parc ornithologique du Teich, dessins de J. Chevallier et F. Desbordes.
**144-145** Coupe de pin. © Hoa-Qui/D. Narbeburu.
**144** *François Mauriac en 1945*. © BN, Paris.
*Napoléon III*, H. Flandrin, 1863. Musée de Versailles. © RMN.
**145** *Gemmeur sur son «piley»*, photo de Félix Arnaudin. Musée d'Aquitaine, Bordeaux.
Gemmage en forêt des Landes. © Scope/M. Guillard.
Luxey, atelier de produits résineux. © Scope/J.-L. Barde.
**146** *Laitière des environs de Thiers*, début XXe. Coll. part.
**147** Gélinotte des bois, dessin de J. Chevallier.
Mauzun. © J. Damase.
Pigeonnier. © J. Damase.
**148** *Henri Pourrat*, photo d'Albert Monier. Coll. part.
*La Chaise-Dieu, la halle et l'abbaye*, début XXe. Coll.part.
Mairie d'Ambert. © J. Damase.
Fourme d'Ambert. © J. Damase.
**149** Jasseries sur le Forez (ensemble et détail). © PNR, Livradois-Forez.
Thiers, maison des Couteliers, émouleur. © Scope/J.-L. Barde.
**150-151** Séchage du papier. © J. Damase.
Modèles de filigranes.
**150** Le moulin Richard de Bas. © J. Damase.
**151** Triage et découpe des chiffons. © J. Damase.
Ouvreur et coucheur au travail. © J.-L. Boithias.
Le coup de presse. © J.-L. Boithias.
Roue papetière à Lagat, dessin de C. Mondin.
**152** L'étang de Lindre. © Scope/J. Guillard.
**153** Poissons du pays des Étangs, dessin de P. Robin.
Marsal, Maison du sel. © Rapho/C. Cuny.
**154** Gorze, palais abbatial. © Rapho/G. Sioen.
La mirabelle, dessin de G. Curiace.
**155** *Les Poilus*, A. Barrère. © Jean Vigne.
Lucey, vignoble Côtes-de-Toul. © Scope/J. Guillard.
**156-157** Les mares salées, dessins de D. Clavreul, C. Felloni, D. Mansion.
**156** Méthode du briquetage. Musée du sel, Marsal. Cl. D. Chipot.
*Le Tirage du sel*, début XXe. Musée du sel, Marsal.
**158-159** Le grand Luberon. © J. Sierpinski/Gallimard.
**158** Bonnieux, au fond Lacoste. © J. Sierpinski, Toulouse.
Église de Goult. © J. Sierpinski/Gallimard.
Oppède le Vieux. © J. Sierpinski, Toulouse.
**159** *Cavaillon, l'Ermitage Saint-Jacques*, carte postale XIXe. Coll. P. Bennaroche, Aix en Provence. Cl. P. Léger/Gallimard.
*Étiquette de truffes en conserves, Bonfils frères et Cie*, XIXe. Bibliothèque Inguimbertine, Carpentras.
*Étiquette de truffes en conserves*. Coll. part. © D.R.
**160** Signature de Jean Giono. © Centre Jean-Giono, Manosque.
*Grenache noir, un des cépages entrant dans la composition des vins du Luberon*, chromolitho de J. Trancy, vers 1900. Coll. Université du vin, Suze-la-Rousse.Cl. P.Léger/Gallimard.
Vue des jardins du château d'Ansouis. © J. Sierpinski.
**161** *Étiquette en anglais des fruits confits Rayners et Cie*, XIXe. Musée d'Apt. Cl. J. Sierpinski/Gallimard.
Carrières d'ocre autour de Rousillon. © Altitude/F. Jourdan.
**162-163** Terrasses de Goult et bories, dessins de B. Lenormand et mises en couleur de J.-B. Héron.
**162** Borie prés de Sainte-Croix à Lauze. © J. Sierpinski, Toulouse.
**164-165** Conchyliculture dans la Baie des Veys. © M. Chanu.
La Baie des Veys. © M. Chanu.
**164** Borne de la Liberté du Kilomètre zéro, Utah Beach. © Gallimard.
**165** *J. Barbey d'Aurevilly*, caricature de Coll. Toc (pseudo. d'Émile Cohn) in *Les Hommes d'aujourd'hui*, 1882. Musée Barbey-d'Aurevilly, Saint-Sauveur-le-Vicomte. Cl. Coquerel/Gallimard.
**166-167** Les marais du Cotentin et du Bessin, dessin de F. Desbordes.
**166** Maison en terre crue. © M. Chanu.
**167** *Beurre d'Isigny*, affiche début XXe. © Bibl., Forney, Paris.
Marais. © M. Chanu.
**168-169** Les marais communaux.© M. Chanu.
**168** Barge à queue, dessin de J. Chevallier.
**170** Canard pilet, dessin de J. Chevallier.
*Pêcheur et son haveneau à Esnandes*, début XXe. © PNR, Marais poitevin.
**171** L'Anse de l'Aiguillon. © É. Guillemot/Gallimard.
*Baudet du Poitou*, début XXe. © PNR, Marais poitevin.
**172-173** *Les Huttes du Poiré-sur-Velluire*, début XXe. © PNR, Marais poitevin.
**172** Marais poitevin. © Scope/M. Guillard.
**173** Pêcheur et ses anguillères, photo. de A. Deborde. Coll. Mar/Coursaud.
Scènes du Marais poitevin. © Hoa-Qui/G. Bosio.
**174-175** Loutre, dessins de J. Chevallier.
**175** Canaux du Marais Poitevin. © J.-J. Blanchon.
**176** Route de la Trace. © Hoa-Qui/J. Bravo.
**177** Scènes de marché. © Hoa-Qui/M. Renaudeau, E. Valentin et M. Renaudeau.
*La France vient au secours de la Martinique* in *Le Petit Journal illustré*, 1902. Coll. part.
**178** *Forêt de palétuviers*, gravure, XIXe. Coll. part.
*Transport de cannes à sucre*, début XXe. Coll. part.
**179** *Le Rocher du Diamant*, aquarelle de Pierre Trouard de Riolle. © Centre des Archives d'outre-mer, Aix-en-Provence.
La plage de Saint-Pierre. © Hoa-Qui/E. Valentin.
**180-181** Oiseaux, dessins de J. Chevallier et F. Desbordes (le tournepierre à collier).
La baie des Anglais. © É. Guillemot/Gallimard.
**182-183** Le Châtelard. © Médialp/Serge Coupé.
**183** Mont-Trelod, chapelle Saint-Bernard. © Médialp/R. Hemon.
Louche en cours de fabrication, bois tourné, XIXe. Musée savoisien, Chambéry.
La Compôte. © Médialp/Serge Coupé.
Argenterie des Bauges. © Scope/Jacques Guillard.
**184** Chapelle Mont-Saint-Michel. © Médialp/R. Hemon.
La Tour de Chignin. © Médialp/Serge Coupé.
**185** Abbaye de Tamié sous la neige. © Abbaye Notre-Dame-de-Tamié.
Fromage de Tamié. © *Idem*.
Pointe de Chauriande, château de Faverges. © Médialp/R. Hemon.
Vendanges à Chignin. © Médialp/Serge Coupé.
*Ferme dans les Bauges*, Charles Bizard, huile/toile. Coll. part. Cl. J.-C. Girard-Reydet/Studio J.-C.
**186-187** *Récolte de pommes de terre*, photo de Léon Aymonier, début XXe. Musée savoisien, Chambéry, Fonds Aymonier.
**186** Foire à Aillon-le-Jeune. © Médialp/Sosha.
Vendanges en Apremont. © Médialp/Serge Coupé.
**187** Étiquette de la tome des Bauges.
Apiculteur examinant un cadre de ruche. © Syndicat national d'apiculture, Paris.
Fromage Comté. © Bios/Frank Vidal.
Étiquettes de vins de Savoie : mondeuse et chignin rosé. Viticulteurs André et Michel Quenard, Chignin.
Cruet. Coopérative de Cruet.
Etiquette de miel de savoie. Syndicat apicole de Savoie «Le Rucher des Allobroges».
**188-189** *Germaine, ferme Saint-Hubert*, début XXe. Coll. part.
**188** *Forêt de Germaine*, début XXe. Coll. part.
**189** Appareillage champenois, brique et craie. © Hoa-Qui/P. Stritt.
Faux de Verzy. © Hoa-Qui/P. Stritt.
**190** Vallée de l'Ardre. © Hoa-Qui/P. Stritt.
*Vendanges en Champagne, le chargement*, début XXe. Coll. part.
**191** Site du moulin de Verzenay. © Hoa-Qui/P. Stritt.
*Le Canotage, promenade en Marne*, Georges Scott pour le calendrier de la Belle Jardinière, 1906. © J.-L. Charmet, Paris.
Hautvillers, enseigne. © Scope/J. Guillard.
**192-193** Mosaïque, maison Jacquart, Reims. © Hoa-Qui/P. Stritt.
**192** Statue de Dom Pérignon, Moët et Chandon, Épernay. © Hoa-Qui/P. Roy.
*Champagne Montebello, Mareuil-sur-Ay*, début XXe. Coll. part.
**193** *Moët et Chandon*, affiche de Mucha, 1899. © Bibl. Forney, Paris.
Vendanges en Champagne. © Hoa-Qui/C. Vaisse.
*Manutention du vin de Champagne*, début XXe. Coll. part.
**194** Lac des Settons, maison du barrage. © Altitude/F. Lechenet.
**195** *Saint-André-en-Morvan*, C. Corot. Musée du Louvre, Paris. © RMN/H. Lewandowski.
Sabotier en Morvan. © Hoa-Qui/T. Perrin.
Carnet de nourrice sur lieu. Coll. J.-L. Bierry. © PNR, Morvan.
**196** Statue de Vauban. © J. Chabanne.
Vézelay. © M. Joly.
F. Mitterrand à Château-Chinon. © Gamma/G. Merillon/Francolon.
**197** *En Morvan*, début XXe. Cl. Viloin-Goulet. Coll. part.
*Clamecy, le flottage à bûches perdues, le tirage du bois*, début XXe. Cl. Viloin-Goulet. Coll. part.
*En forêt, le fourneau monté*, début XXe. Cl. Viloin-Goulet.

Coll. part.
*Les charbonniers*, début XX^e^.
Cl. Viloin-Goulet. Coll. part.
**198** Amphore. © Bibracte, centre archéologique européen du Mont-Beuvray/A. Maillier.
Bibracte, vue du bassin monumental au centre de la place publique. © *Idem.*
**198-199** Monnaies éduennes en argent (avers/revers). © *Idem.*
Sanglier en bronze, fouilles du Beuvray, XIX^e^. © Musée archéologique, Nevers.
Restitution du quartier de la Pâture du Couvent à Bibracte, aquarelle de J.-C. Golvin.
© Éditions Errance.
**200-201** Le marais audomarois.
© G. Rigoulet.
**200** Moulin. © G. Rigoulet.
**201** Ascenseur à bateaux des Fontinettes, Arques. © ENR/S. Dhote.
Le marais audomarois.
© G. Rigoulet.
**202** Cap Blanc-Nez. © Bios/E. Le Norcy.
Arrivée d'un flobart.
© G. Rigoulet.
**203** Labbe parasite, dessin de J. Chevallier.
Cap Gris-Nez. © Scope/J. Guillard.
Plat oblong, Joseph Hannong, 1761. Musée des Arts décoratifs, Strasbourg.
Paysage de bocage.
© G. Rigoulet.
**204** Tour abbatiale de Saint-Amand-les Eaux, dessin de J.-M. Kacédan.
**205** Forêt domaniale de Raismes-Saint-Amand-Wallers.
© S. Dhote.
Maison de la Forêt. © S. Dhote.
Site Sabatier. © Bios/S. Dhote.
*Mineurs*. © Roger-Viollet.
**206** Sceau de Salomon et digitale, dessins de C. Felloni.
**207** *Bagnoles-de-l'Orne*, affiche de G. Fraipont, 1925. © Service régional de l'Inventaire de Basse-Normandie. Cl. P. Corbierre.
*Hêtres au pied du vignage*, G. Lacombe. Coll. part.
*Charbonniers de la forêt d'Écouves*, début XX^e^. Coll. Yves Le Noach.
**208** Saint-Céneri-le-Gerei.
© Scope/N. Hautemanière.
Châtelet du château de Carrouge. © Rapho/M. Gile.
**209** *Mines, La Ferrière*.
© Service régional de l'Inventaire de Basse-Normandie. Cl. P. Corbierre.
*Anciennes forges du Champ-de-la-Pierre*, 1855. © Arch. dép. Orne. Cl. A. Morin.
*Reliage des tonneaux*, début XX^e^.
© PNR, Normandie-Maine.
**210** Bouteille de Poiré. © P. Léger/Gallimard.
*Le Poiré*, début XX^e^. © PNR, Normandie-Maine.
**211** Poiriers en fleur, fleurs de poirier, poires. © PNR, Normandie-Maine/T. Thomas.
Poire Williams. © Hoa-Qui/B. Chemin.
Alambic à colonnes, maquette. Maison de la pomme et de la poire, Barenton (Manche).
© PNR, Normandie-Maine/Thierry Thomas.
**212** Condrieu, vignoble Vernay.
© Scope /J. Guillard.
**213** Le drosera feuilles rondes, dessin de C. Felloni.
Malleval.
© Scope/M. Guillard.
*Fête de l'Eau, installation de l'eau courante à Pélussin*, 1913.
Coll. part.
**214-215** Landes à genêts.
© Bios/B. Pambour.
**214** Saint-Chamond, La Rive.
© Iconos/Hoa-Qui/Favardin.
**215** *Antoine Pinay vers 1952.*
© Roger-Viollet.
*Jean-Jacques Rousseau herborisant*. © Roger-Viollet.
Enluminure extraite de *Notes sur le Pilat* de M. Mirambeau. Coll. du musée des Amis du vieux Saint-Étienne.
**216** Rubans Jacquard. Coll. Michelle Zancarini-Fournel.
*L'Atelier du tisseur*, début XX^e^.
Musée d'Art et d'Industrie, Saint-Étienne.
**217** *La vie du tisseur en famille*, 1910. Coll. part.
Fabrique. © Musée d'Art et d'Industrie, Saint-Étienne.
Atelier de passementier. © *Idem.*
**218-219** Saint-Véran.
© Scope/Mario Colonel.
**219** Astragales queue-de-Renard. © PNR, Queyras/Michel Blanchet.
Gorges du Guil. © Bios/J.-C. Malausa.
Site minier de Saint-Véran, ruines de la laverie. © Bruno Ancel, CCSTI, L'Argentière-la-Bessée.
Col de la Traversette, fleur de lys, croix de Savoie et dates marquant le renouvellement des frontières gravées dans la roche.
© PNR, Queyras/Michel Blanchet.
Maison dite d'Eiffel à Aiguilles.
© PNR, Queyras/Michel Blanchet.
**220** Un des éléments jalonnant le parcours d'interprétation du village d'Abriès «Les Pierres écrites». © PNR, Queyras/Michel Blanchet.
Cadrans solaires de Villevieille.
© Médialp/Annie Béné.
Molines-en-Queyras.
© Médialp/Dominique Bottani.
Arvieux. © Scope/Mario Colonel.
*Tunnel de la traversette côté français*, photo d'Henri Ferrand, fin du XIX^e^. Bibl. munic., Grenoble, Fonds SDAP.
**221** Église Saint-Sébastien de Ceillac. © Hoa-Qui/E. Valentin.
Maison traditionnelle de Saint-Véran. © Médialp/B. Pambour.
**222** Tambour à dentelles, XVIII^e^-XIX^e^. Musée dép. de Gap.
Cl. François-Xavier Émery.
Boîte à missel, XVIII^e^-XIX^e^.
Coll. et Cl. *idem.*
Fabrication d'une rosace.
© Hoa-Qui/M. Renaudeau.
**223** *École communale de Saint-Véran, 1943*, photo de G. Franeschi. AT P: © RMN.
Rouet au coq. Musée dép. de Gap. Cl. Maxime Leynaud.
Boîte à sel XVIII^e^-XIX^e^, sonnailles XVIII^e^, plateau de coffre polychrome, XVIII^e^, coffre en mélèze, 1628. Coll. et Cl. *idem.*
**224** La Villarde. © CPIE, Vercors/M. Szempruch.
**225** Maison à pignons.
© Médialp/Bruno Gouilloux.
Grottes de Choranche.
© Médialp/Ph. Poulet, A. Héron.
*Charbonnière au lieu-dit «Les Écouges»*, photo de Duchemin. Fonds IPIMOV, CPIE, Vercors.
**226** *Circuit du Vercors, Pont-en-Royans*, affiche d'Alo. Coll. part. Cl. L. de Selva/Gallimard.
© PLM/ACCOR.
*Construction de la route de Combe-Laval en 1896* (détail). Coll. ONF, Valence. Cl. Musée dauphinois, Grenoble.
**227** Bouquetin.
© Médialp/Simon.
Crêtes de Font-d'Urle et cirque de Saint-Julien. © Médialp/B. Pambour.
Vallée du Méaudret à Autrans.
© Hoa-Qui/B. Chemin.
Route des Grands-Goulets.
© Geneviève Rouillon.
Vercors sud, Glandasse, Archiane. © Médialp/Bruno Gouilloux.
Chichiliane et le Mont-Aiguille.
© Médialp/Bruno Gouilloux.
Diois, vignobles et lavandes.
© Médialp/Bruno Gouilloux.
**228-229** Refuge des Chaumailleux, au Pas de l'Aiguille. © Médialp/Campargue.
**228** Lappiaz. © Bios/Étienne Eymard-Duvernay.
Transhumance du Diois au Vercors. © Médialp/R. Thievenaz.
**229** Pin à crochet.
© Médialp/Bruno Gouilloux.
Tétra-Lyre. © Médialp/Simon.
Balcon est du Vercors.
© Médialp/Bruno Gouilloux.
Grand et Petit Veymont.
© Médialp/R. Hémon.
Réserve naturelle.
© Geneviève Rouillon.
Le Pas de l'Aiguille. © Geneviève Rouillon.
**230-231** Le plateau céréalier.
© P. Lhomel.
**230** *Rollon*, 1830. Musée de Normandie, Caen. Cl. M. Seyve.
Statue du parc de Villarceaux.
© P. Lhomel.
**231** La Roche-Guyon.
© P. Lhomel.
Le bassier. © P. Lhomel.
**232** Osmonde royale, dessin de C. Felloni.
Jardin de curé, Wy-Dit-Joli-Village. © P. Lhomel.
*Théméricourt, la fête du Pétillon*, début XX^e^. Coll. part.
**233** Rainette verte. © Bios/C. Guihard.
*Paysage d'Auvers*, V. Van Gogh. Neue Pinakothek, Munich.
© Lauros-Giraudon.
**234** Grisy-les-Platres.
© P. Lhomel.
**235** *Rueil-Seraincourt, le Blanc-Moulin*, début XX^e^. Coll. part.
Nesles-la-Vallée, le lavoir du Pontenet. © P. Lhomel.
*Nesles-la-Vallée, le lavoir du Pontenet*, début XX^e^. Coll. part.
Cléry, croix pattée. © P. Lhomel.
**236-237** Puy de Pariou et partie ouest de la chaîne des Puys.
© J. Damase.
**236** Milan noir, dessin de J. Chevallier.
**237** Église Saint-Nectaire.
© J. Damase.
Gentiane. © J. Damase.
**238-239** Tourbières du Cézallier.
© J. Damase.
Le Puy Griou et le Griounou.
© J. Damase.
**238** *Volvic*, affiche de Saint-Genies, 1956. © Bibl. Forney, Paris.
**239** Vache salers. © J. Damase.
Fromages d'Auvergne : Saint-nectaire, bleu d'Auvergne, cantal, fourme d'Ambert (4 AOC).
© J. Damase.
**240-241** Massif du Sancy.
© J. Damase.
**240** Lac de Montcineyre.
© J. Damase.
Cône de scories en coupe, infographie de P. Alexandre.
Lac Pavin. © J. Damase.
**241** Puy de Côme et chaîne des Puys. © J. Damase.
Cratères égueulés des puys de la Vache et de Lassolas.
© J. Damase.
La Dent de la Rancune, Sancy.
© J. Damase.
**242** Vache écossaise. © Bios/C. Thouvenin.
**243** Rocher près de Fleckenstein. © Altitude/Yann Arthus-Bertrand.
La Petite-Pierre, château et maison du Parc. © Scope/J. Guillard.
*Attelage de bœufs traînant un sapin abattu dans une forêt des Vosges*. © Boyer-Viollet.
**244** Chouette chevêche, dessin de J. Chevallier.
Bitche, la Citadelle. © Scope/J. Guillard.
**245** Cristallerie Lalique (travail et objet). ©. Ch. Meyer.
Boudin aux châtaignes.
© Hoa-Qui/C. Valentin.
*Niederbronn-Les-Bains*, gravure XIX^e^. Coll. part.
**246-247** Le Vieux-Windstein, le Nouveau-Windstein, le Château du Fleckenstein, dessins de J.-M. Guillou.
**247** *Le Fleckenstein au XVI^e^*, gravure. Avec l'aimable autorisation de M. le comte François de Pourtalès.
**248** *Château d'Ussé*, affiche, v. 1930. © La Vie du rail.
La Loire.
© É. Guillemot/Gallimard.
Vin de Loire.
© P. Léger/Gallimard.
**249** Dessin de Maurice Pommier.
**250-251** Dessins de Maurice Pommier.

Cartes infographie réalisées par les ateliers Édigraphie, Maronnes.

**Abbréviations**
AOC : appellation d'origine contrôlée.
ATP : musée des Arts et Traditions populaires, Paris.
BM : bibliothèque municipale.
CCSTI : Centre de culture scientifique, technique et industrielle.
CPIE : Centre permanent d'initiation à l'environnement.
ENR : Espace naturel régional.
Fédération : Fédération des parcs naturels régionaux de France, Paris.
IPIMOV : Inventaire du patrimoine iconographique de la mémoire orale du vercors.
PNR : Parc naturel régional.
SDAP : société dauphinoise des amateurs photographes.

**Nous tenons à remercier les personnes et institutions suivantes pour leur aide :**

Dr. Pierre Albert (Brière), François Bassoul (Corse), Michel Blanchet (parc du Queyras), Claude Blein (Bauges), Philip Boyer (Chartreuse-Diffusion), Paul Chauny (Livradois-Forez), Monique Dejammet (musée savoisien, Chambéry), Galerie Jeanne Bucher, Paris, Marc Forestier (parc du Haut-Jura), Pierre-Claude Giansily (Corse), Daniel Godfroy (Montagne de Reims), Rigolu Grimaldi (Corse), MM. Mme Jaffreux (Volcans d'Auvergne), Frédéric Karcher (Fédération), André Liatard (conservateur du musée Faure, Aix-les-Bains), Béatrice Louf (parc de la Montagne de Reims), Frédéric Lozada (expert en affiches anciennes, Neuilly-sur-Seine), Louis-Pierre Mareschal (Haut-Jura), Antoine Navarro (Pilat), photothèques des parcs, Jean-Pierre Procureur (Montagne de Reims), Bernard Rivatton (directeur du musée du Vieux Saint-Etienne), Françoise Sarret (cercle des amis des artistes d'Auvergne), Françoise Torès (parc du Vercors), Jean-Pierre Viloin (Morvan), Maurice Wantellet (Vercors,Chartreuse).

Nous avons par ailleurs recherché en vain les héritiers ou éditeurs de certains documents. Un compte leur est ouvert à nos éditions.

Les noms en gras sont les noms des Parcs naturels régionaux

A
B
C
D
E
1
2
3
4
5
6
7
8
9
10
ROYAUME-UNI
PORTSMOUTH
Boulogne-sur-M
PLYMOUTH
MANCHE
Dieppe
Cherbourg
A 29
Le Havre
Brotonne
ROUE
Marais du Cotentin et du Bessin
Bayeux
A 13
Lisieux
Évreux
Coutances
Saint-Lô
CAEN
Bernay
Lannion
Vire
Argentan
Saint-Malo
Morlaix
Guingamp
Avranches
Dreux
Brest
Dinan
Mortagne-au-Perche
Saint-Brieuc
Normandie-Maine
Chartres
Armorique
Fougères
Alençon
Châteaulin
Mayenne
Mamers
Nogent-le-Rotrou
Quimper
Pontivy
RENNES
A 81
A 11
Laval
Châteaudun
Le Mans
Lorient
Château-Gontier
Vendôme
Vannes
Redon
Châteaubriant
Segré
La Flèche
A 10
Angers
A 11
Brière
Loire-Anjou-Touraine
Tours
Saint-Nazaire
Ancenis
NANTES
Saumur
Chinon
Cholet
Loches
A 83
La Roche-Sur-Yon
Bressuire
Châtellerault
Brenne
Parthenay
POITIERS
Le Blanc
Les Sables-d'Olonne
OCÉAN ATLANTIQUE
Fontenay-le-Comte
Marais Poitevin
Niort
Montmorillon
La Rochelle
Bellac
A 10
Confolens
Rochefort
Saint-Jean-d'Angély
LIMOGES
Saintes
Cognac
Angoulême
Nontron
Lesparre-Médoc
Jonzac
Périgueux
Brive-la-Gaillarde
A 10
Blaye
La Trinité
Fort-de-France
Le Marin
Martinique
Libourne
Bergerac
Sarlat-la-Canéda
BORDEAUX
A 63
Langon
Marmande
A 62
Landes de Gascogne
Villeneuve-sur-Lot
Nérac
Agen
Condom
Mont-de-Marsan
Castelsarrasin
A 62
SANTANDER
Dax
Auch
Bayonne
TOULOUSE
BILBAO
A 64
Mirande
Pau
Tarbes
Oloron-Sainte-Marie
Pamier
Saint-Gaudens
Argelès-Gazost
Bagnères-de-Bigorre
Saint-Girons
0
100
200 km
Autoroute
Voie rapide
Route nationale
Limite d'État
Parc naturel régional
ESPAGNE
ANDOR